U0479956

人民币国际化

——基于注意力配置与经济不确定性的视角

INTERNATIONALIZATION OF RMB:

From the Perspective of Attention Allocation and Economic Uncertainty

杨甜婕◎著

本书出版得到河南财经政法大学基本科研业务费资助

图书在版编目（CIP）数据

人民币国际化：基于注意力配置与经济不确定性的视角/杨甜婕著．—北京：经济管理出版社，2023.9

ISBN 978-7-5096-9248-6

Ⅰ.①人…　Ⅱ.①杨…　Ⅲ.①人民币—金融国际化—研究　Ⅳ.①F822

中国国家版本馆 CIP 数据核字（2023）第 179715 号

组稿编辑：王光艳
责任编辑：王光艳
责任印制：黄章平
责任校对：徐业霞

出版发行：经济管理出版社
（北京市海淀区北蜂窝 8 号中雅大厦 A 座 11 层　100038）
网　　址：www.E-mp.com.cn
电　　话：（010）51915602
印　　刷：北京市海淀区唐家岭福利印刷厂
经　　销：新华书店
开　　本：720mm×1000mm/16
印　　张：15.25
字　　数：301 千字
版　　次：2023 年 10 月第 1 版　　2023 年 10 月第 1 次印刷
书　　号：ISBN 978-7-5096-9248-6
定　　价：68.00 元

前　言

当今国际政治经济环境风云诡谲，国家安全风险不断增加，推动人民币国际化是应对霸权挑战，保障中国金融安全和经济安全，以及政治安全、外交安全等总体国家安全的重要条件。党的二十大报告提出，要有序推进人民币国际化。从"稳慎推进"到"有序推进"，人民币国际化正步入制度设计与行动的有序发展新阶段。

人民币国际化是中国改革开放以来的重要举措，也是中国构建开放经济体制的重要内容。中国市场开放不仅是有形资源的开放，更是无形资源的开放。因此，本书基于国际货币职能视角，分析了注意力配置、经济不确定性对人民币国际化的影响，从理论和实证角度为人民币国际化相关研究提供了一个新的思路，对于人民币国际化应对错综复杂的国际环境变动具有重要的现实意义。

本书立足于人民币国际化初级发展阶段这一现实背景，以贯彻落实稳步推进人民币国际化为出发点，系统地考察了人民币交易媒介职能、计价单位职能与价值储藏职能的主要特点、逻辑关系与互动机制。在此基础上，本书深入地探究了注意力配置对人民币交易媒介职能的作用机制和经济不确定性产生调节效应的机制，注意力配置、全球经济不确定性对人民币计价单位职能的作用机制和全球经济不确定性产生调节效应的机制，以及注意力配置对人民币价值储藏职能的作用机制和经济不确定性产生调节效应的机制。基于理论分析框架与人民币三大国际职能发展的数据结构特征，本书进一步建立了跨国面板数据模型、TVP-SV-VAR模型、面板 Logit 模型、联立方程模型等计量模型，较为严谨且稳健地检验了注意力配置、经济不确定性对人民币交易媒介职能、计价单位职能和价值储藏职能的作用机制、调节效应，以及人民币三大国际职能之间的互动机制，进而探寻全球经济不确定性加剧的情形下人民币国际化全面且稳步发展的科学路径。

面临“百年未有之大变局”，人民币国际化行稳致远，期待本书的出版能够引发社会各界对人民币国际化更深层次的思考、更有价值的探讨！

杨甜婕

2023 年 3 月

目　　录

1

绪 论

1.1 选题背景

2008 年，国际金融危机的爆发暴露出以美元为核心的国际货币体系存在制度性缺陷，动摇了长期以美元为主导的国际货币体系的信心，引发了社会各界对国际货币体系改革的思考。现行的国际货币体系是由发达经济体主导的，新兴市场国家在国际货币体系中话语权较弱。近年来，新兴市场国家在全球经济和贸易领域地位大幅提高，势必要改变新兴市场国家在国际金融和货币领域的弱势地位（高海红，2016）。2009 年，中国政府顺势而为开展跨境贸易人民币结算，为人民币国际化拉开序幕。2021 年，人民币国际化走过了第一个十年并取得重要成就：人民币成为全球第一大新兴市场交易货币、第三大 SDR 权重货币、第五大支付货币和第五大国际外汇储备货币。

人民币国际化是中国改革开放以来的重要举措，也是中国构建开放经济体制的重要内容。中国市场开放不仅是有形资源的开放，更是无形资源的开放，主要体现在中国经济主体对世界各国（地区）经济金融市场的关注程度大幅提升。这有助于培养中国经济主体的国际视野与开放胸怀，对人民币国际化来说尤为重要。与英镑、美元、日元等传统货币国际化更看重一国（地区）的经济规模、金融市场发展、币值稳定、军事实力等因素的影响不同，人民币国际化产生于信息空前繁荣的时代，信息已不再是稀缺的资源，处理信息的能力才是稀缺资源。人民币国际化从信息角度来看，是从人民币信息高度不对称，逐渐发展成为人民币信息公开化、市场化和透明化的动态变化过程。人民币国际化初级发展阶段，由于境内外信息不对称导致信息成本的存在，使得境内外经济主体无法获取充分且准确的信息。中国经济主体的注意力“支付”是获取信息的必要条件(同时，经济主体的注意力“支付”也是支付信息成本的重要表现形式。)，不仅有助于解决跨境交易中信息不对称问题，也有利于提升中国经济主体在国际贸易和金融交易中的话语权与定价权，进而促使人民币更为快速地融入到国际经济活动中。

2019 年，中国人民银行全系统工作会议中强调指出，要“以服务实体经济和促进国际贸易投资便利化为导向”推动人民币国际化。事实上，中国政府在为推动人民币国际化扫清政策障碍的同时也在积极鼓励中国经济主体发挥主观能动性，促进人民币国际化的发展。人民币国际化起步阶段，中国政府主要通过“鼓励跨境贸易与投资的人民币结算+离岸人民币市场发展+双边本币互换”的策略，即旧“三位一体”策略推行人民币国际化。目前，中国政府的策略已逐渐转变为“原油期货交易人民币计价+加快开放国内金融市场+在‘一带一路’沿线推进使用人民币”的新“三位一体”策略(张明、李曦晨，2019)，即通过发挥中国经济主体的主观能动性，扩大在与中国经济主体有关的国际贸易和金融交易中使用人民币进行计价结算的覆盖面，将结算职能进一步延伸到计价和储备职能上，从而全面且稳步地推动人民币国际化进程。遵循货币国际化的演进规律，人民币交易媒介职能是人民币国际化最先发展的职能，人民币计价单位职能和价值储藏职能发展相对滞后。本章以人民币交易媒介职能的发展情况为例，用表与文字相结合的方式说明中国经济主体的行为因素在人民币国际化初级发展阶段的重要作用(见表 1-1、表 1-2)。

根据表 1-1 中的数据，从贸易进出口情况来看，2013 年中国贸易出口总额超越美国，成为世界上第一大贸易出口国，自 2010 年起中国保持着第二大贸易进口国的地位。从贸易进出口结构来看，中国基本上维持着进出口贸易平衡。由表 1-2 可知，美元是世界上主要的支付结算货币，2015 年 6 月，美元支付结算的份额大概是美国贸易额在世界占比的 4 倍，高达 45.01%(2015 年 6 月)，说明世界上近一半的国际交易结算都会选择美元。英镑作为世界上第三大国际支付结算货币，国际支付结算份额不到 10%，却远高于英国贸易额在世界的占比，说明英镑也是其他国家(地区)进行国际贸易时主要的货币选择。日元作为世界上第四大支付结算货币，其国际支付结算份额占 3%左右，与日本的贸易额

表 1-1 主要经济指标的国际比较①

国家/地区	指标	2009 年	2010 年	2011 年	2012 年	2013 年	2014 年	2015 年	2016 年	2017 年	2018 年
美国(%)	各国(地区)贸易出口额占世界贸易出口总额的比值	9.96	9.75	9.35	9.59	9.69	9.93	10.64	10.61	10.23	10.04
欧元区(%)		28.51	26.13	25.46	24.20	24.74	25.28	25.35	26.19	26.04	26.13
德国(%)		8.13	7.63	7.49	7.13	7.26	7.45	7.44	7.68	7.57	7.47
英国(%)		3.94	3.65	3.57	3.49	3.49	3.59	3.73	3.60	3.46	3.37
日本(%)		4.12	4.53	4.09	3.95	3.50	3.56	3.63	3.83	3.76	3.63
瑞士(%)		1.95	1.97	2.04	1.96	2.11	1.91	1.99	2.11	1.92	1.84
加拿大(%)		2.46	2.48	2.44	2.42	2.37	2.38	2.31	2.28	2.23	2.17
澳大利亚(%)		1.34	1.20	1.33	1.45	1.34	1.29	1.27	1.11	1.23	1.24
中国(%)		7.87	8.47	8.92	9.52	10.03	10.32	11.09	10.53	10.56	10.56
中国排名(位)②		3	2	2	2	1	1	1	1	1	1
美国(%)	各国(地区)贸易进口额占世界贸易进口总额的比值	12.75	12.84	12.29	12.47	12.15	12.39	13.40	13.42	13.05	12.78
欧元区(%)		27.85	25.89	25.25	23.34	23.51	23.74	23.43	24.19	24.15	24.17
德国(%)		7.24	6.89	6.87	6.39	6.51	6.50	6.32	6.52	6.50	6.51
英国(%)		4.32	4.05	3.81	3.79	3.80	3.89	4.02	3.89	3.68	3.60
日本(%)		4.04	4.21	4.36	4.51	4.13	4.18	3.81	3.68	3.65	3.67
瑞士(%)		1.73	1.69	1.83	1.71	1.81	1.60	1.65	1.78	1.64	1.53
加拿大(%)		2.65	2.72	2.60	2.65	2.58	2.52	2.55	2.52	2.45	2.36
澳大利亚(%)		1.36	1.30	1.31	1.52	1.47	1.36	1.40	1.28	1.22	1.24
中国(%)		6.64	7.51	8.36	8.78	9.32	9.64	9.64	9.53	9.84	10.34
中国排名(位)③		3	2	2	2	2	2	2	2	2	2
美国(%)	各国(地区)贸易进出口额占世界贸易进出口总额的比值	11.34	11.27	10.80	11.01	10.90	11.14	12.00	12.00	11.63	11.41
欧元区(%)		28.19	26.01	25.36	23.77	24.14	24.52	24.40	25.20	25.11	25.16
德国(%)		7.69	7.26	7.19	6.77	6.89	6.98	6.89	7.10	7.04	7.00
英国(%)		4.13	3.85	3.69	3.64	3.64	3.74	3.87	3.74	3.57	3.48
日本(%)		4.08	4.37	4.22	4.23	3.81	3.87	3.72	3.76	3.71	3.65
瑞士(%)		1.84	1.83	1.93	1.84	1.96	1.76	1.82	1.95	1.78	1.68
加拿大(%)		2.55	2.60	2.52	2.53	2.47	2.45	2.43	2.40	2.34	2.26
澳大利亚(%)		1.35	1.25	1.32	1.49	1.41	1.32	1.33	1.19	1.22	1.24
中国(%)		7.26	7.99	8.65	9.16	9.68	9.98	10.37	10.03	10.20	10.45
中国排名(位)④		3	2	2	2	2	2	2	2	2	2

① 欧元区是一个经济组织，不是独立的国家。考虑到德国是欧元区内的贸易大国，此处把德国单独列出来。

②③④ 中国排名(位)是(根据)各国的该经济指标比值进行排名，故将欧元区排除在外。

续表

国家/地区	指标	2009年	2010年	2011年	2012年	2013年	2014年	2015年	2016年	2017年	2018年
美国(%)	各国(地区)GDP占世界GDP总额的比值	23.95	22.70	21.19	21.58	21.74	22.10	24.29	24.58	24.09	23.88
欧元区(%)		21.40	19.16	18.58	16.86	17.10	17.02	15.58	15.74	15.63	15.94
德国(%)		5.66	5.17	5.12	4.72	4.86	4.92	4.51	4.59	4.57	4.66
英国(%)		3.97	3.71	3.59	3.57	3.57	3.83	3.86	3.49	3.26	3.29
日本(%)		8.67	8.63	8.39	8.27	6.68	6.12	5.85	6.47	6.01	5.79
瑞士(%)		0.90	0.88	0.95	0.89	0.89	0.89	0.91	0.88	0.84	0.82
加拿大(%)		2.27	2.44	2.44	2.43	2.39	2.27	2.07	2.01	2.04	2.00
澳大利亚(%)		1.54	1.74	1.90	2.06	2.04	1.85	1.80	1.59	1.65	1.67
中国(%)		8.45	9.22	10.29	11.37	12.40	13.16	14.69	14.64	15.01	15.86
中国排名(位)①		3	2	2	2	2	2	2	2	2	2

资料来源：World Bank WDI 数据库。

表 1-2　主要货币的国际支付结算份额

时间	美元(%)	欧元(%)	英镑(%)	日元(%)	澳元(%)	加元(%)	瑞士法郎(%)	人民币(%)	人民币排名(位)
2011年11月	31	42	8.5	4	2.4	2	1.8	0.29	17
2012年12月	33.34	39.76	8.68	2.45	2.11	1.97	1.91	0.57	14
2013年6月	36.44	36.56	8.28	2.7	1.96	2.03	1.59	0.87	11
2013年12月	39.52	33.21	9.13	2.56	1.89	1.9	1.29	1.12	8
2014年6月	41.86	31.25	8.54	2.5	1.95	1.84	1.28	1.55	7
2014年12月	44.64	28.3	7.92	2.69	1.79	1.92	1.39	2.17	5
2015年6月	45.01	27.9	7.99	2.85	1.52	1.94	1.5	2.09	5
2015年12月	43.89	29.39	8.43	2.78	1.5	1.7	1.56	2.31	5
2016年6月	40.97	30.82	8.73	3.46	1.55	1.96	1.52	1.72	6
2016年12月	42.09	31.3	7.2	3.4	1.55	1.93	1.53	1.68	6
2017年6月	40.47	32.89	7.29	3.16	1.47	2.04	1.57	1.98	6
2017年12月	39.85	35.66	7.07	2.96	1.39	1.57	1.26	1.61	5
2018年6月	39.35	33.97	7.44	3.6	1.51	1.77	1.35	1.81	5
2018年12月	41.57	32.98	6.76	3.36	1.57	1.84	0.81	2.07	5
2019年6月	40.1	33.74	6.63	3.73	1.63	1.84	0.89	1.99	5

资料来源：SWIFT 数据库。

① 中国排名(位)是(根据)各国的该经济指标比值进行排名，故将欧元区排除在外。

占比大致相当，表明日元在其他国家（地区）选择国际贸易结算货币的使用中受限。人民币在 2015 年 8 月国际支付结算中的份额达到 2.79%[①]，首次超过日元，成为全球第四大支付货币。截至 2019 年，人民币在国际支付结算中的份额大约为 2%，远低于中国 10%的国际贸易份额，说明人民币在跨境结算中还未发挥出其应有的作用。

从表 1-1 与表 1-2 的对比可知，人民币的国际支付结算份额还远不如中国的国际贸易份额，中国经济主体在国际贸易中使用人民币支付结算的份额相对较少，更不用说与中国无关的其他国家（地区）经济主体在国际贸易和金融交易中会使用人民币进行支付结算（霍颖励，2019）[②]。因此，在人民币国际化初级发展阶段，推动中国经济主体在国际贸易和金融交易中使用人民币进行计价结算有利于完善人民币国际化循环渠道，对全面且稳步地推进人民币国际化更具现实意义。

历经十余年时间，人民币三大国际货币职能都取得了不同程度的发展[③]，但迄今为止人民币的国际影响力仍然较为有限，具体表现在三个方面。第一，交易媒介职能：人民币虽然成为全球第五大支付货币，但其国际使用程度与美元、欧元等主要国际货币相比尚存在较大的差距；同时，这也与中国作为世界第二大经济体、第一大出口国和第一大新兴对外投资国的地位不相匹配[④]。第二，计价单位职能：人民币成为世界第三大贸易融资货币[⑤]，但以其计价的国际金融资产额与以美元、欧元等主要国际货币计价的国际金融资产额相比仍差距较大；同时，尽管非居民显著增持以人民币计价的国际股票和债券，但与中国拥有的全球第二大的金融市场规模（中国股票市场和债券市场均已成为全球第二大市场）相比，境外投资者持有量仍然较低（霍颖励，2019）。第三，价值储藏职能：人民币虽然

① 数据来源：SWIFT 数据库。

② 霍颖励（2019）指出，人民币主要用于中国与伙伴国（地区）经贸往来的双边支付结算，但在第三方国家（地区）之间的国际贸易和国际金融交易中使用人民币支付结算的水平不高，甚至仍有部分国家（地区）限制使用人民币。

③ 马克思货币学说认为，货币有五大职能，分别为价值尺度、流通手段、贮藏手段、支付手段和世界货币。货币在国内商品流通中可以发挥价值尺度、流通手段、贮藏手段和支付手段四种职能，货币在进行国际交易时才需要发挥世界货币的职能。但是，学术界将国际货币职能一般分为三类，即交易媒介职能、计价单位职能和价值储藏职能，如 Chinn 和 Frankel（2005）、李稻葵和刘霖林（2008）、中国人民大学国际货币研究所（2019）等。

④ 资料来源：联合国贸易和发展会议发布的《2017 年世界投资报告：投资和数字经济》。该报告指出美国是全球第一大对外投资国。

⑤ 资料来源：《2020 年人民币国际化报告》。

成为全球第五大国际外汇储备货币①，但人民币在国际外汇储备中的比重非常有限。2020 年，人民币在国际外汇储备中的份额约为 2%②，远不能与美元、欧元等货币相媲美；同时，中国作为世界上持有国际外汇储备最多的国家，人民币国际外汇储备份额远不能与中国作为国际外汇储备大国的地位相匹配。因此，应该清醒地认识到人民币国际化尚处在初级发展阶段，且人民币三大国际货币职能发展程度各不相同、各有特点。

此外，人民币国际化为跨境经济活动提供服务，必然会受到各国（地区）经济不确定性乃至全球经济不确定性的影响，特别是在诸多不确定性因素空前增加的当下。这些影响具体表现：一方面，世界各国（地区）经济不确定性持续攀升，并产生明显的外溢效应。2018 年，特朗普政府发起的全球贸易摩擦对全球经济金融的稳健发展产生了严重的负面影响，而且特朗普政府采取的“美国优先”策略和退出诸多国际组织的行为体现出本国保护主义和对国际多边协调机制的破坏。随着各国（地区）实力的变化，大国之间的博弈加剧，摩擦与竞争逐渐从贸易领域蔓延至金融、政治等方方面面。后疫情时代，“黑天鹅”事件频繁出现③，人民币国际化是人民币跨越国境在国际贸易和金融交易中逐渐承担国际货币职能的过程，各国（地区）以及全球经济不确定性的加剧是人民币国际化必然要面对的现实问题④。另一方面，由于中国境内外信息不对称和经济主体的主观认知偏差，国际市场可能对中国经济存在非理性预期。随着人民币国际化发展的不断推进，国际经济金融市场和中国经济金融市场的联动效应不断增强。国际市场不确定性增加在“蝴蝶效应”和“羊群效应”的作用下可能导致国际资本在中国市场大规模流动，对中国经济金融市场造成较为严重的冲击，这将加剧人民币汇率的波动，进而对人民币国际化进程产生影响。

2008 年，国际金融危机爆发，吸引了诸多国内外学者探究人民币国际化相关问题。现有学者主要从经济规模、金融市场发展和币值稳定等市场因素，以及双边本币互换协议的签署、离岸人民币金融中心的建立和“一带一路”倡议推动等政策因素出发研究人民币国际化问题，如李稻葵和刘霖林（2008）、He 等（2016）、李曦晨

---

① 资料来源：《2020 年人民币国际化报告》。

② 美元始终是最主要的国际外汇储备货币，美元和欧元占全球外汇储备的份额超过 80%，其次是英镑和日元，这四种货币占据全球外汇储备的份额有时甚至超过 95%（IMF COFER 数据库）。

③ 2020 年新冠疫情暴发，全球经济下行压力较大，美联储实施的无限量的量化宽松（QE）政策导致美元大幅贬值，为未来全球金融市场发展埋下系统性风险隐患。

④ 人民币国际化将面临与美元、欧元、英镑和日元等货币国际化不同的国际环境与背景。

等(2018)、白晓燕和于晓宁(2019)、Liu 等(2019),等等。随着行为经济学的不断发展,少数学者开始注意到经济主体的行为因素对货币表现的影响。例如,Goddard 等(2015)研究了经济主体的注意力配置与美元/日元、英镑/美元等国际外汇市场上货币兑换交易量的关系;Han 等(2018)探究了经济主体的注意力配置与美元、英镑、人民币等十种货币收益率之间的关系。但鲜有学者研究经济主体的行为因素对货币国际化的影响,尤其是对人民币国际化的影响以及影响机制。同时,随着经济不确定性的增加,少数学者开始研究经济不确定性对货币的影响。例如,朱孟楠和闫帅(2015)研究了经济不确定性与人民币汇率之间的动态溢出关系;Corte 和 Krecetovs(2019)研究了经济不确定性与货币超额收益之间的关系。但现有研究忽略了经济不确定性对货币国际化的影响,尤其是对人民币国际化的影响以及作用机制。此外,现有文献对人民币国际化的研究主要是针对人民币的某一种国际职能,且缺乏对人民币不同国际职能之间相互作用的深入探讨,如何平等(2017)、Cheung(2020)。马斌(2015)虽然分别探讨了人民币三大国际职能的影响因素,但没有对人民币三大国际职能之间的逻辑关系及相互作用机制进行研究。

从上述现实背景与理论背景分析,本书发现:第一,人民币国际化初级发展阶段,中国经济主体的行为因素是人民币国际化发展的重要因素。但现有文献主要是从经济规模、金融市场发展、政府政策推动等众多视角研究人民币国际化问题,这些角度基本上都属于有形资源配置框架,鲜有文献从无形资源因素的角度研究人民币国际化问题。进一步地,经济主体的注意力配置不仅属于无形资源,还属于行为经济学范畴[①],本书从注意力配置角度解读人民币国际化是行为经济学思想在国际金融领域运用的一次有益尝试。第二,在经济全球化和全球经济一体化不断推进的今天,一国(地区)经济不确定性对经济主体的影响不再局限于一国(地区)内部,还会通过国际贸易和国际金融交易向不同的国家(地区)传导,这是人民币国际化必然要考虑的问题。但现有研究忽略了经济不确定性对人民币国际化的影响以及作用机制。第三,现阶段人民币国际化呈"跛足"前进的状态,人民币三大国际职能发展失衡且人民币三大国际职能之间相互影响,从国际货币职能的角度出发进行研究能更好地探究人民币国际化的发展程度以及三大国际职能之间的互动机制。鉴于此,本书基于国际货币职能视角,分析了注意力配置、经济不确定性对人民币国际化的影响,从理论和实证角度为人民币国际化相关研究提供了一个新的思路。

① 施炳展和金祥义(2019)使用注意力配置来刻画经济主体的行为因素。

1.2 研究意义

1.2.1 理论意义

本书研究的理论意义主要在于，丰富和拓展人民币国际化理论，具体如下：

第一，本书从行为经济学视角解读人民币国际化，有助于丰富和拓展人民币国际化理论研究。经济主体的注意力配置属于无形资源，本书从注意力配置角度解读人民币国际化，不仅有助于突破基于有形资源研究人民币国际化问题的传统框架，还有利于提升对注意力配置等无形资源市场开放的关注与认识，同时这也是中国高质量开放发展的应有之义。更重要的是，注意力配置不仅属于无形资源，还属于行为经济学范畴，中国经济主体的注意力从国内转向国外是人民币国际化初级发展阶段的重要影响因素，这为研究人民币国际化问题提供了新的视角。另外，长久以来，主流经济学理论都建立在一系列严格的假设的基础上，“理性经济人”假设就是其中较为重要的一条假设。该假设认为，投资者的行为准则都是理性的，投资者能够处理所有可用的信息以使期望效用最大化。但实际上投资者存在认知偏差，投资者的行为并不是完全理性的，由此导致传统理论没有考虑经济主体的特点而去分析其行为和动机，造成诸多经济理论对现实经济现象的解释不充分，甚至出现与现实经济现象相悖的“异象”。本书运用行为经济学理论对人民币国际化问题进行理论分析，有助于弥补这方面的缺憾。

第二，本书在人民币国际化研究领域引入了经济不确定性，并厘清了经济不确定性对人民币国际化的理论作用机制，有利于拓展全球经济不确定性加剧的情形下人民币国际化相关理论的研究。现有文献较少关注经济不确定性对货币国际化的影响，尤其是经济不确定性对人民币国际化的影响，且鲜有学者探究各国（地区）经济不确定性对人民币国际化影响的内在机制。中国作为世界上第二大经济体和第一大贸易国，以及全球生产链的重要枢纽，在全球经济不确定性因素空前增加的情形下，人民币国际化为跨境经济活动提供服务，必然会受到其他国家（地区）经济不确定性乃至全球经济不确定性的影响。因此，本书

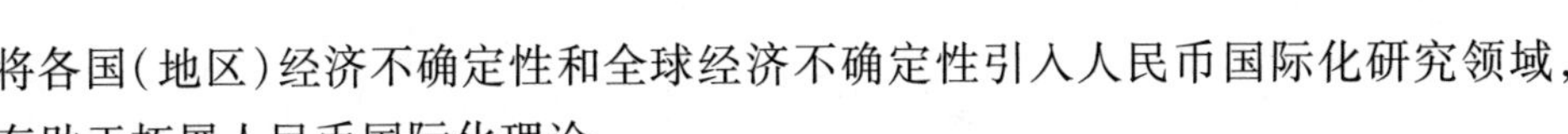

将各国(地区)经济不确定性和全球经济不确定性引入人民币国际化研究领域，有助于拓展人民币国际化理论。

1.2.2 现实意义

第一，为人民币国际化应对经济不确定性风险提供决策参考。全球经济不确定性为人民币国际化带来了机遇和挑战。首先，经济不确定性增加可能加剧市场的预期障碍，提高企业生产经营策略的调整成本，降低企业经营信心和预期收益。中国经济主体积极地将更多的注意力配置在境外信息的搜集和处理上，更具针对性地通过提升自身竞争实力和创新能力，如优化生产流程、提高产品质量、鼓励技术创新等，以满足境外消费者的真实需求和缓冲经济不确定性带来的冲击，不仅有助于防范和化解经济不确定性带来的风险，还有利于提升中国经济主体在国际贸易和金融交易中的话语权和定价权，进而提升国际贸易和金融交易使用人民币计价结算的可能性。其次，经济主体通过对外注意力配置能快速地识别出国际市场潜在的机会和风险，提高其判断和行为的准确性，增强其分析国际经济金融市场环境的能力，进而更容易形成全球化思维。这有助于经济主体规避风险且抓住机遇拓展业务，使中国经济主体在国际贸易和国际金融交易中表现得更加自信，有助于人民币成为国际交易的计价结算货币。最后，随着各国(地区)经济不确定性增强，由于注意力配置具有向不确定方向转移的特征，中国经济主体面对经济不确定性事件将配置更多的注意力。中国经济主体可以通过促进国际贸易和金融交易间接地引导境外经济主体更深入地了解中国政府推行的优惠政策以及人民币创新产品等相关信息，提高境外经济主体对人民币的接受程度和偏好程度，进而从深层次上促进人民币成为国际贸易和金融交易的计价结算货币。

第二，为人民币国际化进一步推进提供新思路。本书较为系统地分析了人民币作为国际货币的交易媒介职能、计价单位职能和价值储藏职能之间的逻辑关系、互动机制，实证研究发现：人民币三大国际职能之间存在协同机制，且人民币计价单位职能是人民币交易媒介职能和价值储藏职能发展的中心枢纽，人民币计价单位职能发展滞后制约了人民币交易媒介职能和价值储藏职能的进一步发展。未来中国政府应侧重于推进人民币计价单位职能的发展，着重培养人民币作为国际贸易、大宗商品以及国际金融资产的计价货币职能。这有利于实现全面且稳步地推进人民币国际化发展的目标，进而更好地应对错综复杂的国际环境变动，并为全球经济和金融秩序稳定提供公共产品。

1.3 研究思路与框架结构

本书立足于人民币国际化初级发展阶段这一现实背景，以贯彻落实稳步推进人民币国际化为出发点，研究了注意力配置、经济不确定性对人民币国际化的影响，为人民币国际化相关研究提供了一个新的思路。首先，本书对人民币国际化影响因素、注意力配置以及经济不确定性等相关文献进行了系统梳理，总结了现有文献的研究成果，找出了现有文献存在的不足并进行了分析。其次，本书构建了理论分析框架，系统地考察了人民币交易媒介职能、计价单位职能与价值储藏职能的主要特点、逻辑关系与互动机制。在此基础上，本书深入探究了注意力配置对人民币交易媒介职能、计价单位职能和价值储藏职能的作用机制，以及经济不确定性对人民币三大国际职能产生调节效应的机制。同时，本书还构建了各国（地区）经济不确定性指数，为后文实证研究提供数据支持。再次，在理论分析的基础上，本书分别就注意力配置对人民币交易媒介职能、计价单位职能与价值储藏职能的作用机制，以及经济不确定性产生的调节效应进行了实证检验。最后，阐述了本书的主要研究结论，提出了相应的政策建议，并指出今后的研究展望。

本书的技术路线具体如图 1-1 所示。

本书研究内容从以下几个部分依次展开：

第 1 章：绪论。本章阐述了本书的选题背景和研究意义，阐述了本书的研究思路、框架结构以及研究方法，并总结了本书主要创新之处与不足。

第 2 章：文献综述。本章对人民币国际化、注意力配置和经济不确定性的相关概念进行了界定和测算，并对人民币国际化影响因素、注意力配置、经济不确定性以及其他相关文献等国内外研究成果进行了梳理总结，这为本书的后续研究提供了重要参考。特别地，本章从人民币交易媒介职能、计价单位职能、价值储藏职能三方面对人民币国际化程度及人民币国际化影响因素的学术成果进行了梳理总结。在此基础上，本章对现有文献进行了简要评述，找出了现有文献尚待拓展和完善之处，为后文基于国际货币职能视角探究注意力配置、经济不确定性对人民币国际化的影响寻找突破口。

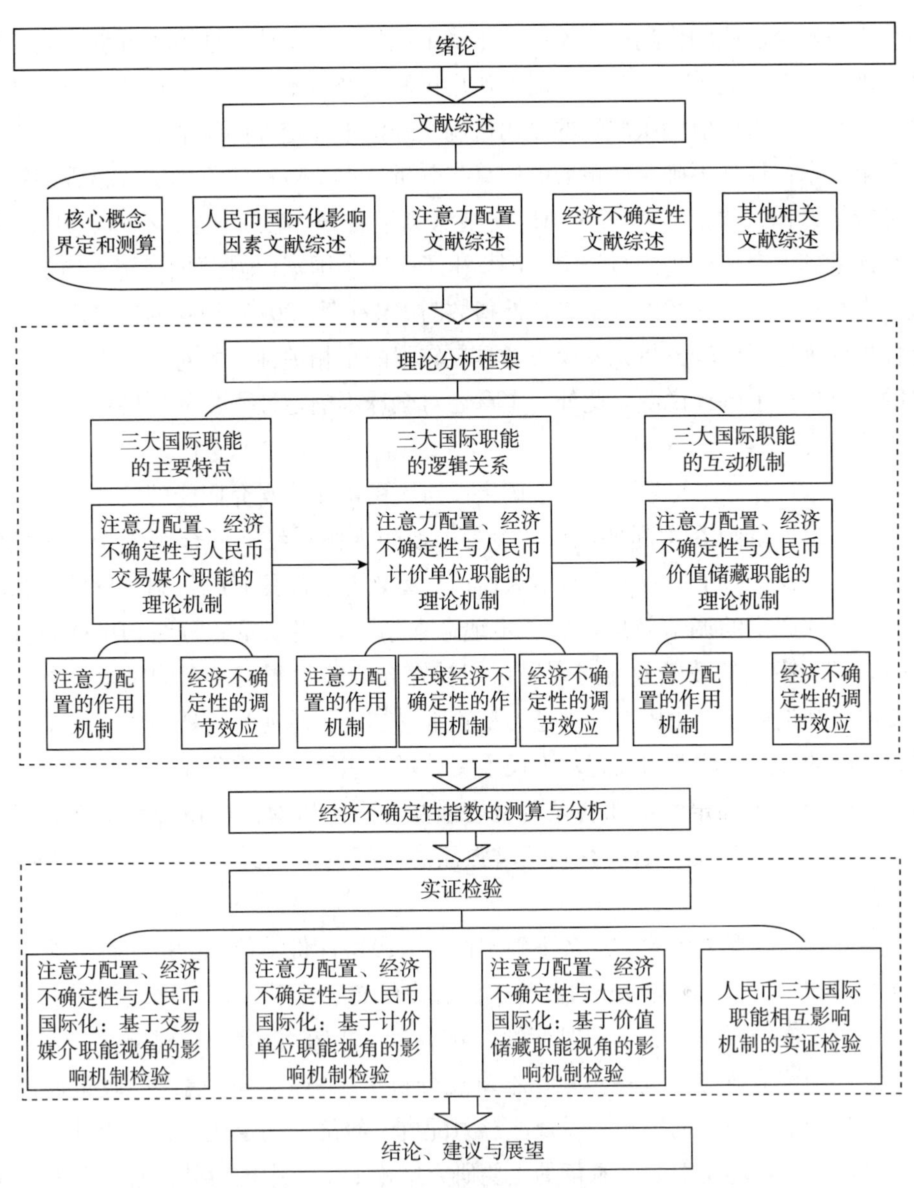

图 1-1　本书技术路线图

第 3 章：理论分析框架。本章构建了基于国际货币职能视角下的注意力配置、经济不确定性与人民币国际化的理论分析框架。本章在分析人民币三大国际职能主要特点的基础上，进一步分析了三大国际职能之间的逻辑关系与互动机制，为后文的理论机制分析奠定基础。在此基础上，本章分析了注意力配置对人民币交易媒介职能的作用机制及经济不确定性的调节效应，注意力配置、全球经济不确定性对人民币计价单位职能的作用机制及经济不确定性的调节效应，注意力配置对人民币价值储藏职能的作用机制及经济不确定性的调节效应。

第4章：经济不确定性指数的测算与分析。本章对经济不确定性指数测算模型进行了选择，构建TVP-FAVAR模型测算了各国(地区)经济不确定性指数，并在此基础上对该模型进行设定，测算出了176个国家(地区)的经济不确定性指数。本章将本书测算的经济不确定性指数与Baker等(2016)构建的经济政策不确定性指数进行了比较分析，发现二者具有较强的正相关性，并对二者出现相互偏离的态势进行了解释说明。此外，本章还对全球不确定性指数的发展变化趋势进行了分析。

第5章：注意力配置、经济不确定性与人民币交易媒介职能的实证分析。本章基于各国(地区)在国际外汇市场交易中使用人民币结算的金额建立了面板数据模型，实证检验了注意力配置对人民币交易媒介职能的影响机制、异质性和经济不确定性产生的调节效应。进一步地，本章还运用双重差分法(DID)分析了"一带一路"倡议的政策效应对人民币交易媒介职能的影响及影响渠道。本章的主要研究结论如下：中国对外注意力配置水平越高，越能显著地促进人民币交易媒介职能的发展，注意力配置对人民币交易媒介职能的促进作用存在异质性，各国(地区)经济不确定性增加会显著地增强注意力配置对人民币交易媒介职能的促进作用，"一带一路"倡议有利于增强注意力配置对人民币交易媒介职能的促进作用。

第6章：注意力配置、经济不确定性与人民币计价单位职能的实证分析。本章建立TVP-SV-VAR模型分别检验了注意力配置、全球经济不确定性对人民币计价单位职能的影响及影响的时变性、异质性，并运用SRVAR模型考察了经济不确定性的调节效应。进一步地，本章还分析了"一带一路"倡议的政策冲击对人民币计价单位职能的影响，以及注意力配置、经济不确定性与人民币计价单位职能之间的长期均衡关系。本章的主要研究结论如下：中国对外注意力配置水平越高，越能显著地促进人民币计价单位职能的发展；注意力配置对人民币计价单位职能的促进作用存在异质性；在全球经济不确定性增加的情形下，注意力配置冲击对人民币计价单位职能产生显著的负向影响，但该影响持续时间较短；在全球经济不确定性下降的情形下，注意力配置冲击对人民币计价单位职能产生显著的正向影响，且正向影响持续时间较长；"一带一路"倡议对人民币计价单位职能的发展产生正向影响；长期来看，注意力配置、全球经济不确定性与人民币计价单位职能存在长期正向联动性。

第 7 章：注意力配置、经济不确定性与人民币价值储藏职能的实证分析。本章基于全球 174 个国家（地区）央行或货币当局在给定年份是否持有人民币储备资产的面板数据，实证检验了注意力配置对人民币价值储藏职能的影响机制、异质性和经济不确定性的调节效应。进一步地，本章运用双重差分法（DID）分析了“一带一路”倡议的政策效应对人民币价值储藏职能的影响以及影响渠道。本章的主要研究结论如下：中国对外注意力配置水平越高越能显著地促进人民币价值储藏职能的发展，注意力配置对人民币价值储藏职能的促进作用存在异质性，经济不确定性对人民币价值储藏职能发挥的是有中介的调节效应，“一带一路”倡议有利于增强注意力配置对人民币价值储藏职能的促进作用。此外，本章建立联立方程模型实证检验了人民币交易媒介职能、计价单位职能和价值储藏职能之间的相互作用机制，研究发现，人民币三大国际职能之间存在协同机制，且人民币计价单位职能是促进人民币交易媒介职能和价值储藏职能进一步发展的中心枢纽。

第 8 章：结论、建议与展望。本章阐述了本书的主要研究结论，提出了相应的政策建议，并指出了研究展望。

1.4 研究方法

本书在研究中采用了文献研究方法、定性分析与定量分析相结合的研究方法，以及静态分析与动态分析相结合的研究方法，同时注重计量经济学、行为经济学、心理学和国际金融学等多学科理论知识的交叉应用。在研究方法上，本书遵循“从现实中发现问题→运用理论知识分析问题→实证检验与指导实践”的路线，从国际货币职能视角出发，研究了注意力配置、经济不确定性对人民币国际化的影响。

第一，文献研究方法。文献研究方法是指对某个研究问题或者研究主题相关的资料、文献、资源等进行收集、梳理与分析的方法。为了准确地分析注意力配置、经济不确定性对人民币国际化的影响，本书对涉及研究主题的现有文献进行了收集、整理、阅读、归类与评述。首先，对人民币国际化、注意力配置和经济不确定性的概念以及测算方法的相关文献进行了梳理与评述。其次，对人民币交易媒介职能、计价单位职能与价值储藏职能影响因素的相关文献进行了归类和总结，梳理和评述了注意力配置对投资决策、投资收益、股票市场以及企业行为的影响等相关文献，总结和评述了经济不确定性对宏观经济、微观企业、国际贸易和货币表现的影响，以及经济不确定性产生调节效应的相关文献。最后，进行了总结性评述，指出了现有文献在哪方面存在不足，可以从哪些方面进行拓展，本书与现有研究的区别，以及本书研究的突破之处。在采用文献研究方法的基础上，本书确定了研究主题和研究视角，即基于国际货币职能视角来研究注意力配置、经济不确定性与人民币国际化这一主题。

第二，定性分析与定量分析相结合的研究方法。在本书中，定性分析主要是将行为经济学、心理学和国际金融学等多学科理论知识相结合，来分析注意力配置、经济不确定性对人民币国际化的理论作用机制。本书分别分析了注意力配置对人民币交易媒介职能、计价单位职能和价值储藏职能的作用机制，经济不确定性对人民币交易媒介职能、计价单位职能和价值储藏职能产生调节效应的机制，以及全球经济不确定性对人民币计价单位职能的作用机制。

在本书中，定量分析主要是在理论分析的基础上，结合实证研究的样本数据特征，选择较为恰当的计量方法进行实证检验。首先，本书采用 BIS 数据库中各国（地区）在国际外汇市场交易中使用人民币结算的金额作为人民币交易媒介职能的衡量指标，与百度指数、World Bank WDI 数据库、CEPII 数据库、IMF IFS 数据库以及《2019 年人民币国际化报告》等报告文件中的数据相结合，建构了跨国面板数据模型，展开了实证研究。其次，本书收集了 IMF IFS 数据库、BIS 数据库和 BIS LBS 数据库相关数据，构建了以人民币计价的国际金额资产额作为人民币计价单位职能的衡量指标，采用 TVP-SV-VAR 模型检验了注意力配置、全球经济不确定性对人民币计价单位职能的影响以及影响的时变性。同时，本书还构建了带符号约束的向量自回归（SRVAR）模型，实证检验了全球经济不确定性对人民币计价单位职能产生的调节效应。最后，本书以各国（地区）央行或货币当局在给定年份是否持有人民币储备资产的二值虚拟变量作为人民币价值储藏职能的衡量指标，不仅构建了面板 Logit 模型，检验了注意力配置对人民币价值储藏职能的作用机制，而且建立了有中介的调节效应模型，检验了经济不确定性对人民币价值储藏职能的影响机制。同时，本书还建立了联立方程模型，实证检验了人民币交易媒介职能、计价单位职能和价值储藏职能之间的互动机制。此外，本书还进一步建立了双重差分模型（DID），检验了“一带一路”倡议对人民币交易媒介职能、价值储藏职能的影响以及影响渠道。

第三，静态分析与动态分析相结合的方法。在实证检验过程中，注意力配置对人民币交易媒介职能的影响机制检验和经济不确定性对人民币交易媒介职能的调节效应检验是静态分析的体现。另外，注意力配置对人民币价值储藏职能的影响机制检验和经济不确定性对人民币价值储藏职能的调节效应检验，以及人民币三大国际职能之间相互作用机制检验也是静态分析的体现。

在构建各国(地区)经济不确定性指数时，本书建立 TVP-FAVAR 模型进行了测算。TVP-FAVAR 模型能够较为全面地捕捉现实中的经济信息，更加真实地反映变量之间相互影响的动态关系。因此，采用 TVP-FAVAR 模型构建各国(地区)的经济不确定性指数是动态分析的体现。在实证分析时，本书建立了动态面板模型(SGMM)，针对注意力配置对人民币交易媒介职能的影响进行了稳健性检验。在实证检验注意力配置和全球经济不确定性对人民币计价单位职能的影响机制时，本书采用 TVP-SV-VAR 模型进行了分析。TVP-SV-VAR 模型能够捕捉变量之间的动态变化关系，有助于研究注意力配置、经济不确定性对人民币计价单位职能的时变影响，这也是动态分析的体现。此外，本书还采用动态异质性面板模型实证检验了经济规模、通货膨胀率、货币收益率等传统因素对人民币计价单位职能发展长短期不同的影响，这仍是动态分析的体现。

1.5 主要创新之处及不足

1.5.1 主要创新之处

本书基于国际货币职能视角探讨了注意力配置、经济不确定性与人民币国际化的理论分析框架，并基于此理论框架展开了较为丰富的实证研究。本书主要从以下三个方面拓展和完善已有研究：

第一，从行为经济学和经济不确定性两方面拓展了人民币国际化的研究视角。

首先，本书从注意力配置的崭新视角解读了人民币国际化的影响因素。现有文献主要从经济实力、金融市场发展、币值稳定、交易成本等市场因素和人民币离岸金融中心的建立、双边货币互换协议的签订、RQFII 投资额度的给予、清算行的建立等政策因素视角进行研究。但这些角度基本上都属于有形资源配置框架，较少有文献涉及无形资源因素。注意力配置不仅属于无形资源，还属于行为经济学范畴，本书对人民币国际化的解读实际上是行为经济学思想在国际金融领域运用的有益尝试，是丰富和拓展人民币国际化理论的一次新的尝试。

其次，本书在人民币国际化研究领域引入了经济不确定性。现有文献较少关注经济不确定性对货币国际化的影响，尤其是对人民币国际化的影响，且鲜有学者探究各国(地区)经济不确定性对人民币国际化影响的内在机制。在经济全球化和全球经济一体化不断推进的今天，人民币国际化为跨境经济活动提供服务，必然会受到其他国家(地区)经济不确定性乃至全球经济不确定性的影响。鉴于此，本书引入经济不确定性研究了人民币国际化问题，并厘清了经济不确定性对人民币国际化的作用机制，有利于拓展全球经济不确定性加剧的情形下人民币国际化相关问题的研究。

第二，从人民币三大国际职能之间的逻辑关系与互动机制、注意力配置对人民币三大国际职能的作用机制以及经济不确定性对人民币三大国际职能产生的调节效应几个方面丰富了人民币国际化的理论分析。

首先，本书拓展了人民币三大国际职能之间的逻辑关系与互动机制的研究。现有文献侧重针对某一种国际职能影响机制的考察，对国际货币职能之间的逻辑关系与影响机制的探讨则稍显不足。本书深入地探究了人民币交易媒介职能、计价单位职能和价值储藏职能的主要特点，以及三种职能之间的逻辑关系、互动机制，弥补了现有文献忽略研究人民币三大国际职能内在作用机制的不足。

其次，本书识别出了注意力配置对人民币三大国际职能的作用机制以及经济不确定性对人民币三大国际职能产生的调节机制。本书在分析注意力配置对人民币交易媒介职能和计价单位职能作用机制的基础上，研究发现，注意力配置对人民币价值储藏职能的作用机制是间接的。进一步地，本书分析发现，经济不确定性对人民币价值储藏职能并不直接产生调节效应，而是通过人民币交易媒介职能这一中介发挥调节效应。也就是说，经济不确定性对人民币价值储藏职能发挥的是有中介的调节效应。

第三，从各国(地区)经济不确定性指数测算、经济不确定性对人民币计价单位职能产生的调节效应研究、注意力配置对人民币国际化的影响识别三个方面扩充了人民币国际化的研究方法。

首先，本书采用 TVP-FAVAR 模型测算出了各国(地区)经济不确定性指数。随着当今互联网大数据的高速发展，本书采用 TVP-FAVAR 模型，基于丰富的数据环境通过计量经济学方法提取了大量宏观经济指标的不可预测部分，合成了经济不确定性指数。该模型不仅可以克服单一指标计算的偏误，更重要的是可以全面且客观合理地测算出各国（地区）经济不确定性指数。因此，本书运用 TVP-FAVAR 模型测算出全球 176 个国家（地区）的经济不确定性指数。

其次，本书采用符号约束的向量自回归（SRVAR）模型研究了经济不确定性对人民币计价单位职能产生的调节效应。本书分别分析了全球经济不确定性增加情形下的注意力配置冲击对人民币计价单位职能的影响，以及全球经济不确定性下降情形下的注意力配置冲击对人民币计价单位职能的影响。

最后，本书采用“一带一路”倡议作为一项“准自然实验”，运用双重差分法（DID）较为恰当地识别出注意力配置对人民币国际化的影响。考虑到经济主体的注意力配置属于行为因素，容易受到政策冲击的影响，本书采用双重差分法（DID）分别研究了“一带一路”倡议对人民币交易媒介职能和价值储藏职能的影响效应，并进一步结合中国经济主体对各国（地区）的注意力配置情况，分别检验了“一带一路”倡议对人民币交易媒介职能和价值储藏职能的影响渠道。

1.5.2 本书研究的不足之处

本书在衡量人民币计价单位职能的发展程度时，借鉴吴舒钰和李稻葵（2018）、白晓燕和于晓宁（2019）的方法，将人民币在国际金融体系中充当计价货币的资产总额作为衡量指标。该指标虽然突破了以往学者使用单一的国际债券金额来衡量人民币计价单位职能的片面性缺憾，但是受制于数据可得性，本书与何平等（2017）、吴舒钰和李稻葵（2018）、白晓燕和于晓宁（2019）等学者一样，只能收集到以人民币计价的国际金融资产总额数据，故而本书只能建立时间序列模型以检验注意力配置、经济不确定性对人民币计价单位职能的影响机制。随着人民币计价单位职能的发展和数据的日益翔实，若能建立面板模型检验注意力配置、经济不确定性对人民币计价单位职能的作用机制，将会得到更加细致且深入的研究结论。此外，由于人民币国际化尚处于初级发展阶段，受制于数据可得性，本书没有收集到各个经济主体使用人民币进行计价结算的数据。随着人民币国际化的不断发展，经济主体使用人民币计价结算的数据也会逐渐公开化和透明化，届时在此基础上分析经济主体在国际贸易和金融交易中对计价结算货币的选择，将会得到更加客观、合理的研究结论。

此外，本书立足于人民币国际化初级发展阶段这一现实背景，基于以下两方面原因更侧重于关注中国经济主体的行为因素：一方面，中国政府积极通过“鼓励跨境贸易人民币结算和培养人民币作为计价货币”等政策措施促使中国经济主体发挥主观能动性以推进人民币国际化，这意味着在人民币国际化初级发展阶段，促使中国经济主体在国际贸易和金融交易中尽可能地使用人民币作为计价结算货币，对人民币国际化的稳步推进更具现实意义；另一方面，本书参考施炳展和金祥义(2019)的研究方法，侧重于分析中国经济主体对世界经济的关注程度。因此，本书侧重于研究中国经济主体的行为因素对人民币国际化的影响，关于境外经济主体对中国市场的注意力配置的研究相对较少。境外经济主体的注意力配置对人民币国际化的影响有待后续研究。此外，人民币国际化是一项长期且复杂的系统工程，人民币国际化的影响因素随着国内外经济、政治等环境因素的变化呈现动态变化的趋势。可见，人民币国际化问题更适合长期且深层次的研究分析。

2

文献综述

本章主要内容：在对人民币国际化、注意力配置和经济不确定性等核心概念进行界定和测算的基础上，再对人民币国际化的影响因素、注意力配置和经济不确定性相关的国内外文献进行梳理。进一步地，本书对现有文献展开总结性评述，找出现有文献有待完善与拓展之处，为后文深入地探究注意力配置、经济不确定性对人民币国际化的影响寻找突破口。

2.1 核心概念界定和测算

2.1.1 人民币国际化的概念界定和测算

2.1.1.1 国际货币的概念

对国际货币概念的准确理解是研究人民币国际化的起点。Cohen(1971)从货币职能的角度出发，指出国际货币是特定的货币职能范围由国内拓展至国际的动态过程，即一种货币将本国(地区)官方用途和私人用途中的职能范围拓展到该货币发行国(地区)以外，该货币就上升到国际货币的层次。Cohen 和 Subacchi(2008)认为，一种成功的国际货币需要具备两种关键的力量，即自治力和影响力。自治力意味着本国(地区)在制定货币政策时不受别国(地区)货币政策的影响，影响力意味着本国(地区)货币政策的制定能够影响别国(地区)的货币政策。

从现实情况来看，当前SDR货币篮子中的五种货币（SDR货币篮子中的货币可以认为是国际货币的典型代表），欧元在其使用区域内是拥有自治力的，但影响力相较美元显得不足；英镑、日元以及人民币在自治力和影响力两方面相较美元都存在较大差距。在此理论背景下，当前国际货币体系中除美元可被称为完全意义上的国际货币外，其余几种主要货币（欧元、日元和英镑等）均只能被视作不完全意义上的国际货币。Liu等（2019）认为，货币在其发行国（地区）之外的区域流通，并且在非居民之间用作交易媒介货币，该货币就是国际货币。

学术界对国际货币的职能开展了丰富的研究。与美元、英镑等传统国际货币一样，人民币拥有相同的国际货币职能。Kenen（1996）最早提出国际货币职能的定义，认为国际货币职能是私人部门和官方部门基于各种目的将一种货币的国内职能拓展到国外的结果。Hartmann（1998）在Cohen（1971）的基础上，对国际货币在官方用途和私人用途中的职能发挥进行了分类说明，并根据国际货币职能将国际货币分为交易媒介货币、计价单位货币和价值储藏货币三个层次。Chinn和Frankel（2005）编制了国际货币职能表，他们认为：私人用途中的国际货币职能主要体现在货币替代和货币投资、国际贸易和金融交易的计价和结算上；各国（地区）央行或货币当局将国际货币的主要用途界定为，作为本国（地区）的官方外汇储备货币、用于干预并稳定本国（地区）外汇市场的载体货币、充当其他国家（地区）货币钉住的锚货币等。国际货币的具体分类如表2-1所示。

表2-1 国际货币的具体分类

货币职能	官方用途	私人用途
价值储藏	官方外汇储备货币	货币替代和投资
交易媒介	干预外汇市场的载体货币或干预货币	国际贸易结算和金融交易结算
计价单位	锚货币	国际贸易计价和金融交易计价

资料来源：笔者根据Kenen（1996）、Chinn和Frankel（2005）的研究整理总结得出。

2.1.1.2 人民币国际化的概念界定

学术界对人民币国际化的定义最早可追溯至20世纪90年代。王忠文（1993）提出了人民币国际化的定义分为狭义和广义两个层次。从狭义层次来说，人民币国际化是指人民币对国内经济主体实现自由可兑换，即国内金融机构、企业和个人可以使用人民币自由地兑换外汇和进行外汇资产交易等；从广义层次来说，人民币国际化是指人民币最终成为与美元、欧元、英镑和日元等货币相平行的国际货币，广泛地用于国际商品交易、国际投融资和官方外汇储备等，即实现对内和对外的自由可兑换。郑木清(1995)指出，人民币国际化需要人民币在满足稳定性、可兑换性和普遍接受性这三个条件的基础上，成为国际经贸往来中重要的可兑换货币和各国(地区)央行或货币当局的官方外汇储备货币。在人民币实现经常项下的自由可兑换的背景下，人民币国际化在实践方面也取得了一些进展，学术界对人民币国际化定义的讨论也逐渐转变为人民币国际职能的实现。陈炳才(2019)指出，人民币国际化是指人民币在国际贸易和金融市场上发挥计价和结算职能。中国人民大学国际货币研究所(2019)指出，人民币国际化是指人民币在对外经济贸易往来过程中逐渐承担计价单位、交易媒介和价值储藏等国际货币职能，并最终成为主要的计价结算货币和国际外汇储备货币的动态发展过程。

结合国内学者的研究及IMF对货币国际化的定义①，本书将人民币国际化定义为人民币在国际范围内广泛行使计价单位、交易媒介和价值储藏等货币职能，使人民币成为国际经济金融活动中重要的计价结算货币以及境外央行或货币当局普遍持有的国际外汇储备货币的动态发展过程。从静态看，人民币国际化是人民币成为主要国际货币的结果；从动态看，人民币国际化是人民币从中国的国内流通货币逐步发展成为主要国际货币的动态过程。

本书总结了人民币国际化历程中人民币国际职能发展的部分重要事件，具体如表2-2所示。

表2-2 人民币的国际职能范围

货币职能	官方用途	私人用途
	官方外汇储备货币	货币替代和投资
价值储藏	2016年3月4日，IMF正式认定人民币为国际外汇储备货币；人民币从2016年10月1日起，与美元、欧元、日元、英镑、瑞士法郎、澳元和加元一样，在IMF成员国“外汇储备货币构成”季度报告中单独列出	中国香港人民币储蓄政策性银行和商业银行在中国香港发行债券，财政部在中国香港发行人民币国债，亚洲债券基金第二阶段发行人民币国债，QFII和RQFII方式下人民币投资，离岸人民币市场的人民币存款业务，包括活期存款和定期存款等

① 国际货币基金组织(IMF)对货币国际化的定义：货币国际化是指一国货币职能的发挥超出其法定的流通范围(国界)，在世界范围内自由兑换、交易和流通，最终成为国际货币的过程。

续表

货币职能	官方用途	私人用途
交易媒介	载体货币	支付和结算货币
	《清迈倡议》下签署的双边货币互换协议（4项），与各国（地区）央行或货币当局签署的双边货币互换协议（39项，不包含续签协议项）	跨境贸易和投融资管理办法项下规定的范围，在全球外汇市场中的交易量
计价单位	锚货币	计价货币
	已有，但数据受限	债券发行计价货币、原油期货的计价货币、央行票据计价货币、证券现货产品计价货币、铁矿石期货计价货币等

资料来源：笔者根据 Chinn 和 Frankel（2005）、高海红和余永定（2010）、蒙震等（2013）的研究，以及《2020 年人民币国际化报告》整理总结得出。

2.1.1.3 人民币国际化的测算

人民币国际化程度的测算对研究人民币国际化至关重要，只有运用客观、公正、科学的度量方法才能对人民币国际化程度的变化情况进行客观的判断和把握。研究人民币国际化程度的指标一般从国际货币的三大职能，即交易媒介职能、计价单位职能和价值储藏职能的代理变量着手，具体如表 2-3 所示。

（1）基于价值储藏职能的测算。学者使用最多的是衡量价值储藏职能的“国际外汇储备份额”，其次是衡量计价单位职能的“国际债券份额”和衡量交易媒介职能的“国际外汇交易份额”，衡量计价单位职能的“国际贸易计价份额”由于数据不可得或不连续使用相对较少。首先，为什么大多数学者都选用国际货币基金组织（IMF COFER 数据库）公布的国际外汇储备份额作为衡量货币国际化程度的指标呢？一方面，价值储藏职能是国际货币的最高职能。一国货币只有成为其他国家的官方外汇储备货币，才能真正地实现货币国际化。另一方面，从国际货币三大职能在官方部门发挥的作用来看，一国（地区）央行或货币当局想要干预外汇市场、设定本币汇率的基准（锚货币）和避免金融危机爆发等都必须持有一定量的国际货币，即各国（地区）央行或货币当局对国际货币的持有额可以综合反映该国际货币的国际化程度（元惠萍，2011）。

现有文献基于价值储藏职能的货币国际化测算一般采用国际货币基金组织（IMF）公布的官方外汇储备货币构成（COFER）数据库的相关数据，如 Chinn 和 Frankel（2008）、彭红枫等（2017）、李婧和解祥优（2016）、Lu 和 Wang（2019）等。

表 2-3　国际货币职能的构建

一级指标	二级指标	三级指标	数据来源
交易媒介和计价单位（私人部门）	贸易	国际贸易结算中人民币计价结算份额	IMF IFS 数据库
	金融	国际债券和票据发行额中人民币计价债券和票据占比	BIS 数据库
		国际债券和票据余额中人民币计价债券和票据占比	BIS 数据库
		全球外汇市场交易的人民币份额	BIS 数据库
		国际直接投资中人民币直接投资份额	World Bank 数据库、UNCTAD（联合国贸易和发展组织）、IMF IFS 数据库
价值储藏（私人部门）	货币替代和投资	国际对外信贷总额中人民币信贷占比（用世界银行业国际资产负债币种结构代替）	BIS 数据库
交易媒介（货币当局）	载体货币或干预货币	中国央行与其他国家（地区）央行或货币当局签署的双边货币互换协议	《2020 年人民币国际化报告》
计价单位（货币当局）	锚货币	作为锚货币被其他国家货币钉住的国家个数与全球国家总数的比值	IMF AREAER 数据库（未开放）
价值储藏（货币当局）	官方外汇储备	国际外汇储备中人民币储备份额	IMF COFER 数据库

资料来源：笔者根据曹玉瑾（2014）、彭红枫和谭小玉（2017）的研究整理总结得出。

但 IMF 在 2016 年第四季度才第一次将人民币在其发布的 IMF 成员国“外汇储备货币构成”季度报告中单独列出，2016 年第四季度以前 IMF 均将人民币在国际外汇储备中的份额归为“其他货币”一项中。一方面，这表明人民币国际化发展迅猛，短短八年时间，人民币已经与美元、欧元、日元、英镑、瑞士法郎、澳元和加元一样，成为主要的国际外汇储备货币；另一方面，这说明人民币在 IMF 的 COFER 数据库中被单独列出的时间很短，若采用该数据库研究人民币国际化的相关问题并不合适。鉴于此，何平等（2017）采用 BIS 数据库中人民币计价的国际债券金额作为人民币价值储藏职能的衡量指标，他们认为，以人民币计价的国际债券市场的发展不仅能提升人民币在国际投融资方面的影响力，还能提供较为顺畅的人民币流出和回流渠道，是人民币价值储藏职能的重要体现。朱孟楠和曹春玉（2019）采用各国（地区）在给定年份是否投资人民币储备资产作为人民币官方储备需求的衡量指标。Zhu 等（2020）认为，中国香港是最早允许人民币存款的境外市场，并且比其他离岸人民币市场的人民币存款规模更大。因此，他们采用中国香港离岸人民币市场的人民币存款余额作为人民币价值储藏职能的衡量指标。

（2）基于计价单位职能的测算。计价单位职能的衡量指标一般采用国际清算银行（BIS）数据库公布的以各币种计价的国际债券份额，如白晓燕和邓明明（2016）、Hale 等（2016）均使用国际债券份额来衡量人民币计价单位职能的发展程度。其优势表现在以下两个方面：一是国际债券份额能同时反映货币的计价单位职能和价值储藏职能（李稻葵、刘霖林，2008），并且国际债券份额代表投资性资产能较好地反映以国家信用为基础的货币真实的"价值"。二是国际清算银行（BIS）每季度都会公布以各币种计价的国际债券的流量和存量数据①，并对该数据进行详细说明，且其统计方法是依据国际债券市场的变化而采取时变的方法，时效性较强。此外，吴舒钰和李稻葵（2018）、白晓燕和于晓宁（2019）测算了非居民持有的以人民币计价的资产总额，主要包括以人民币计价的国际债券金额、国际股票金额、国际直接投资金额和银行存款金额。Boz 等（2020）通过联系中国人民银行和中华人民共和国海关总署获得了人民币在国际贸易中的计价数据，并将其作为人民币计价单位职能的衡量指标。

（3）基于交易媒介职能的测算。人民币交易媒介职能的衡量指标通常采用 BIS 三年一度的中央银行调查报告公布的全球外汇交易中人民币结算份额表示。张光平（2011）认为，不管国际货币在多少个领域发挥作用皆会反映到该货币在国际外汇市场交易中的活跃程度上来，即国际货币在国际外汇市场中的交易金额可以间接地反映该货币的综合国际化程度。Cheung（2020）认为，全球外汇市场是全球最大的金融市场，其提供的国际货币交易金额能够反映该货币的国际重要性。国际清算银行（BIS）三年一度的中央银行调查报告详细地列示了国际货币在全球外汇市场中的交易金额，因此，人民币交易媒介职能的发展情况能较好地体现在其全球外汇交易金额上。同时，白晓燕和邓明明（2013）、He 等（2016）、杨晨姊（2018）、Liu 等（2019）等学者也采用该指标。此外，Wu 和 Tang（2018）、Ly（2020）采用中国人民银行公布的人民币跨境结算金额来衡量人民币交易媒介职能。Liu 等（2019）采用环球银行金融电信协会（SWIFT）信息系统中跨境支付银行间外汇交易和贸易融资数据作为人民币交易媒介职能的衡量指标。马光明和赵峰（2021）使用人民币在国际贸易领域的结算占比作为人民币交易媒介职能的衡量指标，包括以人民币结算的国际商品、服务贸易和直接投资等金额。考虑到该指标没有包含证券投资领域的人民币结算金额，他们

① 该数据覆盖面较广，目前涵盖的币种超过 60 种。

还采用SWIFT数据库公布的全球人民币支付占比作为人民币交易媒介职能的衡量指标。SWIFT数据库在2011年9月开始推出“RMB Tracker”月度统计报告，该报告提供人民币在全球贸易、投资及其他支付媒介中的总份额和排名。SWIFT数据库提供的这一数据成为衡量人民币交易媒介职能发展的合理指标。

总体而言，学者针对人民币国际化程度的测量指标进行了较为丰富的研究，他们通常围绕国际外汇储备份额、国际债券份额和国际外汇交易份额等角度来判断人民币的国际化程度。实际上，还有其他指标也能够反映人民币国际化的程度。例如，全球对外信贷中人民币份额(杨晨姊，2018)、全球直接投资体系中的人民币计价结算地位(杨晨姊，2018)、国际援助领域的地位等。

2.1.2 注意力配置的概念界定和测算

2.1.2.1 注意力配置的概念界定

注意力的概念起源于认知心理学。Kahneman(1973)最早提出“有限注意力”的概念，他指出，人的注意力是一种稀缺的认知资源，有限的注意力表示人在处理多个任务时，需要预先将其有限的注意力最优地配置到各个任务中，一旦在某个任务中分配了更多的注意力，那么分配在其他任务中的注意力就相应地减少。从信息的收集、筛选以及处理信息所需要的时间、精力和费用等角度来讲，信息的获得总是有限的。因此，给某项任务分配的注意力增加或减少直接影响投资者处理该任务有关信息的精确程度。Daft和Weick(1984)认为，注意力配置主要包括三个步骤，即关注、解释与行动。首先，决策者根据自身认知有选择性地关注和筛选一些与决策相关联的信息；其次，决策者对所筛选的信息进行解释，并对这些信息赋予一定的经济意义；最后，决策者在这些被赋予了经济意义的信息的直接影响下制定行为决策。D'Aveni和Macmillan(1990)指出，注意力配置是指决策者把信息处理能力配置给外部环境中与其行为决策相关的刺激因素的过程，不仅包括可观察的接受信息、处理信息和传播信息等过程，还包括不可观察的关注、甄别和判断等思维活动过程。王宗胜和李腊生(2010)指出，注意是一种行为，属于心理学研究领域；注意力是一种主观能力，属于经济学(资源)范畴。随着行为经济学研究的逐步深入，经济学家越来越关注投资行为中的心理因素分析，注意力配置正是这种基于心理特质的经济学概念，在此基础上将注意力配置纳入行为经济学分析成为自然而然的事情。他们指出，无限的信息和投资者有限的注意力必然要求投资者优化注意力配置，从而对投资者的投资决策产生影响。Sims（2003，2006）指出，注意力是一种稀缺的认知资源，即人的处理能力是有限的，经济主体不可能对经济系统中的所有信息进行处理和分析。在此基础上，施炳展和金祥义（2019）认为，注意力配置是经济主体在对海量信息和信息结构进行筛选和判断的基础上，对不确定性程度和特征产生影响，并最终对经济主体的行为决策和经济绩效产生影响的过程。

参考以往学者的研究，本书认为，注意力配置是经济主体从众多真假杂乱的信息中，甄别出真实信息和有价值的信息，以减少有限注意力约束下信息偏差引起的决策损失或决策过程中的不确定性，从而有助于经济主体做出最优决策的行为。

2.1.2.2 注意力配置的测算指标

从国内外相关文献来看，注意力配置的测算指标大致可分为以下四类：

第一类，互联网搜索指标。现有研究指出，互联网搜索指标是注意力配置较为合理的代理变量。Vosen 和 Schmidt（2011）、Kim 等（2019）认为，互联网搜索指标一般包含金融、消费、就业、居住、医疗、基础设施等多个领域，这表明互联网搜索指标可以作为多种经济变量的先行指标。刘涛雄和徐晓飞（2015）认为，互联网搜索指标具有较高的时效性和较强的可获取性，可以有效地改善宏观经济指标存在的时滞性和偏倚性等问题，进而提高宏观经济行为预测效果的准确性和可靠性。施炳展和金祥义（2019）认为，互联网搜索指标是经济个体的决策选择和行为选择的良好体现。互联网搜索指标作为中国经济主体注意力配置的代理变量，具有内在的合理性和客观性。

贾春新等（2010）认为，网络媒体是投资者获取信息的主要媒介，他们采用谷歌公司提供的关键词的历史资讯数量作为投资者注意力配置的衡量指标。Han 等（2018）使用谷歌搜索量指数来构建投资者注意力指数，主要基于以下三个方面的理由：一是互联网用户通常使用谷歌搜索引擎来收集信息，且谷歌是最受欢迎的网站。二是某个关键词的谷歌搜索量与投资者的决策密切相关。谷歌搜索量是对投资者注意力配置的直接衡量，可以避免采用新闻报道等间接衡量方法产生估计偏误的问题。三是石油价格一般不受私人信息的影响。谷歌搜索从大量公开的信息中采用科学合理的方法提取出关键词频数，为投资者提供了多样化的信息集。Duan 等（2018）采用谷歌搜索频率衡量企业高管的影响力与注意力，他们认为，谷歌是个人投资者最方便的使用工具，可以随时搜索互联网上各高管的信息。此外，Vozlyublennaia（2014）、Goddard 等（2015）、Tantaopas 等（2016）、Yao 等（2017）、Kim 等(2019)、Padungsaksawasdi 等(2019)等也使用谷歌搜索量指数来构建投资者注意力配置的指标。

施炳展和金祥义(2019)采用百度指数作为注意力配置的衡量指标。其原因在于：百度指数中关于各搜索指数的统计，是以网民在百度网站的搜索量为数据基础，以关键词为统计对象，科学地计算分析出各关键词在百度网页搜索中的搜索频数加权之和。百度不仅是中国国内最早成立的搜索引擎网站，也是中国最大的搜索引擎网站。百度网站上统计的各关键词的搜索量可以较为准确地反映中国互联网搜索频数，进而可以较为精确地反映出中国对外注意力配置的变化趋势。于博和吴菡虹（2020）采用百度搜索指数衡量投资者的注意力配置。金宇超等(2017)利用和讯网每日关注度数据，将关注某支股票的实际人数作为公司当天获得的市场关注度，即投资者对该公司的注意力配置。其原因在于：和讯网作为中国访问量较大的财经网站，基于用户访问量可以直接衡量投资者对特定股票的注意力配置，比基于交易量、股票收益、股票涨停、新闻报道等间接衡量注意力的方法更为准确。

第二类，媒体报道。贾春新等(2010)指出，投资者的注意力配置可以采用新闻报道、专家分析等资讯数量进行衡量。Souza 等(2018)指出，媒体报道是投资者的主要信息来源之一，特别是不成熟的投资者没有广泛的信息来源渠道，媒体报道的作用尤为凸显。因此，他们采用巴西商业新闻报纸对每家公司的新闻报道量以及报纸的发行量来衡量投资者的注意力配置。

第三类，股票换手率。贾春新等(2010)指出，投资者关注某一只股票时，该股票的交易量会增加，因此，可以采用股票换手率衡量投资者的注意力配置。权小锋和吴世农(2010)采用公司盈余公告前 30 个交易日的股票平均换手率来衡量投资者的注意力配置。

第四类，文本分析法。文本分析法常用文本中某个关键词或句子出现的频率来测量注意力配置。吴建祖和毕玉胜(2013)采用自动文本分析法衡量高管团队的注意力配置，统计包含技术获取、品牌建立和目标市场定位这三个维度相关的关键词出现的频数，将其作为高管团队注意力配置的衡量指标。Cho 和 Hambrick(2006)、董临萍和宋渊洋(2017)借助 QSR Nvivo 分析软件，对企业年报中的董事会报告进行文本分析，采用企业年报中关键词出现的频率来衡量高管的注意力配置，关键词出现的频率越高说明企业高管在这类信息上配置的注意力越多，反之亦然。

在此基础上，也有学者同时综合以上几种方法衡量注意力配置，如 Chen 等(2022)分别采用极端交易量、超额收益、历史收益、接近道琼斯指数的历史高点、分析师覆盖率、广告费用变化、媒体覆盖率、谷歌搜索量等指标衡量个人投资者的注意力配置。在此基础上，他们采用因子结构模型、主成分分析法、偏最小二乘法(Partial Least Square)、比例主成分分析法(Scaled Principal Component Analysis)等方法对以上衡量个人投资者注意力配置的指标提取共同因子来构建总的投资者注意力配置指标。

2.1.3 经济不确定性的概念界定和测算

2.1.3.1 经济不确定性的概念界定

古典经济学和新古典经济学均以确定性假设为前提构建经济理论框架，但在实际生活中投资者却是以不确定性为基础做出相应的决策。不确定性的定义最早可以追溯到 1921 年富兰克·奈特在《风险、不确定性和利润》一书中对不确定性的界定，他认为不确定性是人们无法预知的未来的事情，是全新的、唯一的、过去未曾出现过的。Knight(1921)指出，不确定性是指经济个体对未来收益或损失分布范围的不可预期或状态的不能确知。Jurado 等(2015)指出，经济不确定性来源于经济的不可预测程度，而并非是经济的波动。鲁晓东和刘京军(2017)认为，经济主体对市场状况的预期困境或预期障碍构成经济不确定性的具体内涵，进一步表现为“风险”、“波动”或“不可知”等负面经济效应。王维国和王蕊(2018)认为，经济不确定性是指人们无法准确预测和分析的经济变化，也可以表示为经济预期值与实际值的偏离程度。徐宁等(2020)指出，经济不确定性是人们无法观察和预见的未来经济领域事件发生的概率，即相关经济事件实际发生情形与人们预期不一致，并可能对微观交易主体行为决策或宏观经济部门行为选择甚至对整体的经济运行产生影响。

参考以往学者的研究，本书对经济不确定性定义：人们无法准确观测的、预见的、分析的未来经济领域可能发生的变化，即相关经济事件发生的实际值与预期值的偏离程度。

2.1.3.2 经济不确定性的测算

从国内外相关文献来看，经济不确定性的测算大致可以分为以下两类：

第一类，基于具体变量或指标的波动。第一类主要分为以下三种情况：

首先，基于金融代理变量的测度方法。Bloom(2009)对经济不确定性的测量具有开创性意义。他采用股票波动率指数衡量经济不确定性的程度，发现股票市场的波动与生产和需求的不确定性高度相关。Caggiano 等(2014)采用芝加哥期权交易所推出的恐慌指数(VIX)作为经济不确定性指标的代理变量。

其次，基于新闻关键词的测度方法。该方法通过定义一些与“不确定性”相关的词语，从报纸、网站等新闻媒体中对相关词语进行搜索，并统计其出现的频率，该频率就代表了经济不确定性的程度。比较典型的是 Baker 等(2016)采用关键词测度经济政策不确定性的程度。Baker 等(2016)通过对媒体报道进行关键词抓取，计算出关键词出现的频率来衡量经济政策的不确定性，即在某一国(地区)主流的最具影响力的报纸上统计“经济”“不确定性”等关键词出现的频率合成不确定性指数。此外，Alexopoulos 和 Cohen(2016)、Bontempi 等(2016)也是采用该方法测量经济不确定性的程度。徐宁等(2020)通过大数据爬虫抓取《人民日报》和《光明日报》关键词的方法测量经济不确定性的程度，发现中国经济不确定性整体呈现逆周期性，会对经济发展产生负面影响。

最后，基于调查的方法。少数学者也采用调查的方法衡量经济不确定性的程度，如 Sylvain 和 Liu(2016)采用密歇根调查来衡量经济不确定性的程度。

第二类，基于不可预测部分的波动。Jurado 等(2015)认为，经济不确定性来源于经济的不可预测程度，而并非是经济的波动，因此，经济不确定性指数是剔除全部可预测信息之后的经济序列标准差。王维国和王蕊(2018)收集了 158 个宏观经济变量数据，采用 FAVAR-SV 模型构建中国经济不确定性指数，其研究发现，中国经济不确定性指数能较好地解释中国经济的运行情况。胡久凯和王艺明(2020)采用因子增广的向量自回归模型(FAVAR)构建中国经济不确定性指数，其研究发现，他们构建的中国经济不确定性指数与 Baker 等(2016)构建的中国经济政策不确定性指数具有较强的相关性。

2.1.4 评述

上述文献在探讨人民币国际化、注意力配置和经济不确定性的概念界定和测算方法方面提供了真知灼见，为本书中的研究奠定了基础，具有重要的借鉴和参考意义。本书对这些文献的简要评述如下：

第一，现有文献主要基于人民币的某一种国际货币职能来衡量人民币国际化的程度，但采用人民币的某一种国际货币职能衡量人民币国际化的程度存在一定的片面性和缺陷性，且传统方法也无法综合度量人民币国际化的程度，原因在于：人民币三大国际职能发展不平衡，交易媒介职能最先发展也是目前发展得较为成熟的职能，而计价单位职能和价值储藏职能发展相对滞后。再者，对于尚处于国际化初级发展阶段的人民币来说，受限于数据可得性和人民币国际职能发展不平衡，人民币三大国际职能衡量方法的发展相对受限，特别是价值储藏职能。因此，想要准确且全面地衡量人民币国际化的程度难度很大。

鉴于此，本书从国际货币职能视角出发，分别梳理了人民币交易媒介职能、计价单位职能和价值储藏职能的测算方法，本书发现：使用人民币在国际外汇市场上的交易额衡量人民币交易媒介职能较为合理，以人民币计价的国际资产额衡量人民币计价单位职能较为合适，由于各国（地区）央行或货币当局持有人民币资产金额的数据属于各国（地区）机密，因此采用各国（地区）央行或货币当局在给定年份是否投资人民币储备资产的二值变量作为人民币价值储藏职能的衡量指标较为合理。

第二，本书通过对注意力配置测算的相关文献进行梳理发现，国内外学者对注意力配置的测算方法从媒体报道、文本分析、股票换手率等间接衡量方法，逐渐转变为互联网搜索频数等直接衡量方法。互联网搜索频数的优势在于改善了间接衡量方法的时滞性和偏倚性问题，能更好地反映经济主体的决策选择和行为选择。因此，本书参考施炳展和金祥义（2019）的方法，采用互联网搜索指标作为注意力配置的衡量指标。

第三，从经济不确定性的测算来看，第一类基于具体变量或指标的波动测量经济不确定性存在一些不足之处。一方面，特定变量的波动水平不能较好地体现经济不确定性，如在经济基本面不变的情况下，股票市场由于杠杆率的变动而大幅度波动，导致股票市场波动无法反映出实际经济的运行情况等。另一方面，Baker 等（2016）构建的经济政策不确定性指数也存在以下缺憾：包含国家数目较少，Baker 等（2016）构建的经济政策不确定性指数只包含 24 个国家（地区）；有的国家数据收集较晚，如巴基斯坦的经济政策不确定性指数从 2010 年 8 月开始；有些国家在某些年份的经济政策不确定性指数是空缺的，如比利时。随着学术界对经济不确定性认识的不断深入，经济不确定性的测算从早期较为单一的特定变量波动，如股票市场波动率、恐慌指数、移动平均标准差等，逐渐向人们不可预测部分的波动转变，即通过剔除经济可预期部分，获得经济不可预测部分的波动。

当今互联网大数据高速发展，本书基于丰富的数据通过计量经济学方法提取大量宏观经济指标的不可预测部分合成经济不确定性指数，不仅可以克服单一指标计算的偏误，更重要的是可以全面且科学地测算出各国（地区）经济不确定性。国内学者如王维国和王蕊（2018）、胡久凯和王艺明（2020）等在这方面已经进行了有益的尝试，但遗憾的是，他们只考察了中国经济不确定性，没有考察全球其他国家（地区）的经济不确定性。鉴于此，本书根据第二类基于不可预测部分波动的测算方法，测算了全球 176 个国家（地区）的经济不确定性指数。

因此，本书基于国际货币职能视角，以人民币三大国际职能发展为切入点研究人民币国际化问题，试图分析注意力配置、经济不确定性对人民币国际化的影响，以期为人民币国际化相关研究提供一个新的思路。

2.2 人民币国际化影响因素文献综述

随着国内外学者对人民币国际化影响因素研究的不断深入，现有文献的相关理论观点日趋成熟。本书从人民币的交易媒介职能、计价单位职能和价值储藏职能角度出发，较为系统地梳理了国内外相关研究的发展变化趋势。

2.2.1 交易媒介职能的影响因素

学术界对人民币交易媒介职能影响因素的研究，早期主要从货币搜寻理论和交易成本视角进行探讨，随后发展为从货币发行国（地区）的经贸规模、金融市场发展、币值稳定等方面进行研究。

2.2.1.1 基于货币搜寻理论和交易成本视角

Matsuyama 等（1993）建立了货币搜寻模型用于分析国际货币的选择机制，其研究发现，一国经济规模越大、国家影响力越强，该国居民与非居民交易使用本国货币结算的可能性就越高，该货币越可能成为媒介货币。Krugman（1980）指出，在替代性较高的行业中，企业为了避免汇率波动风险，降低汇兑成本和信息搜寻成本的影响，通常选择使用与竞争对手相同的货币进行计价结算。

Gerald（2000）指出，一国对外贸易规模越大，对本币和外币的外汇交易需求也会相应增加，必将带来大额的外汇交易量，该货币也将凭借交易量优势成为国际外汇市场交易中重要的结算货币①。

2.2.1.2 经贸规模

Kindleberger(1967)认为，货币国际化的首要决定因素是一国的经济实力，原因在于：纸币本身没有价值，一国纸币在国际范围内流通的背后支柱是该国的经济实力，非居民愿意持有一种国际货币反映了非居民对该货币购买力的信心以及对该国经济实力的认可。丁一兵等(2012)认为，中国经济规模对人民币外汇交易量产生显著的正向影响：一是经济规模较大能为人民币国际化提供坚实的经济基础，抵御外部冲击和经济波动的影响。二是中国经济规模越大，人民币在国际贸易中的网络外部性就越大，会相应地降低贸易成本。白晓燕和邓明明(2016)认为，随着中国经济实力的增强，其他国家会倾向于在对内经济金融管理及对外经济交往中采用人民币作为媒介货币。曹玉瑾(2014)、彭红枫等(2017)认为，人民币国际化进程中最重要的影响因素是中国的经济规模。一方面，经济规模较大表明中国在国际经济中的影响力较大，拥有较高的国际话语权；另一方面，经济规模越大越有利于产生大量的外汇交易，大规模的外汇交易有助于降低交易成本，增强该国货币流动性，更好地发挥国际货币交易媒介的职能。Liu 等(2019)构建了引力模型研究发现，经济实力的提升能显著地促进国际货币交易媒介职能的发展。李俊久(2022)指出，货币国际化的成功离不开国家经济实力的支撑。Wu 和 Tang(2018)认为，中国 GDP 增长是人民币交易媒介职能发展的重要影响因素。

传统国际货币理论认为，一国产出规模的大小关系到能否维持该国货币的国际地位，即通过庞大的国际贸易体系实现本币的全球供应，比如，英镑和美元的国际化模式是“资本输出+国际卡特尔/跨国企业”(Tavlas，1997；McKinnon，1998)。余道先和王云(2015)、曹玉瑾(2014)指出，高额的贸易顺差是人民币国际化的初期特征，持续的贸易顺差有助于人民币国际化。相反地，若中国面临巨额贸易赤字时，国际投资者会对中国未来的经济增长和偿还能力表示担忧，从而影响人民币作为国际货币的接受度。张原(2012)指出，中国对外贸易规模越大，人民币在外汇市场的活跃程度也会越高，有利于降低交易成本，增强市场主体使用人民币进行结算的意愿和信心。Wu 和 Tang(2018)认为，商品和服务的进出口

① 国际外汇市场中某种货币交易量的增加，有助于降低该货币的交易成本。

规模增长能显著地促进人民币交易媒介职能的发展。Liu 等(2019)发现，中国与其他国家(地区)之间贸易份额的增加对人民币交易媒介职能的发展有显著的推动作用。

2.2.1.3 金融市场

孙海霞和谢露露(2010)、白晓燕和邓明明(2016)认为，金融市场的规模扩大和效率提高有助于形成规模经济，降低未来交易的不确定性和交易成本，提高市场流动性，增强对国际投资者的吸引力等，进而促进货币交易媒介职能的发展。He 等(2016)构建引力模型研究发现，开放和发展完善的金融市场有利于降低交易成本和汇兑风险等，是促进国际货币交易媒介职能发展的重要影响因素。Liu 等(2019)构建引力模型研究发现，金融市场的发展有利于吸引外商直接投资和增加境外机构对人民币的接受程度，进而显著地促进人民币交易媒介职能的发展。Powell(2020)认为，金融市场的发展是人民币交易媒介职能发展的重要影响因素，离岸人民币金融市场的发展对人民币国际化起到了"催化剂"作用。

2.2.1.4 币值稳定

币值稳定是指一国货币相对其他货币的汇率稳定(彭红枫、谭小玉，2017)。市场交易主体在进行国际贸易和投融资交易时，倾向于选择货币波动较小的币种进行计价结算，究其原因主要是，汇率波动较大导致货币资产的价值偏离其真实价值，增加了市场交易主体的汇率风险和交易成本。以人民币为例，人民币大幅贬值会造成以人民币结算的出口商收入减少、利润降低甚至破产；人民币大幅升值会造成以人民币结算的进口商成本增加，会压缩其利润空间。因此，保持币值稳定有助于减少未来信息的不确定性，增强市场交易主体使用人民币结算的信心。Wu 和 Tang(2018)发现，人民币实际有效汇率指数的增加对人民币交易媒介职能的发展产生负向影响。Xia(2018)认为，保持人民币汇率稳定对扩大人民币在周边国家(地区)的使用频率和范围具有积极意义。但是，Liu 等(2019)指出，人民币汇率在很大程度上与美元挂钩，并且中国政府较为严格的资本管制降低了人民币在离岸市场上的流动性。因此，人民币汇率变动对人民币交易媒介职能的作用是微不足道的。

此外，申岚和李婧(2020)认为，自 2009 年跨境贸易人民币结算试点开展以来，人民币国际化是在需求驱动和政策推动双重作用下前进的。因此，政府政策也是人民币国际化的重要推动力。Liu 等(2019)发现，双边货币互换协议的签署、清算协议的签署、RQFII 投资额度的授予、离岸清算中心的建立、国际外汇市场上人民币与其他货币的直接兑换等人民币国际化政策，对人民币交易媒介职能的发展还没有发挥出实质性的推动作用。McDowell(2019)指出，双边货币互换协议的签署不仅有助于中国政府发展盟友，削弱美国制裁其他国家(地区)的能力，还有利于提高人民币的国际流动性，促进人民币成为跨境贸易结算货币。朱孟楠等(2020)认为，双边货币互换协议的签署有助于减少汇兑风险、降低交易成本和贸易壁垒、强化区域间的自由贸易，进而提高人民币在跨境交易中的使用。宋科等(2022)使用 SWIFT 数据库人民币全球跨境支付的真实交易数据研究双边货币互换对人民币国际化的影响，研究发现，双边货币互换对人民币交易媒介职能的发展能产生显著的推动效应。Cheung(2015)、Powell(2020)指出，离岸人民币市场为国际投资者使用人民币交易提供了便利，离岸市场的发展对人民币交易媒介职能的发展能产生推动作用。Xia(2018)指出，"一带一路"沿线国家道路、高速铁路和公路等基础设施的建设，有助于将中国资本密集型产业转移到"一带一路"沿线国家。行业转移必然伴随着人民币资金的流出和人民币跨境结算规模的扩大，从而提高人民币交易媒介职能的发展水平。马光明和赵峰(2021)认为，中国政府积极与"一带一路"沿线各国签署双边货币互换协议，不仅有助于提高人民币跨境结算份额，还有利于推进国际交易国别结构的多元化和推动人民币跨境结算的"去美元中介效应"①。宋科等(2022)指出，"一带一路"倡议显著提升了人民币在国际市场上交易媒介职能的作用。

2.2.2 计价单位职能的影响因素

学术界对人民币计价单位职能影响因素的研究，主要从货币发行国(地区)的经济规模、金融市场发展与开放、币值稳定和利率因素等方面进行考察。

2.2.2.1 经济规模

Bergsten(1997)、Mundell(1997，1998)均强调经济规模和对外贸易额对货币国际化的影响。他们认为，一国货币的国际地位和影响力与该国的经济实力和对外贸易规模相关联，即一国经济实力越强大、对外贸易规模越大，以该国货币计

① 美元中介效应指的是，由于美元占据国际货币体系的核心地位，非国际货币发行国之间进行国际交易产生的汇率波动，由贸易双方货币对美元的汇率波动所取代。

价和结算的商品和服务就越多，该国货币的国际化程度也就越高。Lai 和 Yu（2015）认为，由于集聚效应（Coalescing Effect）和稠密市场外部性（Thick Market Externalities）的存在[①]，发行国经济规模与国际货币计价单位职能之间存在凸型关系。吴舒钰和李稻葵（2018）认为，相较于高收益，国际投资者在选择投资以人民币计价的金融资产时更倾向于关注人民币发行国的经济实力。白晓燕和于晓宁（2019）通过建立异质性面板模型研究发现，中国经济实力的增强对人民币计价单位职能的发展能产生长期且持续性的促进作用。

2.2.2.2 金融市场

Williams（1968）认为，一国金融市场的发展程度是该国货币国际化的关键影响因素。Tavlas（1997）指出，国际货币发行国的金融市场应配套完善的监管制度，且金融市场的发展要达到较高的广度与深度，原因在于：一国金融市场的发展程度直接决定了该国市场与国际市场之间资金流动的畅通程度，间接地影响该国对外贸易与投资，最终对该国货币的国际化进程产生影响。像伦敦和纽约一样发达和开放的国际型金融市场，能够为全世界的英镑和美元等国际货币持有者提供最具流动性和安全性的投资平台，对英镑和美元计价单位职能的发展极为有利。以美元为例，从 1997 年开始美国股票市值占美国 GDP 总量的比值就超过 100%，2008 年该比值甚至达到 321.12%[②]，明显高于其他经济体，并且以美元计价的债券发行总额也一直高于其他经济体。Hartmann 和 Issing（2002）指出，发达的金融市场可以为国际投资者提供一个有深度、具有良好流动性的证券二级市场，增强国际投资者持有该国货币的意愿。Ito 和 Chinn（2014）构建了随机效应模型研究发现，一国金融市场发展的深度和开放度会影响国际贸易计价货币的选择。一般来说，中国金融市场发展程度越高，中国经济主体在进行对外贸易时越倾向于使用人民币进行计价。Aizenman（2015）指出，中国金融市场的发展能够为国际交易者在国际贸易和金融交易中提供流动性较强的、安全的和低成本的计价货币。徐国祥和蔡文靖（2018）认为，资本账户开放有助于货币发展成为国际金融资产的计价货币。对人民币来说，推动中国资本账户开放有助于完善人民币流入和流出渠

① 集聚效应（Coalescing Effect）是指企业为了实现利润最大化的目标，采用与竞争对手相同的货币进行计价结算，导致市场上可能只存在一种计价结算货币。稠密市场外部性（Thick Market Externalities）指的是金融市场发展可以提升一国（地区）市场稠密度，提高该国（地区）市场货币交易匹配率，降低匹配成本，进而促使境外机构和个人选择采用该国（地区）货币进行计价结算，表现为正向的市场外部性。

② 资料来源：World Bank WDI 数据库。

道、丰富人民币计价产品、降低持有人民币资产的成本、增加境外投资者持有人民币计价产品的意愿和信心，从而促进人民币计价单位职能的发展。白晓燕和于晓宁(2019)认为，发达的金融市场可以为国际投资者提供多元化的金融产品、便捷安全的交易渠道、充足的流动性和较低的交易成本等，进而吸引国际投资者增持以人民币计价的金融资产。

2.2.2.3 币值稳定

Hayek(1990)从金融资产稳定性的角度出发，指出一国货币的国际地位与该国货币计价资产的稳定性或该国货币计价资产未来价值的可预测性密切相关。徐国祥和蔡文靖(2018)指出，币值稳定会降低汇率波动风险，增强货币计价资产对国际投资者的吸引力。币值不稳使货币计价资产的价值偏离其真实价值，导致国际投资者面临巨大的风险敞口，进而影响国际投资者投资或者持有该货币计价资产的积极性。何平等(2017)研究发现，国际金融危机的爆发刺激了国际投资者的避险需求，使得币值稳定对国际货币计价单位职能发展的促进作用进一步凸显。白晓燕和于晓宁(2019)认为，汇率波动在短期可以为国际投资者提供高抛低吸的套利机会，从而吸引国际投资者增投以人民币计价的国际金融资产；但长期汇率波动会打击国际投资者的信心，不利于人民币计价单位职能的发展。Boz 等(2020)指出，币值具有重要的价格信号作用，币值稳定有利于国际投资者对国际货币计价资产形成较为稳定的心理预期；币值不稳定会扭曲价格的信号传导机制，导致国际金融交易者花费较高的信息搜寻成本，造成货币的国际需求下降。

2.2.2.4 利率因素

Cohen(2005)认为，在非抛补利率平价理论成立的条件下，国际投资者的套利行为将导致以不同货币计价的债券资产的收益趋于一致，那么以低利率货币计价的债券在远期将会升值，从而抵消其融资初期带来的低成本优势。因此，企业更倾向于选择发行利率相对较高的货币作为国际债券的计价货币。Bobba 等(2007)研究发现，发达经济体发行的货币利率越低，以该货币计价的国际债券份额比重越高。何平等(2017)指出，国际金融危机爆发后，美国等主要发达经济体实行零利率甚至负利率的量化宽松政策，使得国际投资者对高收益货币计价债券的需求更为强烈。白晓燕和于晓宁(2019)认为，在国际投融资活动中，一国货币利率的上升会促使国际投资者增持以该货币计价的金融资产。张明和李曦晨(2019)指出，自 2015 年起，中国与美国货币政策反向操作使中美利差收窄，降低了境外机构和个人持有人民币计价资产的意愿和动机。Li 和 Taube(2019)研究发现，利率是人民币计价单位职能发展的重要影响因素。

此外，Li(2018)指出，中国政府在跨境资本流动方面的严格管控，是导致人民币计价单位职能发展滞后的重要原因。Xia(2018)认为，“一带一路”沿线国家对中国的长期投资需求强劲，包括工业园区建设、产能建设、仓储、物流、住房和医疗服务等在内的基础设施建设面临巨大的资金需求，将极大地推动人民币计价单位职能的发展。宋科等(2022)采用 SWIFT 人民币全球跨境交易数据研究发现，“一带一路”倡议显著推动了人民币计价单位职能的发展。徐国祥和蔡文靖(2018)研究发现，增加人民币对外直接投资有助于增强境外主体持有人民币计价资产的意愿，原因在于：以人民币计价的对外直接投资增加了境外经济主体对中国的债务依赖。同时，随着中国国内金融市场逐渐发展成熟，境外央行或货币当局更倾向于配置人民币计价的主权债务作为官方外汇储备。但目前人民币汇率市场化改革尚未完成、利率曲线还未完善等可能会影响人民币计价单位职能发展的可持续性。宋科等(2022)构建了双重差分(DID)模型研究发现，双边货币互换显著促进人民币计价单位职能发展。

2.2.3 价值储藏职能的影响因素

学术界对人民币价值储藏职能影响因素的研究，主要从货币发行国(地区)的经济规模、金融市场发展与开放、币值稳定等方面进行探究。

2.2.3.1 经济规模

Chinn 和 Frankel(2005)从经济规模角度出发进行研究，发现经济大国的货币成为国际储备货币的可能性要远大于经济小国的货币。刘艳靖(2012)、蒙震等(2013)认为，货币是一国央行或货币当局对外负债的表现形式，代表一国的信用水平，货币发行国经济实力越强大，其国际信用水平就越高，其他经济体对该币种的接受程度也越高，该货币越能承担价值储藏职能。张晓涛等(2018)指出，国际货币一般属于经济实力雄厚的国家(地区)，随着一国经济实力的强大，该国主权货币在国际货币体系中的地位和影响力也会随之变强。

纵观国际货币的发展历程可以看出，一种国际货币的兴起与衰落与该经济体的实力密切相关。张原(2012)认为，19 世纪的英镑和 20 世纪的美元均说明只有世界上最强大的经济体才能支撑国际主导货币。严佳佳和辛文婷(2017)指出，

“二战”之后美国提出的“凯恩斯计划”与英国提出的“怀特计划”实质上是对国际货币主导权的争夺。美元取代英镑成为国际主导货币的原因在于，“二战”之后英国的经济实力被大幅削弱，导致人们对英镑的信心锐减。英国为了恢复本国经济不得不接受美国的“马歇尔计划”，成为美国的受援国之一。因此，美国成为英国的债权国，英镑遭到强势美元的严重打击。中国人民大学国际货币研究所(2019)指出，近十多年来日元国际化出现停滞不前甚至倒退的情况，与20世纪90年代日本经济发展缓慢甚至停滞的二十年密切相关。因此，一国经济持续稳健的发展才是货币走向国际化的原动力。Liao和McDowell(2016)指出，中国拥有巨大的国际经济影响力，随着各国(地区)对中国经济依赖程度的增加，这些国家(地区)央行或货币当局将储备一部分的人民币资产用于平衡国际收支，如尼日利亚央行在2011年公开声明将储备人民币资产，并进一步加强尼日利亚与中国的经贸往来。Tovar和Nor(2018)在采用Kawai和Pontines(2016)研究方法的基础上①，对美元储备货币集团、欧元储备货币集团和人民币储备货币集团的形成因素进行研究发现，经济规模是货币国际储备地位的重要影响因素。随着中国经济实力的不断增强，国际货币体系已从美元和欧元的双极化体系过渡到美元、欧元和人民币的三极化体系，但美元仍占据国际货币体系的核心地位。朱孟楠和曹春玉(2019)研究发现，中国经济持续增长会进一步巩固人民币国际储备货币的地位。Cheung(2020)认为，中国经济的快速增长使人民币成为重要的全球经济参与者，有助于提升世界各国(地区)对人民币的接受程度。同时，中国作为世界第二大经济体和第一大贸易国，是很多经济体的重要贸易伙伴国。随着国际贸易和金融交易的相互交织，中国经济实力增强将提升人民币在全球金融市场中的影响力，进而提高人民币的国际外汇储备份额。

2.2.3.2 金融市场

Cohen(1971)认为，国际货币通常与开放的、流动性较高的和发达的金融市场相关联。元惠萍(2011)、曹玉瑾和于晓莉(2014)从国际货币发展的角度进行研究，发现英镑在19世纪中叶成为国际核心货币的关键在于伦敦是当时世界金融市场中心。美元取代英镑、美元在遭受几次金融危机之后仍然处于国际货币体

① Kawai和Pontines(2016)认为，使用Frankel和Wei(1994)的方法研究锚货币问题时，人民币汇率与美元汇率会存在较为严重的多重共线性问题，导致结果出现偏误。Kawai和Pontines(2016)在Frankel和Wei(1994)方法的基础上进行改进，研究发现，美元仍是东亚地区最重要的锚货币，人民币在东亚地区的影响力逐渐上升是由日元在东亚地区的影响力下降推进的。

系的核心地位，离不开具有广度、深度和良好流动性的纽约金融市场的支持，特别地，美国国债市场是美国金融市场和美元霸权的中流砥柱（向松祚，2012）。Cooper（2000）研究发现，发达国家央行或货币当局有能力基于发展较为完备的金融市场通过成熟的市场调控手段为市场注入流动性，提高金融市场抵御风险的能力，充当好"最后贷款人"的角色。Chen 和 Peng（2007）指出，发达的金融市场可以为境外央行或货币当局提供成本低、安全性高和流动性强的金融工具，从而提升该国货币计价资产在各国（地区）央行或货币当局官方储备资产中的比例。Eichengreen（2012）认为，一国金融市场规模越大，流动性越高，越容易增强境外央行或货币当局投资其货币计价资产作为官方外汇储备资产的意愿。Prasad（2016）指出，一国金融市场的深度是促进该国货币发展成为国际外汇储备货币的重要影响因素。Powell（2020）研究发现，中国金融市场的发展程度是人民币价值储藏职能发展的重要影响因素，目前中国政府对本国金融市场的适当管制是合理的。

2.2.3.3 币值稳定

纵观国际货币发展历程，保持货币币值稳定和预期货币未来稳定的信心对该货币国际储备地位的保持和提升至关重要。Copper（1986）研究发现，各种国际储备货币之间此消彼长的关系取决于各种货币币值的稳定性。Cohen（1971）指出，19 世纪英镑能够取代荷兰盾成为国际货币的原因在于英镑币值的相对稳定性。第一次世界大战和 20 世纪 30 年代的经济大萧条，使英镑失去了维持币值稳定的经济基础，英镑随之被美元取代。Eichengreen（2005）认为，如果美元持续贬值将被其他主权货币或超主权货币所取代。Hartmann 和 Issing（2002）、Lim（2006）认为，币值稳定关系到各国（地区）官方外汇储备资产的安全性与收益性，对于国际货币价值储藏职能的发展至关重要。李稻葵和刘霖林（2008）认为，各国（地区）央行或货币当局在选择国际储备货币时，倾向于选择汇率波动较小的币种。元惠萍（2011）指出，在多元化的国际货币体系的发展趋势下，各国（地区）央行或货币当局为了分散风险通常选择投资币值相对稳定的货币资产，使得货币的币值稳定在一定程度上直接决定了该货币价值储藏职能的发展程度及其国际地位。白晓燕和邓小华（2015）指出，币值不稳定使货币资产的价值偏离其真实价值，导致境外央行或货币当局持有者面临巨大的风险敞口，造成市场预期不稳与避险情绪上升，随之而来的货币替代效应使境外央行或货币当局在其投资组合策略中倾向于配置更多的稳健型币种计价资产，注重资产组合的多元化。何平等（2017）认为，以汇率表示的人民币币值稳定是人民币价值储藏职能发展的重要影响因素。

中国人民大学国际货币研究所(2019)指出，保持人民币币值稳定，有助于各国(地区)央行或货币当局对人民币资产价值形成稳定的预期，减少未来信息的不确定性，提升人民币的流通范围和国际接受程度，促进人民币国际化。

此外，还有学者认为，人民币价值储藏职能的发展与政治军事实力、直接投资、国际秩序偏好等因素相关。彭红枫等(2017)选择一国军费支出占该国 GDP 的比例来衡量该国的军事实力，研究发现，中国军事实力的上升对人民币价值储藏职能的发展具有显著的促进作用。Eichengreen 等(2017)、李俊久(2022)指出，地缘政治关系、外交合作和军事联盟等政治因素对人民币价值储藏职能的发展产生重要影响。Powell(2020)认为，外交关系等政治因素可以弥补中国资本市场开放不完全的缺陷，对人民币价值储藏职能的发展产生显著的推进作用。Huang 和 Wang(2011)指出，中国对外直接投资是人民币作为国际储备货币的重要推动力。徐国祥和蔡文靖(2018)指出，中国增加对外直接投资有助于人民币成为重要的国际外汇储备货币。Li 和 Taube(2019)认为，中国对欧洲国家的直接投资对人民币价值储藏职能的发展起到了显著的推动作用。朱孟楠和曹春玉(2019)认为，“一带一路”合作前，双边货币互换协议的签署、美元汇率贬值、国际秩序偏好等是驱动人民币价值储藏职能发展的主要因素；“一带一路”合作以来，直接投资成为人民币价值储藏职能发展的主要驱动因素。

2.2.4 评述

纵观现有文献，关于货币国际化影响因素的研究起步较早，且发展较为成熟。2008 年国际金融危机爆发后，人民币国际化成为各国关注热点，研究人民币国际化影响因素的文献逐渐增多。既有文献对人民币国际化影响因素的研究为本书奠定了基础，具有重要的借鉴和参考意义，但仍存在以下三个方面有待拓展和完善：

第一，现有文献缺乏对人民币国际化本身的研究。由于数据限制，现有文献主要是对国际化程度较高的美元、欧元、英镑和日元等少数币种的影响因素进行实证研究，存在几方面的弊端：首先，美元、英镑等主要储备货币发行国的金融市场已经高度发达，且开放程度较为类似，难以有效地解释不同货币国际储备份额之间的差异。其次，对货币国际化的过程笼统概括，没有分阶段研究总结。最后，1999 年美元、英镑、日元和欧元四大国际货币的国际地位已经形成，因此，大部分学者分析的是货币国际化之后的影响因素，这些因素是否可以延伸到人民币国际化上，或者对尚处于国际化初级阶段的人民币来说，以此来判断影响人民币国际化的因素或预测人民币国际化的前景或从中总结出对人民币国际化的启示和建议，借鉴意义到底有多大，还值得进一步商榷。因此，对人民币国际化问题的研究应该立足于人民币国际化本身。

第二，现有文献缺乏对国际货币职能之间相互作用的研究。现有文献的研究对象主要是针对国际货币的某一种职能或者关注国际货币在某一单一领域的运用，缺乏对不同职能之间相互作用的深入探讨。尤其是人民币国际化目前呈现“跛足”前进的状态，人民币各项国际货币职能之间的相互作用机制更值得深入探究。比如，人民币交易媒介职能是最先发展的职能，人民币交易媒介职能的发展有利于人民币“走出去”。但人民币计价单位职能的发展相对滞后，在一定程度上制约人民币“流回来”，导致无法形成较为完善和顺畅的人民币国际化循环渠道，对人民币交易媒介职能的进一步发展造成负面影响。

第三，现有文献未能真正从人民币国际化初级阶段这一现实背景出发进行研究。人民币国际化初级阶段应该充分地发挥中国经济主体的主观能动性，增加中国经济主体的对外注意力配置，进而促使人民币国际化全面且稳步地推进。施炳展和金祥义(2019)探讨了注意力配置对国际贸易的影响，这是研究注意力配置在国际贸易领域运用的一次有益尝试，但没有探讨注意力配置对国际贸易计价结算货币选择的影响。另外，在开放经济下，人民币国际化为跨境经济活动提供服务，各国(地区)经济不确定性和全球经济不确定性必然是人民币国际化研究绕不开的问题。然而，鲜有学者关注注意力配置、经济不确定性对人民币国际化的影响及影响机制。

鉴于此，本书尝试把货币国际化理论与中国国情相结合，以人民币三大职能发展为切入点研究注意力配置，以及经济不确定性对人民币国际化的影响，以期丰富人民币国际化的相关研究。

2.3 注意力配置相关文献综述

与注意力相关的研究大多来自认知心理学领域，学者大多通过核磁共振等脑科学手段对注意力的特征和影响因素进行研究，如 Laberge 等(2000)、Makovski 和 Jiang(2007)。学术界将注意力运用到经济学领域的研究起步相对较晚，且相关研究也较为缺乏。目前，现有文献主要聚焦于研究注意力配置对投资决策、投资收益、股票市场和企业行为的影响。

2.3.1 注意力配置对投资决策和收益的影响

近年来，学者开始将注意力配置和投资者个体行为结合起来，研究投资者注意力配置对其投资决策和投资收益的影响。王宗胜和李腊生（2010）实证研究了注意力配置对投资决策的影响，发现股评信息吸引了投资者的注意力配置进而影响投资者的投资决策，且投资者的投资组合调整是投资者注意力配置后的结果。权小锋和吴世农（2010）以盈余信息披露为切入点，检验了投资者注意力配置对公司盈余公告效应的影响，发现投资者注意力配置对公司盈余公告效应产生显著的负向影响，且投资者注意力配置与公司盈余公告当日市场交易量呈“U”形关系。张雅慧等（2011）探究了投资者注意力配置对其投资行为的影响，发现投资者注意力配置较多的股票获得的交易金额显著高于投资者注意力配置较低的股票。Vozlyublennaia（2014）研究发现，投资者注意力配置增加，投资收益也随之增加，但这种正向影响只会持续较短的一段时间；反过来，若投资收益受到外部冲击迅速降低，也会对投资者的长期注意力配置产生影响。Gargano 和 Rossi（2018）研究发现，投资者的注意力配置对投资组合收益产生显著的积极影响。方军雄等（2018）研究发现，投资者的注意力是有限的，竞争性信息越多，投资者对分析师评级报告的当期反应越弱，滞后反应的程度越大，这意味着竞争性信息分散了投资者对分析师研究报告的注意力，进而导致市场反应不足。Davydov 等（2019）指出，投资者的注意力配置对投资组合收益的影响，与投资者关注的信息类型有关。一般来说，投资者对投资组合监测和金融文献分配较多的注意力，对投资组合收益会产生显著的正向影响；若投资者对分析信息和技术信息增加注意力配置，对其投资组合收益会产生不利影响。Baltakys 等（2020）研究发现，投资者将有限的注意力配置到不同类型的证券投资上，投资者的注意力配置方式不仅是独特的并且是持久的，至少需要 7 年的时间才能显著地改变投资者的注意力配置方式。Brøgger 和 Kronies（2023）研究发现，注意力配置对不同类型投资者的可持续投资回报会产生不同的影响。

2.3.2 注意力配置对股票市场的影响

已有研究多集中于探讨投资者注意力配置对股票收益、股票联动效应的影

响，贾春新等(2010)认为，在海量信息存在的前提下，投资者的决策是有限理性的，更倾向于投资自己关注的股票。他们实证研究发现，投资者注意力配置对股票的收益回报产生正向影响。张雅慧等(2011)认为，媒体报道可能通过影响投资者的注意力配置和投资者的行为决策，进而对股票市场产生影响。其研究发现，媒体报道越多且投资者注意力配置越多的股票能获得更多的交易资金和更高的交易量。Souza 等(2018)研究了巴西股市与投资者注意力之间的关系，发现在新闻发布的当天，由于不成熟的投资者对报纸报道的新闻信息做出了快速反应，使得投资者注意力配置对股市交易量产生积极的影响。方军雄等(2018)认为，投资者的注意力是有限的，当投资者获取信息的渠道受到限制时，股票市场中能够吸引投资者有限注意力的事件(如股票短期内的极端收益率)往往会影响其投资决策，进而影响股价的短期走势。Padungsaksawasdi 等(2019)采用面板向量自回归方法(PVAR)研究了投资者注意力配置与股票市场活动之间的关系①，研究发现，投资者注意力配置对股票市场活动的影响在发达国家与发展中国家之间存在显著的差异，且注意力配置对发达国家股票市场的影响更为显著。Chen 等(2022)研究发现，投资者注意力配置能显著地预测股票市场风险溢价，他们发现，投资者的注意力配置不仅影响股票价格，甚至还会对整个金融市场产生影响。因此，他们认为，投资者注意力配置的作用比以往文献意识到的作用更大。Huang 等(2019)研究了投资者注意力的配置与单个股票市场收益的联动效应，发现当投资者对金融市场注意力配置降低时，投资者会注重对市场层面信息进行注意力配置，而不是对公司层面信息进行注意力配置，这导致注意力配置与股票市场收益的联动效应增加。Hu 等(2020)采用异常的比特币收益作为外生冲击研究了投资者注意力配置对股票收益的影响，研究发现，当整体市场信息内容保持不变时，投资者将配置更多的注意力给特定的外源性冲击，且冲击事件降低了注意力配置与全球股票收益的联动效应，在新兴市场尤为显著。刘莉亚等(2020)认为，股票登上“龙虎榜”的事件能够吸引投资者的注意力，导致股价产生短期动量效应，这一现象的背后可能存在具有资金优势的个人投资者账户利用投资者的有限注意力进行炒作的行为。Hildinger(2022)通过分析 2010~2020 年英国公司的股票收益数据发现，注意力配置对公司股票收益产生显著影响。

① 这里的股票市场活动是指股票收益、波动与交易量。

2.3.3 注意力配置对企业行为的影响

吴建祖等(2009)将注意力配置运用到管理学领域，他们认为，信息不再是企业的稀缺资源，处理信息的能力才是稀缺资源。企业的行为是企业领导和管理者注意力配置的结果。在企业决策过程中，管理者如何有选择地关注有价值的信息、有效地配置有限的注意力、提高自身的处理能力以及做出正确的决策，是企业管理者的中心问题。

有学者认为，管理者的注意力配置会影响企业的投资行为、战略决策行为和国际化行为等。Kaplan(2008)认为，管理者的注意力配置会影响企业的投资行为。Eggers 和 Kaplan(2009)研究发现，当 CEO 的注意力主要配置在现有技术上时，将导致企业进入新市场的速度放缓；当 CEO 的注意力主要配置在新兴技术上时，将加速企业进入新市场的进程。Bouquet 等(2009)研究发现，管理者对国际形势的注意力配置与跨国企业的绩效呈倒“U”形关系。Stevens 等(2015)研究发现，公司问题的复杂性使 CEO 不可能同时对所有问题给予充分的关注，CEO 注意力配置结构相近，如相关价值、功利主义认同和资源可用性等，对企业目标的实现具有显著的正向影响。董临萍和宋渊洋(2017)认为，高管在企业国际化决策和执行过程中发挥着重要作用，研究发现，高管对企业国际化的注意力配置越多，对企业的国际化绩效越会产生显著的正向影响。

Duan 等(2018)研究了 CEO 注意力配置与企业避税行为之间的关系，发现对散户关注较多的 CEO 更倾向于从事避税活动，以达到投资者的预期。罗瑾琏等(2018)研究发现，管理者对竞争需求的注意力配置平衡或不平衡会影响其策略选择。当管理者的注意力配置不平衡时，将采取分离式悖论应对策略；当管理者的注意力配置平衡时，管理者的悖论应对策略将受到资源冗杂程度的影响。陈志军等(2019)指出，管理者的时间和精力都是有限的，母公司的注意力对子公司来说是一种稀缺而重要的竞争性资源，同时，母公司对子公司注意力配置的增加也伴随着其他竞争性资源配置的增加。

2.3.4 评述

通过上述文献梳理，本书发现，现有文献主要研究的是注意力配置对投资决策和投资收益的影响，注意力配置对股票市场的影响，注意力配置对企业行为的影响等。随着行为经济学的不断发展，少数学者开始研究了注意力配置对货币表现的影响，如 Goddard 等(2015)研究了注意力配置与外汇市场上七组主要交易货币兑换波动之间的动态关系，分别是美元/日元、英镑/美元、美元/澳元、欧元/美元、欧元/英镑、欧元/日元和英镑/日元。其研究发现，投资者的注意力配置能解释外汇市场上 69%以上的交易量，且投资者的注意力配置与外汇市场波动具有联动效应。此外，投资者的注意力配置与货币风险溢价相关，在一定程度上投资者的注意力配置是外汇市场风险的定价来源。Han 等(2018)探究了注意力配置与美元、英镑、欧元、日元、俄罗斯卢布、加元、人民币、印度卢比、巴西雷亚尔、南非兰特这十种货币收益之间的关系，研究发现，投资者注意力配置对货币收益产生显著的正向影响，特别是对于全球不确定性程度较高时期的新兴市场货币而言尤其如此。同时，他们发现，对投资者的注意力配置进行分析可以预测新兴市场货币的表现能力。

但尚未有文献研究注意力配置对货币国际化的影响，尤其是对人民币国际化的影响。现在是信息时代，海量的信息和注意力的有限性促使经济主体不得不有选择地配置注意力，注意力配置不仅有助于经济主体对事物进行由浅到深的认识，还有利于经济主体从众多真假杂乱、纷繁复杂的信息中，甄别出真实信息和有价值的信息。人民币国际化从信息角度来看，是中国与境外市场对人民币信息存在高度不对称逐渐发展成为中国境内外市场对人民币信息公开化、市场化和透明化的动态变化过程。在人民币国际化初级发展阶段，中国经济主体增加对外注意力配置不仅有助于解决信息不对称问题，还有利于推动人民币“走出去”。

2.4 经济不确定性相关文献综述

学术界对经济不确定性的研究起步相对较晚，早期相对零散的研究并没有成为主流方向。2008 年国际金融危机爆发后，经济不确定性的相关文献不断涌现。目前，现有文献主要聚焦于研究经济不确定性对宏观经济、微观企业、国际贸易和货币表现等方面的影响。

2.4.1 经济不确定性对宏观经济的影响

2008年国际金融危机爆发之后，经济不确定性与宏观经济运行之间的关系引发了学术界的广泛关注。田磊和林建浩(2016)研究发现，经济不确定性冲击对价格水平的影响显著为负，且呈现出倒“驼峰”形响应程度，与发达经济体相比，中国经济不确定性冲击对工业产出的影响较弱，但对工业销售产出的影响较大。Leduc和Liu(2016)认为，经济不确定性冲击类似于总需求冲击，导致失业率的增加和通货紧缩。Baker等(2016)认为，经济政策不确定性对经济发展具有消极影响，经济政策不确定性意味着股票价格波动幅度的增加和国防、医疗、金融、基础设施等领域投资的减少，在宏观层面上，经济政策不确定性增加意味着投资、产出和就业的下降。Biljanovska等(2017)采用异质性面板结构向量自回归方法检验了经济不确定性对一国经济活动的溢出效应，研究结果表明，经济不确定性对实际产出、私人消费和私人投资产生显著的负向影响，且来自国外的经济不确定性溢出效应约占该负面效应的三分之二。此外，美国、欧洲和中国经济不确定性增加会导致世界上其他国家(地区)经济活动的减少，特别是在欧洲和西半球的国家(地区)。王维国和王蕊(2018)研究发现，经济不确定性指数呈现出明显的逆周期特征。许志伟和王文甫(2018)建立基于Max-share方法的VAR模型研究了经济不确定性对宏观经济的影响，发现经济不确定性上升会导致产出和物价水平的下降，增加中国宏观经济运行风险。特别地，中国经济逐渐转型使劳动收入份额下降和劳动供给弹性下降，加剧了经济不确定性对中国宏观经济的不利影响。Ozturk和Sheng(2018)将不确定性分解为常见的不确定性和特质的不确定性，研究发现，常见的不确定性冲击在实际经济活动中产生了巨大且持续性的负面影响，而特质的不确定性冲击的影响是微不足道的。徐宁等(2020)认为，美国政府的行为决策是导致中国经济不确定性的重要因素，他们研究发现，中国经济不确定性对宏观经济发展产生负向影响。曾松林等(2022)指出，经济政策不确定性上升会导致跨境银行资本外流减少，即发生银行信贷撤回现象。

2.4.2 经济不确定性对微观企业的影响

随着学术界对经济不确定性研究的不断深入，很多学者开始研究经济不确定性对企业投资决策、企业创新、贷款成本等微观层面的影响。

Stokey(2016)分析了经济不确定性对企业投资决策的影响，研究发现，经济不确定性增加会造成企业投资的剧烈波动。饶品贵和徐子慧(2017)以中国 A 股上市公司为样本，研究了经济不确定性对企业高管变更的影响，研究发现，经济不确定性程度增加时，企业会相应地采取风险对冲策略，以降低企业高管的变更概率，若当经济不确定性增加时，企业变更了高管，新继任的高管更倾向于从企业内部选聘。顾夏铭等(2018)运用中国上市公司的数据分析了经济不确定性对企业创新的影响，研究发现，经济不确定性增加可以促使上市公司增加研发投入、加大创新力度。王朝阳等(2018)研究了经济不确定性对企业资本结构的影响，发现经济不确定性程度的增加会阻碍企业资本结构的动态调整，企业为了规避不确定性带来的资本结构调整收益减少和成本增加，其投资决策行为会变得更为谨慎。Jirasavetakul 和 Spilimbergo(2018)采用双重差分法研究了土耳其经济不确定性对企业造成的影响，研究发现，经济不确定性对拥有高比例不可逆转投资的企业产生显著的负向影响。宋全云等(2019)分析了经济不确定性对企业银行贷款成本的影响，研究发现，经济不确定性增加会导致企业的银行贷款成本上升；同时，经济不确定性程度的增加促使银行更倾向于选择风险评级较低的企业进行放贷，使得企业的银行贷款违约风险下降。

2.4.3 经济不确定性对国际贸易的影响

鲁晓东和刘京军(2017)研究了不确定性对中国出口的影响，发现不确定性对中国出口数量产生显著的负向影响，相对于不确定性，汇率波动等传统因素对中国出口的影响较弱。魏友岳和刘洪铎(2017)分析了经济不确定性对出口二元边际的影响，研究发现，经济不确定性对扩展边际产生显著的负向影响，但对集约边际的影响方向尚不能确定。张兵兵和田曦(2018)研究了目的国经济不确定性对中国企业出口质量的影响，发现目的国经济不确定性增加对中国出口企业产生“倒逼机制”，迫使中国企业进行产品质量升级；同时，中国企业为了维持现有的出口地位和利润，也会主动增加研发投资以提升产品质量。其研究结果表明，目的国经济不确定性的增加显著地提升了中国企业出口产品的质量，但目的国经济不确定性增加会显著地抑制中国企业出口单一产品的数量。Novy 和 Taylor(2020)认为，在开放经济的框架下，企业的生产订单来自国内商户和国外商户，但企业供应给国外商户需要承担更高的成本。在经济不确定性程度增加的情形下，企业将大幅缩减对国外订单的供应以降低成本，从而导致国际贸易量的下降。贾玉成和吕静韦(2020)研究了经济不确定性对贸易摩擦的影响，研究发现，经济不确定性程度的增加显著地提升了贸易摩擦数量，经济下行周期强化了经济不确定性对贸易摩擦的正向影响。Martin 等(2021)指出，在当前国际背景下，不确定性普遍存在，跨国企业必须应对英国脱欧、美国挑起的国际贸易战等经济不确定性事件。他们收集了法国企业与欧盟合作伙伴企业的相关数据，研究发现，经济不确定性会导致企业之间新的贸易合作数量减少，从而对国际贸易产生显著的负向影响。

2.4.4 经济不确定性对货币表现的影响

朱孟楠和闫帅(2015)研究发现，经济不确定性与人民币汇率之间存在溢出效应，经济不确定性加重了人民币收益率波动，同时人民币收益率波动也加剧了经济不确定性，但后者的影响大于前者，表现为人民币汇率对经济不确定性的净溢出。Han 等(2019)使用分位数(Quantile-on-Quantile)方法研究了不确定性与货币表现之间的关系，研究发现，美国不确定性对汇率冲击产生溢出效应。当美国不确定性程度较高时，避险货币受到青睐，弱势货币则会贬值；当美国不确定性程度较低时，发达国家(地区)货币币值保持相对稳定，新兴市场国家货币面临较大幅度的贬值。Husted 等(2017)认为，美国实体经济或金融市场不确定性的增加增强了投资者的风险厌恶情绪，导致国际投资者要求更高的投资收益以补偿外汇风险。因此，美国经济不确定性程度的增加能显著地提高货币套利交易的超额收益。Corte 和 Krecetovs(2019)研究了宏观经济不确定性与货币超额收益之间的关系，发现经济不确定性增加会导致投资货币的当期贬值和未来预期升值，促使国际金融交易者通过向高收益的债务国放贷以期未来获得更高的收益。因此，经济不确定性程度对投资货币预期超额收益产生正向影响。王爱俭等(2022)研究发现，经济政策不确定性对境外主体持有的人民币股票资产产生负向影响。

2.4.5 经济不确定性产生的调节效应

张浩等(2015)采用 LSTVAR 模型分析了经济不确定性的调节效应，研究发现，经济不确定性增加会强化宏观环境向好对房价的正向影响。在经济不确定性程度较高的情形下，房屋买卖双方的预期会发生变动引起房价的“超调”。因此，在不确定性程度较高和较低的两种情况下，宏观经济冲击对房价波动的影响具有显著的非对称性。胡久凯和王艺明(2020)采用因子增广的向量自回归模型(FA-VAR)构建了经济不确定性指数，研究发现，不同经济不确定性背景下的财政政策对中国经济波动产生非对称性影响，经济不确定性上升情形会加剧财政政策冲击对中国经济造成的波动。

2.4.6 评述

通过对现有文献的归纳和梳理，本书发现，国内外经济不确定性相关研究成果较为丰富，深化了人们对经济不确定性影响宏观经济、微观企业、国际贸易和货币表现作用机制的理解和认识。但现有文献仍存在一些缺憾：从研究视角来看，现有研究忽略了经济不确定性对货币国际化的影响，尤其是对人民币国际化的影响。一方面，在经济全球化不断发展的今天，一国(地区)内部的经济不确定性对经济主体的影响不再局限于一国(地区)内部，而是会通过国际贸易和国际金融交易向不同的国家(地区)传导。因此，在开放经济背景下，中国作为世界第二大经济体和第一大贸易国，以及全球生产链的重要枢纽，人民币国际化为跨境经济活动提供服务，必然会受到各国(地区)经济不确定性乃至全球经济不确定性的影响，但鲜有文献研究各国(地区)经济不确定性对人民币国际化的影响以及作用机制。另一方面，随着“黑天鹅”事件的频繁出现和全球经济不确定性的增加，人民币国际化将面临与美元、欧元、英镑和日元等货币国际化不同的国际环境和背景。人民币国际化是在全球经济不确定性程度上升的情形下发展起来的，人民币国际化必然会受到全球经济不确定性的影响，但鲜有文献研究全球经济不确定性对人民币国际化的影响以及作用机制。

鉴于此，本书研究了经济不确定性对人民币国际化的影响。受限于人民币三大国际职能的数据可得性限制，本书分别探究了各国(地区)经济不确定性对人民币交易媒介职能和价值储藏职能的作用机制，以及全球经济不确定性对人民币计价单位职能的作用机制。

2.5 其他相关文献综述

运用行为经济学研究人民币国际化问题属于一个较为新颖的研究领域。现有文献主要是从理论层面上研究了行为因素和不确定因素对货币国际化产生的重要影响。

2.5.1 行为因素对货币国际化的影响

随着货币国际化研究的不断深入和行为经济学的不断发展，有学者开始注意到经济主体的行为因素对货币国际化的影响，但是从行为经济学角度研究人民币国际化问题还较为鲜见。

少数学者从理论层面上认识到经济主体的行为因素在货币国际化过程中的重要作用。何帆（2010）指出，经济主体这些微观个体是建设货币国际化宏伟大厦的“工蚁”。施琍娅（2009）研究发现，经济主体为了规避汇率风险所采取的行为决策是推动一国货币走向国际化的微观基础。刘玮（2014）认为，国内经济主体在国际市场中的行为因素对本国货币的国际化产生重要影响。本国企业率先在国际市场推广本国货币使用，会在关联交易中促进其他国家的企业产生“羊群效应”，也使用该货币进行计价结算。如果本国企业拒绝在国际市场交易中使用本国货币，那么货币国际化就会非常困难。刘珺（2017）认为，中国经济主体的产业知识深度和跨行业知识的广度会反映到该经济主体的行为决策上，进而对人民币国际化产生影响。姚大庆（2017）研究发现，国际市场上存在明显的“学习效应”，如果一个企业使用某种货币更为顺利地完成国际交易，其他企业通过观察和模仿该企业的行为在以后的国际交易中更倾向于选择这种货币。此外，Kenen（2011）、Angrick（2018）等也从理论层面上研究了经济主体的行为因素对货币国际化产生的重要影响。

2.5.2 不确定因素对货币国际化的影响

早期学者采用汇率波动、恐慌指数等单一指标衡量不确定因素，实证检验不确定因素对货币国际化的影响。Fukuda 和 Ono（2004）研究发现，企业为了降低汇率不确定性，倾向于选择与其他出口商相同的计价结算货币，这导致发展中国家大多使用美元作为主要的计价结算货币。邢雅菲（2017）使用美国 VIX 指数和德国 VDAX 指数衡量国际金融市场的不确定性，发现国际金融市场的不确定性对货币国际化产生负面影响。Liu（2018）建立 VAR 模型探讨了汇率不确定性对人民币国际化的影响，发现汇率不确定性的增加会导致币值不稳定，进而对人民币国际化产生负向影响。

近年来，国际经济金融市场震荡加剧，学者开始从理论层面上研究不确定性对人民币国际化的重要作用。刘珺(2017)从理论层面上认识到，频繁出现的“黑天鹅”事件和潜在的“灰犀牛”冲击导致各国(地区)未来经济走势更加难以预料，必然对人民币国际化产生影响。巴曙松和王珂(2019)在理论上探讨了中美贸易摩擦升级带来的外部不确定性对人民币国际化的影响，他们认为，绑定国际大宗商品有助于增强人民币作为国际计价货币的地位，进而带动人民币交易媒介职能和价值储藏职能的进一步发展。傅耀和林梓博(2020)认为，后疫情时代，全球经济不确定性加剧，中国央行需要减持外汇储备，增持黄金储备，以实现中国官方外汇储备的流动性、营利性和安全性的平衡，进而促进人民币国际化的发展。王爱俭等(2022)研究发现，不确定性增加会对境外主体持有的人民币资产产生影响。

2.5.3 评述

国内外文献关于行为因素和不确定因素对货币国际化影响的研究相对较少，对人民币国际化影响的研究更为鲜见。但现有文献促使本书从理论上认识到经济主体的行为因素和不确定因素对人民币国际化的重要作用，对本书具有较大的启发作用。现有文献存在以下两方面缺憾：

第一，现有文献主要从理论层面上认识到经济主体的行为因素对货币国际化的重要作用，但并没有对经济主体的行为因素影响货币国际化的机制进行阐述，也没有进行实证检验。

第二，现有文献主要从理论层面上认识到不确定因素对货币国际化产生的影响。也有少量学者通过构建汇率波动、恐慌指数等单一指标测量不确定性因素，实证考察该不确定因素对货币国际化的影响。但是，单一的特定变量波动测度不确定因素存在片面性缺陷。另外，现有文献对不确定因素影响货币国际化的机制并没有进行详细阐述。

可见，现有文献关于行为因素和不确定因素对货币国际化的研究，尤其是对人民币国际化的研究还停留在定性讨论阶段，且对其影响机制以及实证检验并未进行深入研究，这需要本书进一步探究。

2.6 总结性评述

上述探讨人民币国际化、注意力配置和经济不确定性测算方法的文献，研究人民币国际化的影响因素、注意力配置和经济不确定性的相关文献，以及分析行为因素和不确定因素对货币国际化产生的重要影响的相关文献提供了较为丰富的研究资料，为本书中的研究奠定了基础，具有重要的借鉴和参考意义。从上文的文献梳理来看，本书发现，已有研究也存在一定的不足之处，主要体现在以下四个方面：

第一，忽略了人民币三大国际职能之间影响机制的研究。现有文献侧重针对某一种国际职能影响机制的考察，而对国际货币不同职能之间影响机制的探讨则稍显不足。事实上，日元国际化经验表明，一国货币在发展交易媒介职能的同时也要注重计价单位职能的发展，否则计价单位职能发展滞后会制约交易媒介职能甚至货币国际化本身的进一步发展。因此，研究人民币三大国际职能之间的相互作用机制是很有必要的，特别是在当前人民币计价单位职能发展滞后的情形下。鉴于此，本书深入探究了人民币交易媒介职能、计价单位职能和价值储藏职能的主要特点，以及三种职能之间的逻辑关系和互动机制，发现人民币交易媒介职能具有便捷性，人民币计价单位职能具有安全性，价值储藏职能具有可自由使用性，且人民币交易媒介职能、计价单位职能、价值储藏职能之间存在递进关系。再者，人民币三大国际职能之间存在协同机制，目前人民币计价单位职能发展滞后制约了人民币交易媒介职能和价值储藏职能的进一步发展，未来人民币国际化应着重推进人民币计价单位职能的发展。

第二，忽略了行为因素对人民币国际化的影响。现有文献主要是从经济实力、金融市场发展、币值稳定、交易成本等市场因素和人民币离岸金融中心的建立、双边互换协议的签订、RQFII 投资额度的给予、清算银行的建立等政策因素的视角研究人民币国际化问题。但这些角度基本上属于有形资源配置框架，较少文献涉及无形资源因素。注意力配置属于无形资源，本书从注意力配置视角解读人民币国际化，认为在人民币国际化初级发展阶段，中国经济主体注意力从国内转向国外是人民币国际化发展的重要因素，这为解读人民币国际化提供了新的视角。进一步地，注意力配置还属于行为经济学范畴，本书对人民币国际化的解读实际上是行为经济学思想在国际金融领域运用的一次有益尝试，进而促使本书能从行为经济学领域较为新颖地解读中国对外开放的成就。

第三，忽略了经济不确定性对人民币国际化的影响。现有文献较少关注经济不确定性对货币国际化，尤其是对人民币国际化的影响，且鲜有学者探究各国(地区)经济不确定性对人民币国际化影响的内在机制。在经济全球化和全球经济一体化不断推进的今天，一国(地区)内部的经济不确定性对经济主体的影响不再局限于一国(地区)内部，它可以通过国际金融和国际贸易市场交易向其他国家(地区)传导。特别地，随着英国脱欧、美国总统选举、中美贸易摩擦、新冠疫情暴发等事件，加剧了世界各国(地区)经济的不确定性，导致国际金融市场剧烈震荡和风险的跨市场传播。人民币国际化为跨境经济活动提供服务，必然会受到其他国家(地区)经济不确定性乃至全球经济不确定性的影响。因此，本书引入经济不确定性研究人民币国际化问题，并厘清了经济不确定性对人民币国际化的作用机制，有利于拓展后疫情时代全球经济不确定性加剧情形下人民币国际化相关问题的研究。

第四，各国(地区)经济不确定性指数的测算方法还需进一步完善。现有文献通过测算特定变量波动来衡量经济不确定性存在片面性缺陷。随着当今互联网大数据的高速发展，本书采用 TVP-FAVAR 模型基于丰富的数据环境通过计量经济学方法提取大量宏观经济指标的不可预测部分合成经济不确定性指数，该模型不仅可以克服单一指标计算的偏误，更重要的是还可以全面且客观合理地测算出各国(地区)经济不确定性指数。因此，本书运用 TVP-FAVAR 模型测算出了全球 176 个国家(地区)的经济不确定性指数。

因此，本书立足于人民币国际化初级发展阶段这一现实背景，以人民币三大国际职能发展为切入点研究人民币国际化问题，试图分析注意力配置、经济不确定性对人民币国际化的影响，为人民币国际化相关研究提供一个较为新颖的思路。

3

理论分析框架

本章在对人民币三大国际职能的主要特点及三大国际职能之间的逻辑关系和互动机制进行分析的基础上，结合行为经济学和货币国际化等理论进一步探究了注意力配置对人民币三大国际职能的作用机制，以及经济不确定性、注意力配置对人民币三大国际职能的作用机制产生的调节效应，以期为人民币国际化的驱动机制提供一种较为新颖的分析思路。

3.1 人民币三大国际职能的理论逻辑

3.1.1 人民币三大国际职能的主要特点

3.1.1.1 人民币交易媒介职能的主要特点

人民币交易媒介职能的主要用途是作为国际贸易和金融交易的结算货币。人民币交易媒介职能的发展具有为中国经济主体在国际贸易和金融交易中提供便利性的特点(Cohen，2012；Frankel，2012)。尤其是随着中资金融机构积极地开拓境外人民币客户、完善海外网点布局、提高产品质量以及提升服务能力等，中资金融机构的海外扩张和国际竞争能力的提升不仅可以为中国经济主体拓展国际市场业务提供关键的资金支撑和保障，还可以为中国经济主体在国际贸易和金融交易中使用人民币结算创造便利条件。

3.1.1.2 人民币计价单位职能的主要特点

人民币计价单位职能主要体现在国际贸易和国际金融产品的计价上。由于人民币作为国际贸易计价货币的数据不可得，很多文献未将充当贸易计价的货币与贸易结算的货币严格区分开来，如邓富华(2017)、Cheung 等(2019)等。本书基于以下两方面原因选择以人民币计价的金融资产额作为人民币计价单位职能的衡量指标：一方面，在国际贸易计价货币选择方面，中国以进口大宗商品和高新技术产品，以及出口加工原材料为主的贸易结构制约了人民币计价单位职能的发展，导致中国经济主体在国际贸易中采用人民币计价并没有明显的竞争优势。特别地，2018 年 3 月，以人民币计价的原油期货挂牌交易标志着人民币开始在大宗商品计价交易中占有一席之地。另外，2014 年之前中华人民共和国海关总署发布的海关统计数据均以美元计价，从 2014 年起才同时发布以人民币和美元计价的各类海关统计数据。因此，人民币作为国际贸易计价货币存在交易量较少、时间较短、数据不连续、数据获取较为困难等问题。另一方面，无论是从总量上还是从流量上看，人民币计价的国际金融资产额都远大于人民币计价的国际贸易规模(高洪民，2016)。因此，充当金融资产的计价货币是人民币计价单位职能的重要体现。本书以人民币计价的国际金融资产额作为人民币计价单位职能的衡量变量，不仅突破了以人民币计价的国际贸易数据不可得的限制，还能将人民币计价单位职能与人民币交易媒介职能更好地区分开来。

人民币计价单位职能具有安全性的特点。国际金融交易者投资或持有人民币计价金融资产主要是为了获得多元化投资组合提供的风险分散的好处，而并非是通过频繁的买卖交易或波段操作实现超额收益(龙红亮，2020)①。特别是中国经济的稳健发展和货币政策独立性的增强，使得人民币计价金融资产风险分散的益处更加凸显，增强了人民币计价金融资产对境外投资者的吸引力(何平等，2017)。一方面，中国经济主体积极进行国际贸易和金融交易有助于优化中国经济结构、升级产业结构、鼓励研发创新、转换增长动力和促进金融市场基础设施与国际接轨等，进而促进中国经济增长由外延增长向内涵增长方式的转变。特别地，深化“一带一路”合作可以为中国优化经济结构和在国际分工链条中找到新的位置提供现实基础，进而为中国经济持续稳健地发展提供新动力。另一方面，

① Wind 数据库信息表明，境外投资者大多来自发达经济体，且境外投资者在中国国内债券市场成交量的活跃程度还不如国际债券成交量的平均水平。

保持中国货币政策独立性的重要条件是保持国际收支平衡[①](管涛，2019)[②]。然而，人民币国际化是中国在国际收支双顺差背景下推动发展起来的(陶士贵、杨国强，2011)[③]。国际收支双顺差的经济环境对人民币国际化的进一步推进造成一定程度上的阻碍[④]。人民币国际化初级发展阶段，保持中国货币政策独立性和维持国际收支平衡的关键在于鼓励中国经济主体在国际贸易和金融交易中尽量采用人民币作为计价结算货币，以及增加对外直接投资(钟伟等，2020)。此外，美联储自2015年12月启动加息周期以来，截至2019年1月已加息9次，仅2018年一年美联储就加息4次。中国人民银行自2011年11月30日开始下调存款准备金率或存贷款基准利率，实施宽松的货币政策，积极支持宏观经济发展。从2011年11月30日开始到2018年10月7日，中国人民银行降准15次，降息8次，共发布20次降准或降息公告[⑤]。这不仅说明中美利差正在逐步收窄，降低了境外机构和个人基于收益性目的持有人民币计价资产的动力，还表明中国正逐渐降低受美国货币政策溢出效应的影响，实施相对独立的货币政策。

3.1.1.3 人民币价值储藏职能的主要特点

人民币价值储藏职能主要是作为各国(地区)央行或货币当局的官方外汇储备货币。官方外汇储备不仅可以用于国际收支平衡需求，如跨境贸易往来的货币支付和偿还到期的外债等，还可以用于预防性货币需求。预防性货币需求多用于各国(地区)央行或货币当局干预外汇市场、保持汇率稳定和货币流动性、事前预防和事后缓和"黑天鹅"事件造成的冲击，以及避免金融危机发生导致的内外失衡等问题(陈炳才，2019)。

人民币价值储藏职能具有可自由使用的特点，主要基于以下两个方面的原因：一方面，2015年，IMF将人民币纳入特别提款权(SDR)货币篮子，SDR估值方法中"可自由使用"的三个主要指标：人民币在国际外汇储备中的份额、以

---

① 国际收支主要包括经常账户、资本与金融账户和储备资产等。

② 资料来源于"华尔街见闻"发布的文章《管涛：跨境资本流动与中国货币政策独立性》。

③ 资料来源于Wind数据库。

④ 经常项目和资本与金融项目双顺差会导致人民币对外输出渠道受到限制。经常项目顺差主要表现为，中国经济主体在进口支付时以人民币为主，而中国主要出口的对象国是欧美国家，且主要出口低技术含量的劳动密集型产品，导致中国经济主体在出口结算货币选择方面使用人民币的难度较大。因此，中国出口结算一般使用美元、欧元等发达经济体货币。这就导致人民币跨境结算收付金额差距的不断扩大，造成人民币进出口结算的不平衡以及以美元计价的官方外汇储备的增加，加剧了中国的国际收支不平衡。

⑤ 资料来源：中国人民银行官方网站。

人民币计价的国际银行存款份额和以人民币计价的国际债券余额。其中，以人民币计价的国际债券余额是人民币价值储藏职能的重要体现，也就是说，人民币在国际外汇储备中的份额和以人民币计价的国际债券余额都是人民币价值储藏职能的体现。再者，SDR 作为 IMF 的重要储备货币，IMF 将人民币纳入 SDR，表明人民币价值储藏职能基本满足"可自由使用"。另一方面，储备货币发行国和非储备货币发行国之间不平等。按照国际货币协调理论，虽然有国际货币基金组织(IMF)等机构协调国际货币关系，但国际货币关系很难在各个国家之间达到均衡，储备货币发行国和非储备货币发行国之间不平等就是国际货币协调中存在的主要问题之一(姜波克，2018)。非储备货币发行国特别是发展中国家一般通过出口保持国际收支顺差或者借用外债、吸引外商直接投资等途径获得国际外汇储备资产。可见，非储备货币发行国在增持国际外汇储备方面存在一定困难。储备货币发行国不仅可以通过货币发行、货币互换和贸易顺差等方式获取国际外汇储备，还可以对进口和外汇资金的跨境流动账户限制乃至对交易本身进行管制甚至冻结资金账户等途径对非储备货币发行国进行经济制裁(陈炳才，2019)。因此，中国作为全球生产链的重要枢纽，伙伴国需要储备一定的人民币资产才能较为自由地干预外汇市场和平衡国际收支，特别是对非储备货币发行国来说，尤其如此。

可见，人民币三大国际职能的特点：人民币交易媒介职能具有便利性，人民币计价单位职能具有安全性，人民币价值储藏职能具有可自由使用性。同时，人民币三大国际职能的特点表现出递进的关系，即随着人民币国际化的不断推进，人民币三大国际职能的特点在原来的基础上有所侧重：便利性→安全性→可自由使用性。

3.1.2 人民币三大国际职能的逻辑关系

根据本书对人民币三大国际职能特点的界定，人民币三大国际职能之间存在递进关系：人民币交易媒介职能→人民币计价单位职能→人民币价值储藏职能，即人民币作为跨境支付结算货币→人民币作为国际金融资产的计价货币→人民币成为官方外汇储备货币，或者人民币交易媒介职能→人民币价值储藏职能，具体如图 3-1 所示。由于人民币国际化是市场主导和政府政策推动综合作用的结果(中国人民大学国际货币研究所，2019；李俊久，2022)，因此，本书将从市场推动和政策推动两个方面来说明：

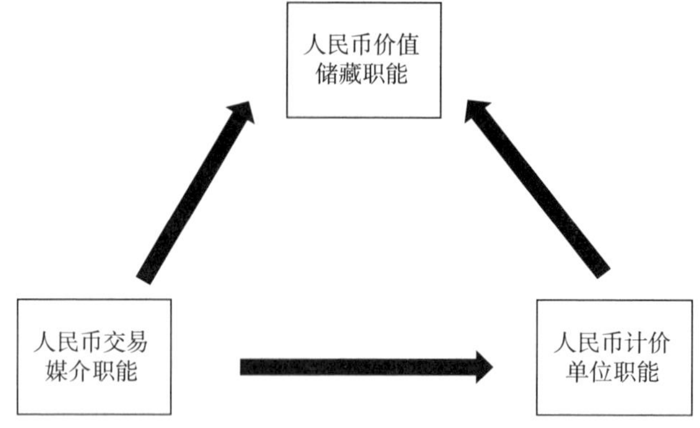

图 3-1　人民币三大国际职能的逻辑关系

一方面，就市场推动而言，早在 2009 年跨境贸易人民币结算试点开展之前，人民币在中国边境贸易、旅游和探亲等经济活动中就已经开始行使支付结算货币职能。随着中国经济实力的崛起，中国成为世界上第二大经济体和第一大贸易国，同时中国也成为全球生产链的重要枢纽，人民币成为跨境贸易的支付结算货币是自然而然的事情。人民币交易媒介职能的发展是推动人民币“走出去”的动力。从客户追随理论来看，随着人民币跨境结算规模的增加，金融机构为达到满足客户需求和扩大市场份额的目的，必然会逐步进行海外扩张，使跨境企业能够较为便捷地获得人民币的相关服务，同时也为人民币在海外的流通和人民币存量的积累奠定基础（申韬、蒙飘飘，2020）①。再加上中国国内金融市场的不断发展与资本账户的逐步开放，人民币计价金融资产应运而生，如以人民币计价的国际债券、国际股票、国际银行存款等。随着人民币跨境结算规模和人民币计价金融资产规模的增加，境外央行或货币当局基于国际交易支付需求和干预外汇市场的预防性货币需求必然需要储备一定的人民币资产，进而推动人民币价值储藏职能的发展。

另一方面，就政策推动而言，2009 年 7 月，中国政府开展跨境贸易人民币结算试点拉开了人民币国际化的序幕，中国政府主要通过“鼓励跨境贸易人民币结算+离岸人民币市场发展+双边本币互换”的策略，即旧“三位一体”策略推行人民币国际化，特别是促进人民币交易媒介职能的发展②。随着人民币交易媒介职能

① 这体现出金融为实体经济服务的本质。

② 人民币交易媒介职能的官方用途主要是作为载体货币或干预货币，体现为中国央行与其他国家（地区）央行或货币当局签署的双边货币互换协议。

的发展日趋成熟，中国政府的政策重心从人民币发展较为成熟的交易媒介职能逐渐向人民币发展较为薄弱的计价单位职能倾斜，也就是说，中国政府的策略逐渐转变为“培养人民币作为计价货币+‘一带一路’倡议+金融市场改革”的新“三位一体”策略（张明、李曦晨，2019）。同时，中国政府逐步开放资本账户，如通过不断提高“沪港通”和“深港通”的每日额度，启动“沪伦通”和“债券通”，取消境外央行投资银行间债券市场的额度限制，取消 RQFII 投资额度限制①等措施，促进人民币成为国际金融交易中较为重要的投融资货币。再者，人民币交易媒介职能的发展是让人民币“走出去”，而人民币计价单位职能的发展有利于让人民币“流回来”，从而形成完整的人民币国际化循环渠道，进而推动人民币价值储藏职能的发展。

此外，人民币交易媒介职能的发展也可以直接促进人民币价值储藏职能的发展，即人民币交易媒介职能→人民币价值储藏职能。中国政府通过鼓励跨境贸易人民币结算和积极签署双边本币互换协议来推动人民币交易媒介职能的发展。第一，推动跨境贸易的人民币结算，可以直接促进跨境贸易人民币结算规模的增加和人民币在国际外汇市场上活跃程度的提升，境外央行或货币当局会基于国际交易支付需求和干预外汇市场的预防性货币需求而投资人民币资产作为官方外汇储备资产。第二，截至 2019 年末，中国人民银行已经与 39 个国家（地区）的中央银行或货币当局签署了双边本币互换协议，协议总金额超过 3.7 万亿元②。一方面，中国通过双边本币互换协议的签订向境外央行或货币当局提供短期流动性支持，共同应对和防范区域性金融危机，深化彼此之间的货币互信；另一方面，双边本币互换协议的签署相当于中国与协议国各自以对方货币储存了一定数量的官方外汇储备。协议国（地区）在与中国央行签署双边货币互换协议后，可直接使用人民币干预本国（地区）外汇市场和平衡国际收支。因此，人民币交易媒介职能的发展可直接对人民币价值储藏职能的发展产生促进作用。

可见，人民币三大国际职能的实现并不是完全独立的，而是在保留每种国际职能特点的基础上，还存在一定程度的递进关系。

3.1.3 人民币三大国际职能的互动机制

第一，遵循货币国际化的演进规律，人民币交易媒介职能是人民币三大国际

① 国家外汇管理局于 2019 年 9 月取消 RQFII 投资额度限制。

② 资料来源：《人民币国际化报告（2020）》。

职能中最先开展的，也是目前发展得较为成熟的职能。人民币交易媒介职能对计价单位职能的促进作用主要体现在降低风险方面，具体而言：伴随着“沪港通”、“深港通”、RQFII 和“债券通”等投资渠道和投资额度的不断拓展，跨境投资人民币结算业务随之增加，人民币开始更加广泛地在国际贸易和国际金融交易领域发挥交易媒介职能，同时，人民币在国际外汇市场中的活跃程度也不断得到提升。由于国际外汇市场具有对冲信用风险、汇率风险和利率风险的功能，人民币活跃程度的提升有利于国际金融交易者投资人民币计价金融资产作为避险资产，并有助于增加非居民在国际贸易和金融交易中采用人民币计价的激励。

同样地，人民币计价单位职能的发展也会进一步促进人民币交易媒介职能的发展，主要体现在以下两个方面：一方面，人民币在国际大宗商品和金融交易中作为计价货币的交易量越多，人民币在国际外汇市场中的活跃程度也会越高，人民币作为支付结算货币的可能性就会增加；另一方面，人民币作为支付结算货币，主要是让人民币“走出去”，人民币计价单位职能的发展有利于人民币“流回来”，从而形成完整的人民币国际化循环渠道，进一步促进人民币交易媒介职能的发展。

第二，人民币交易媒介职能对价值储藏职能的促进作用主要体现在以下三个方面。一是双边货币互换协议的签署是人民币交易媒介职能的官方用途，同时，双边货币互换协议的签署相当于中国与协议国各自以对方货币储存了一定数量的官方外汇储备，这是对人民币成为国际储备货币的一种政治支持。二是从交易成本角度来看：由于规模经济效应的存在，人民币交易媒介职能发展得越成熟，人民币在国际外汇市场中的活跃程度也就越高，使得人民币信息暴露越充分，人民币交易成本得以降低，因此，境外央行或货币当局越倾向于使用人民币作为载体货币干预外汇市场。三是人民币在中国与周边国家经贸往来中发挥着重要的支付结算作用，人民币逐渐成为中国周边国家（地区）的硬通货。例如，人民币在蒙古可以直接代替图格里克使用；人民币在缅甸可以直接代替缅元使用；在韩国、俄罗斯和巴基斯坦等国，人民币均可以部分代替当地货币使用。可见，人民币交易媒介职能的发展拓展了人民币价值储藏职能在官方部门和私人部门两方面的国际使用。

第三，人民币计价单位职能对价值储藏职能的促进作用主要体现在两个方面。一方面，境外央行或货币当局的储备投资是一种特殊形式的国际投资，而且是一种相对安全的国际投资，以人民币计价的国际债券是境外央行或货币当局投资人民币资产的主要形式；另一方面，随着人民币计价金融资产的广泛使用，

2015 年国际货币基金组织（IMF）决定将人民币纳入特别提款权（SDR）货币篮子，SDR 成为 IMF 重要的记账单位和储备货币。人民币纳入 SDR 不仅从形象上促进了人民币作为国际货币的计价单位职能和价值储藏职能的发展，更重要的是人民币成为国际储备资产的重要构成部分，这种隐含的网络外部性将随着人民币国际化程度的提升进一步扩大。

如图 3-2 所示，人民币价值储藏职能的发展反过来也会促进交易媒介职能和计价单位职能的发展。境外央行或货币当局想要干预外汇市场、设定本币汇率的基准（锚货币）和平衡国际收支等都需要持有相应的人民币储备资产，即各国（地区）央行或货币当局持有的人民币储备资产金额在一定程度上综合反映了人民币交易媒介职能、计价单位职能和价值储藏职能的发展情况。当人民币成为重要的国际外汇储备货币时，自然而然地会促进人民币作为国际贸易和金融交易的计价结算货币。

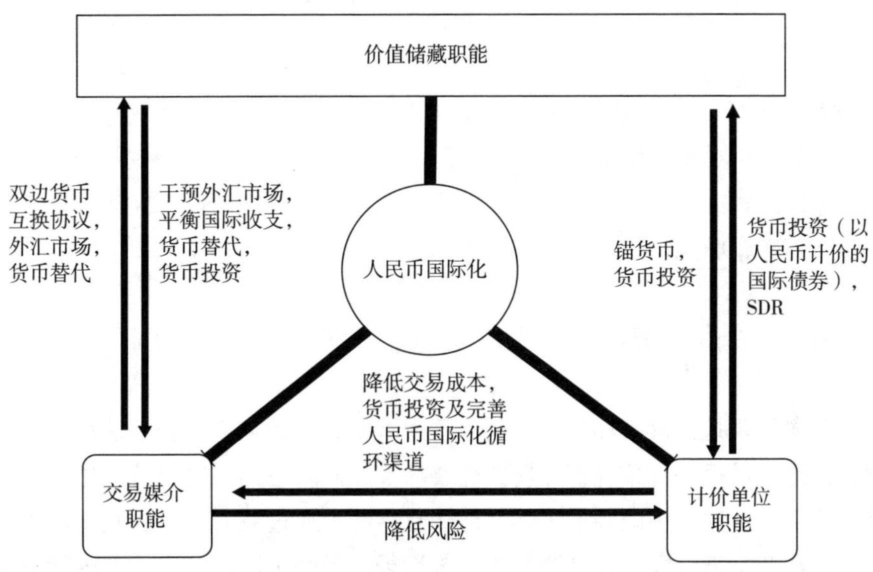

图 3-2 人民币三大国际职能的互动机制

第四，人民币计价单位职能的发展受限会抑制非居民使用人民币进行国际投融资的需求，导致人民币回流机制不畅，无法形成完整的人民币国际化循环渠道，同时造成"跨境贸易人民币结算+人民币离岸金融中心"的发展模式反过来制约人民币交易媒介职能的发展。从人民币交易媒介职能的发展受限来看，尽管人民币在国际经贸往来中充当了较为重要的交易媒介货币，但仍有一部分依赖国际投机者利用人民币进行跨境套利、套汇等活动的驱动，导致国际投资者投资人民币计价金融资产和使用人民币作为国际贸易计价货币的意愿并不是很高。人民币交易媒介职能和计价单位职能的发展受限同时也削弱了境外央行或货币当局持有人民币储备资产的意愿和信心，制约了人民币价值储藏职能的发展。价值储藏职能是国际货币的最高职能，人民币价值储藏职能的发展受限反过来也会进一步制约人民币交易媒介职能和计价单位职能的发展。

因此，人民币三大国际职能的发展存在协同互动机制，三大国际职能的发展既相互促进又相互制约。

3.2 注意力配置、经济不确定性与人民币交易媒介职能的理论机制

2009 年 7 月，跨境贸易人民币结算试点的启动正式拉开了人民币国际化的序幕。人民币的交易媒介职能是最先发展的，也是目前发展得较为成熟的职能。本书着重探讨注意力配置对人民币交易媒介职能的作用机制，以及经济不确定性对人民币交易媒介职能产生调节效应的机制。

3.2.1 注意力配置对人民币交易媒介职能的作用机制

注意力配置是经济主体投入时间和精力对知识、信息进行关注、甄别和提炼的过程，这个过程是连接外部环境的重要环节，同时也是中国经济主体进行决策和行动的重要条件。中国经济主体对外注意力配置通过克服心理影响、减少信息不对称、降低不确定性、提高竞争优势等途径，激励中国经济主体在国际贸易和金融交易中选择人民币作为支付结算货币。

3.2.1.1 克服心理影响

人民币交易媒介职能的发展实质上是诸多跨境经济活动促成的结果，同时，

人民币交易媒介职能的发展也为经济主体的跨境交易提供了便利性(Cohen, 2012)[①]。中国经济主体在进行跨境贸易和金融交易时，面临不同的语言环境、文化、风俗、政策以及法律规章制度等因素造成的心理排斥影响(Melin, 1992)。中国经济主体将较多的注意力配置到境外市场环境中，并对境外市场相关信息进行搜索、处理和判别，有助于中国经济主体克服心理距离的影响，促使中国经济主体较为快速地识别和抓住开拓国际市场的机会，积极地开展国际贸易和国际金融交易(Levy, 2005; Bouquet and Birkinshaw, 2011)，进而增加使用人民币进行国际支付结算的潜在概率。

3.2.1.2 减少信息不对称

行为经济学认为，跨国企业拓展国际市场业务时会面临东道国的政治、经济、文化和宗教等多维因素的差异与复杂性，对该企业的行为决策产生影响(何国华, 2014)。中国经济主体增加对外注意力配置，即通过开展信息搜集和沟通讨论活动等，对境外市场交易环境、贸易合作伙伴以及贸易商品或服务等进行更加深入的了解，可以甄别出有价值的信息和获取更为准确的信息，减少交易过程中的信息不对称问题(Bouquet et al., 2009)，促进人民币交易媒介职能的发展。这主要体现在以下三个方面：首先，中国经济主体增加对外注意力配置能更为清晰且准确地把握交易双方的优势与劣势、成本与收益，让中国经济主体在跨境结算时更有信心和意愿选择人民币作为支付结算货币。其次，中国经济主体增加对外注意力配置有助于中国经济主体在全球范围内寻求市场和资源，中国经济主体在对相关信息进行获取、甄别和思考的基础上结合自身的实际发展情况更优地选择合作伙伴国、合作企业和商品服务，这对以往跨境合作伙伴将构成可信的威胁，进而提升中国经济主体在国际贸易和金融交易中的话语权，以及人民币在跨境交易中作为计价结算货币使用的可能性。最后，中国经济主体增加对外注意力配置能促进国际交易的顺利开展，有利于逐步引导境外企业更深入地了解中国政府推行的相应优惠政策以及人民币创新产品等相关信息，提高境外企业对人民币的接受程度和需求(刘玮, 2014)，进而从深层次上促进人民币交易媒介职能的发展。

---

① Cohen(2012)指出，经济主体在国际贸易和金融交易过程中倾向于使用本币进行计价结算，原因在于：采用本币计价结算不仅可以规避外汇风险，降低了为规避外汇风险而进行货币套期保值的相关成本，还可以为国际交易提供便利性。

3.2.1.3 降低不确定性

对中国跨境经济主体而言，非完备信息环境中存在着经济、文化、制度、政治、政策、财务、人力资源以及竞争威胁等诸多方面的不确定性(董临萍、宋渊洋，2017)。注意力配置的作用在于通过获取信息降低国际交易开展前、国际交易开展过程中以及国际交易完成后的不确定性，进而促进人民币交易媒介职能的发展，具体如下：一是在国际交易开展前，海量的信息和注意力的有限性促使经济主体不得不有选择地配置注意力。中国经济主体通过注意力配置不仅能对境外市场信息形成由浅到深的认识，还能从众多真假杂乱、纷繁复杂的信息中，甄别出真实信息和有价值的信息，减少国际交易开展前的不确定因素，促进该经济主体开展国际贸易和国际金融交易活动，进而提高人民币作为跨境结算货币的可能性。二是在国际交易开展过程中，中国经济主体对外注意力配置水平越高，越能提高其获取信息的速度，加速其对交易商品特征的了解，帮助其快速地识别出交易过程中可能的不确定性，更好地理解各类外部环境变化的信息，促进国际贸易和国际金融交易的顺利开展和人民币交易媒介职能的发展。三是在国际交易完成后，经济主体对境外市场有了初步的认识与了解，中国经济主体对境外市场持续增加注意力配置，有利于培养其全球化思维能力，使其在面对复杂的国际环境变化时更有能力及时采取措施以规避风险和不确定性，提高该经济主体的国际市场份额，从而提升人民币作为跨境支付结算货币的可能性。

3.2.1.4 提升竞争优势

中国经济主体对外注意力配置水平越高，使其更有能力抓住机遇开拓业务边界，促进转型升级或者开展新的业务领域，提高核心竞争实力。这不仅有助于提升人民币作为交易结算货币的概率，更有利于培养中国经济主体的国际视野。一方面，中国经济主体将更多的注意力配置在境外信息的搜集和处理上，能学习到境外企业较为先进的管理技巧、技术研发、品牌建立等方面的知识与经验，从而提升自身整体的竞争实力(Rui and Yip，2008)；另一方面，中国经济主体增加对外注意力配置能帮助其快速地识别出外部环境中的机遇，如海外新市场、潜在要素、科学技术、丰富的资源、配套的产业设施、优惠政策(税收优惠、政府补贴)等。中国经济主体结合自身发展情况更优地选择去开发和利用这些机遇，进而在国际贸易和国际金融交易中抢占市场份额和优势地位，提升中国经济主体的竞争优势和使用人民币作为交易结算货币的概率。因此，中国经济主体增加对外注意力配置能提升自身竞争优势，使其分析国际经济金融市场环境的能力更强，进而在国际交易中表现得更加自信（Nielsen and Nielsen，2011），并且促使其在国际贸易和金融交易中争取到更多的话语权和定价权，促进人民币交易媒介职能的发展。

据此，本书提出以下假设：

假设 1.1：中国经济主体对外注意力配置对人民币国际化初级阶段交易媒介职能的发展起到促进作用。

3.2.2 经济不确定性产生调节效应的机制

人民币国际化不仅会受到中国对外注意力配置的影响，还会受到各国（地区）经济不确定性的影响。各国（地区）经济不确定性上升可以通过被动适应和主动调整两种途径促使中国经济主体增加对外注意力配置，发挥注意力配置的"桥梁"作用，推动人民币交易媒介职能的发展。本书从以下三个方面解释经济不确定性对人民币交易媒介职能产生的调节效应机制：

第一，各国（地区）经济不确定性上升会对中国经济主体产生"倒逼机制"，迫使其增加对外注意力配置，促进人民币交易媒介职能的发展。一方面，各国（地区）经济不确定性上升所引致的"倒逼机制"迫使中国经济主体在进行国际贸易和金融交易时，更倾向于通过增加对外注意力配置来减少交易过程中的信息不对称问题、不确定性、风险，更好地满足目的国消费者的需求或要求①，从而促使国际贸易和金融交易的顺利开展；另一方面，各国（地区）经济不确定性较高会在一定程度上加剧经济主体对市场的预期困境，提高其生产经营成本。在此情形下仍能存续下来的经济主体面对"常态化"的经济不确定性调整会逐渐产生"抗体"（Cazurra et al.，2018），即中国经济主体迫于生存压力在进行国际贸易和金融交易时不得不配置更多的注意力来防范和化解经济不确定性带来的风险，从而增加利润或维持市场份额，同时提高使用人民币计价结算的概率。

① 本书参照施炳展和金祥义（2019）的做法，采用百度搜索指数测度中国经济主体的对外注意力配置程度，详细说明参见第 5 章相关小节的变量与数据说明的内容。根据百度指数和本书测算的经济不确定性指数，本书发现，随着境外各国（地区）经济不确定性的增加，中国经济主体会随之增加对境外市场的注意力配置。例如：2016 年 6 月，英国脱欧公投引发经济不确定性，与 2016 年 5 月相比，英国经济不确定性指数上升 31.42%，百度网页中关键词"英国"的中文名称搜索指数上升 383.63%；2016 年 11 月，特朗普于美国总统大选中获胜引发经济不确定性，与 2016 年 10 月相比，美国经济不确定性上升 32.76%，百度网页中关键词"美国"的中文名称搜索指数上升 54.41%。这也反映出中国经济主体的注意力配置日益国际化。

第二，各国（地区）经济不确定性上升也会促使中国经济主体主动增加对外注意力配置，促进人民币交易媒介职能的发展。各国（地区）经济频繁波动会导致中国经济主体在进行国际贸易和金融交易时产生巨大的不可逆转成本。在此情形下中国经济主体增加对外注意力配置，从海量的信息中聚焦关键问题以便更好地在预期利润的折现值与成本之间进行综合权衡，这种权衡会产生一种阈值。预期利润低于成本（即生产效率低于该阈值）的经济主体在面临较高的经济不确定性时会选择减少国际贸易和金融交易，甚至暂时退出国际市场（张兵兵、田曦，2018），而生产效率高于该阈值的经济主体通过国际贸易和金融交易能够获取利润继续存活下去。为了维持原有的进出口市场份额和利润水平，中国经济主体积极主动地通过提升自身竞争实力和创新能力，如优化生产流程、提高产品质量、鼓励技术创新等来缓冲经济不确定性带来的冲击，使得中国经济主体在国际贸易和金融交易中拥有更多的话语权和定价权，进而提高国际贸易和金融交易中使用人民币计价结算的可能性。

第三，各国（地区）经济不确定性上升会促使境外经济主体主动寻求“硬通货”币种，中国经济主体的注意力配置作为“桥梁”能提升境外经济主体对人民币的需求与接受程度。一方面，发达经济体的不确定性在不断增加。美国霸权主义和强权政治由来已久，特别是特朗普政府采取的贸易保护主义政策、单边主义政策、军事霸权政策等导致全球贸易摩擦和全球地缘政治风险加剧，对全球经济金融市场的稳健发展造成严重的负面影响。近年来，欧洲国家先后遭受债务危机和英国脱欧等问题，政治经济风险交缠，经济复苏乏力，受脱欧不确定因素的影响，英国经济增速一路下滑。这些都严重影响国际交易者对美元、欧元和英镑等传统国际货币的信心。另一方面，中国经济平稳发展，成为全球经济发展的“稳定器”。随着“一带一路”倡议的深入开展，中国能够找到新的经济增长点，更好地发挥世界经济增长“助推器”的作用。同时，中国作为负责任的大国在国际上享有较高的声誉，中国坚持汇率市场化改革，绝不会将汇率用于竞争性目的。中国经济的稳健发展和良好的国际声誉是促进人民币国际化稳健发展的最好“背书”。

因此，随着各国（地区）经济不确定性增强，境外经济主体会主动寻求“硬通货”币种（Genberg，2010），人民币资产正好可以满足境外经济主体对货币资产便利性和安全性的要求。由于注意力配置具有向不确定方向漂移的特征，中国经济主体面对经济不确定性事件会配置更多的注意力，这不仅有助于促进国际贸易和金融交易的顺利开展，推动人民币“走出去”，拓宽境外经济主体增持人民币资产的途径，而且还有利于引导境外经济主体更加深入地了解中国政府推行的相应优惠政策以及人民币创新产品等相关信息（Cazurra et al.，2018），提高境外经济主体对人民币的接受程度和偏好程度，进而从深层次上促进人民币交易媒介职能的发展。

据此，本书提出以下假设：

假设 1.2：各国（地区）经济不确定性强化中国注意力配置对人民币交易媒介职能的正向影响。

3.3 注意力配置、经济不确定性与人民币计价单位职能的理论机制

人民币国际化推行至今已有十余年时间，人民币在交易媒介职能发展方面取得了较大的成果，但在计价单位职能发展方面却相形见绌。本书将着重探讨注意力配置对人民币计价单位职能的作用机制，全球经济不确定性对人民币计价单位职能的作用机制，以及经济不确定性对人民币计价单位职能产生调节效应的机制。

3.3.1 注意力配置对人民币计价单位职能的作用机制

注意力配置对人民币计价单位职能的影响，主要包括对国际债券投资、国际股票投资、国际直接投资和国际其他投资这四种渠道中以人民币计价的国际金融资产的影响。中国经济主体增加对外注意力配置有助于降低风险、减少信息不对称、降低融资成本、提高金融机构竞争力等，促进人民币计价单位职能的发展。

3.3.1.1 降低风险

人民币计价单位职能的发展有利于为中国经济主体提供风险较小、较为安全的人民币计价金融资产。一方面，中国经济主体进行国际投融资活动，不仅会受到国际金融市场交易环境变化的影响，还会面临境外市场经济政策不确定性带来的风险（Zhang et al.，2019）。中国经济主体为了将风险降至最低，需要及时了解真实直接的国际市场行情。中国经济主体增加对外注意力配置可以及时发现并采取措施有效地规避境外市场风险，减少国际经济金融市场波动对自身带来的损

失，这不仅有利于降低中国国内经济遭受国际市场风险的影响程度，还有助于稳定人民币的内在价值和保持币值稳定，进而满足国际金融交易者对人民币计价资产安全性的要求，促进人民币计价单位职能的发展。另一方面，中国经济主体增加对外注意力配置，有利于中国经济主体适时地增加对外直接投资①和跨境经贸交易规模②，拓宽人民币境外流通范围和增加人民币的境外存量以及境外市场对人民币的接受程度，进而引导境外经济主体在离岸人民币金融中心或中国境内投资或发行以人民币计价的金融资产③。从境外发行人角度来看，发行人民币计价金融资产需要承担一定的汇率风险、信用风险④、流动性风险⑤等。但是人民币计价金融资产具有的安全性特点，能够弥补这些风险可能带来的损失，使得境外发行人在进行利弊权衡后，仍然选择发行或持有人民币计价金融资产。

3.3.1.2 减少信息不对称

国际投资理论中的企业经理人行为决定理论认为，中国经济主体进行人民币对外直接投资或发行人民币计价金融资产的决策，不仅会受到中国相关政策的影响，还会受到境外市场发展变化趋势、境外市场需求情况、地域文化差异、法律制度差异等多方面因素的影响(何国华，2014)。再者，境外投资者受到东道国法律和政府机构的保护是有限的(Brandon and Youngsuk，2016)。因此，境内与境外信息不对称导致中国经济主体对境外环境信息的变化会更加敏感。一方面，中

---

① 对外直接投资对人民币国际化的促进作用主要体现在以下两方面：一方面，对外直接投资有助于增加人民币境外存量，有助于从人民币融资、资金使用以及资金回笼过程中不断扩展人民币的使用频率和使用范围；另一方面，遵循国际直接投资的比较优势投资理论，对外直接投资可以通过输出具有比较优势的行业来提升中国经济主体在对外贸易中的定价权和话语权，进而提升人民币在跨境交易中作为计价结算货币的可能性(何国华，2014)。

② 增加跨境经贸交易规模有助于中国经济主体拓展境外市场，增加使用人民币作为计价结算货币的概率，从而增加人民币的境外存量。

③ 一方面，境外经济主体在国际贸易和金融交易过程中会逐渐增加对中国市场环境、法律规章制度等的了解；另一方面，境外主体需要持有人民币资产才能进行以人民币计价的金融投资。也就是说，人民币资产的流出和人民币境外存量的增加会逐渐引导境外经济主体投资中国境内市场。这不仅有助于完善人民币"回流"渠道，还有利于形成完整的人民币国际化循环渠道，促进人民币计价单位职能更深层次的发展。

④ 成熟的金融市场需要根据发行者的信用等级对人民币债券进行定价，一般来说，信用等级越高的发行者的发行定价越优惠，且更容易受到国际投资者的偏好(陈晓莉、孟艳，2014)。但离岸人民币债券市场的债券发行信用评级机制尚未健全，因此存在信用风险。

⑤ 由于离岸人民币债券市场需求较大、债券存续期较短以及信用级别较高等特点，使得境外投资者倾向于持有人民币计价债券到期，导致二级交易市场不活跃和市场流动性较低。另外，离岸人民币债券发行规模相对较小、品种较为单一，不能满足境外投资者的流动性需求，从而形成流动性风险(张婷婷、林丰源，2019)。

国经济主体增加对外注意力配置，能搜索和甄别出真实信息和有价值的信息，加深其对东道国相关外贸易政策、资本管制政策、海外投资审批程序、准入限制以及股权限制等政策的了解与思考，使中国经济主体能更优地选择在国际市场上发行以人民币计价的金融资产种类、金额以及期限。同时，中国经济主体获得所需资金后再进行对外直接投资或从事跨国经营活动，不仅有利于增加人民币的国际使用频率和扩展人民币境外使用范围，更有助于提高人民币计价单位职能的发展水平。另一方面，海外投资项目通常具有周期长、投资规模大、投资不可逆等特点，中国经济主体在进行对外直接投资时会更加谨慎(陈胤默等，2019)。中国经济主体增加对外注意力配置获取全面且可靠的信息，不仅有助于降低信息不对称问题，还有利于积极寻觅并开拓新的目标市场，实施多元化出口战略以降低对境外某些市场的依赖程度，提高中国经济主体对风险的抵抗能力以及在国际贸易和金融交易中的定价权。否则，中国经济主体可能由于信息不对称导致决策失误，造成海外投资项目的延后或者搁浅，对其自身发展造成较为严重的损失。因此，在某种程度上，中国经济主体的对外注意力配置是支付信息成本的一种重要表现形式，不仅有利于降低信息不对称，还有助于促进人民币计价单位职能的发展。

3.3.1.3 降低融资成本

中国经济主体在开拓海外市场的过程中，往往需要通过对外注意力配置搜集信息进而完成前期调研、选址建厂、广告宣传以及投资生产等步骤，且该过程具有投资周期长、沉没成本高的特点。经济主体仅依靠内源融资难以满足资金需求，还需要大量的外源融资(戴金平、甄筱宇，2020)。一方面，中国经济主体增加对外注意力配置，加深对国际金融市场和离岸人民币金融中心的了解，降低境内外金融市场信息的不对称性，缓解逆向选择问题，有助于中国经济主体更优地选择融资方式、融资期限、融资金额，进而降低融资成本，促进中国经济主体拓展海外业务；另一方面，随着人民币国际化的不断推进，以人民币计价的金融资产逐渐增多并被国际投资者持有，中国经济主体通过互联网搜索可以选择在离岸人民币市场以人民币为抵押直接贷款或通过发行债券等方式进行融资，不仅有助于拓宽融资渠道和降低融资成本(Kenen，2011)，还有利于减少中国资产负债表中的“货币错配”问题(Park and Shin，2011)。在此基础上，融资成本的降低有助于提升中国经济主体的国际竞争力，促使中国经济主体积极参与国际贸易和国际金融交易活动，并在国际交易中表现得更为自信，进而提高人民币在国际交易中作为计价货币的概率。

3.3.1.4 提高金融机构竞争力

从客户追随理论来看，中国经济主体对外直接投资或发行人民币计价金融资产离不开中国金融机构的服务。金融机构为达到满足客户需求和扩大市场份额的目的，必然会逐步进行海外扩张，使跨境企业能够较为便捷地获得人民币业务的金融服务，同时也为人民币的海外流通和人民币海外存款的积累奠定基础(申韬、蒙飘飘，2020)。

根据客户追随理论，中国经济主体增加对外注意力配置有助于拓展国际市场业务，同时加速中资金融机构"走出去"的步伐。一方面，中资金融机构积极开拓境外人民币客户，在境外布点设置分支机构，加强与其他国家(地区)银行的业务合作，拓展海外市场业务等，能提升其对中国主要经贸伙伴国(地区)的覆盖面，进而提升中国金融机构的全球竞争力和全球化服务能力。这不仅有助于降低中国经济主体的汇兑成本与融资成本，还有利于保障人民币计价金融资产的安全性与便利性，增强境外市场使用人民币进行计价结算的意愿和信心。另一方面，只有提升中资金融机构的核心竞争力才能增强其抵抗风险的能力，金融机构才能提供更多安全、优质、丰富的人民币投融资产品，提供高质量的离岸人民币保值增值及资产管理服务，进而吸引更多的境内外经济主体在国际投融资及跨境交易中使用人民币作为计价货币。

基于此，本书提出以下假设：

假设2.1：中国经济主体对外注意力配置对人民币国际化初级阶段计价单位职能的发展起到促进作用。

3.3.2 全球经济不确定性对人民币计价单位职能的作用机制

2008年以来，全球各地发生了很多具有重大影响的事件：从美国次贷危机到华尔街金融风暴，从"桑德斯现象"[①]到特朗普当选就职，再到特朗普离职；欧洲从希腊债务问题演变成欧洲主权债务危机；从英国脱欧公投到中美贸易争端等。由此可以看出，经济不确定性时刻在发生[②]。近年来，"逆全球化"浪潮的兴起和全球经济增长不平衡均反映出全球经济蕴含着巨大的不确定性。全球经济不

① "桑特斯现象"与"特朗普现象"共同暴露出当前美国社会的高度分裂与分化。资料来源于新华网发布的《"桑德斯现象"背后的美国裂痕》。

② 学者用"黑天鹅"现象形容意外发生的且产生重大影响的事件。

确定性增加通过中国政府被动适应和主动调整以及凸显人民币计价资产安全性的特点这三种途径，促进人民币计价单位职能的发展，如图 3-3 所示。本书对这三种途径的作用机制进行如下解析：

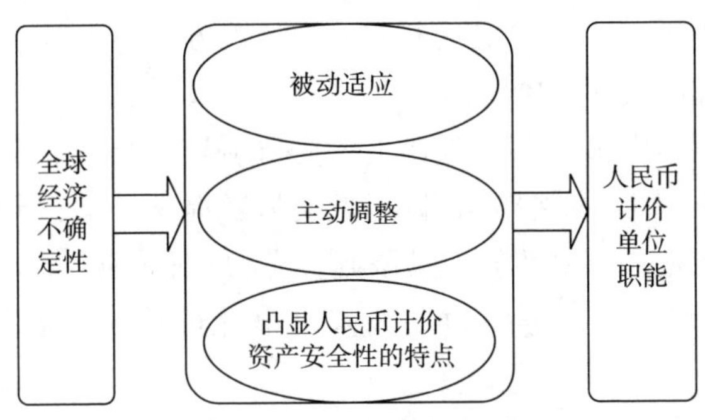

图 3-3 全球经济不确定性对人民币计价单位职能的作用机制

第一，全球经济不确定性增加对中国产生“倒逼机制”，迫使人民币计价单位职能进一步发展。一方面，特朗普政府挑起的贸易摩擦溢出效应加剧，特朗普政府消减贸易赤字的政策目标使得美元回流，造成全球流动性紧缩。俄罗斯、巴基斯坦、越南、伊朗等主要石油输出国纷纷选择加快“去美元化”进程，寻求官方外汇储备资产的多元化，人民币计价资产成为这些石油输出国的优先选择目标（巴曙松、王珂，2019）。另一方面，中国宏观经济基本面相对稳定，中国金融市场深化双向开放，针对金融市场深化中国采取了一系列措施。例如，在股票市场上提高“沪港通”和“深港通”的每日额度，启动“沪伦通”，取消 QFII、RQFII 投资额度限制等；在债券市场上，取消境外央行投资银行间债券市场的额度限制，启动“债券通”等。中国金融市场开放程度逐渐扩大，将吸引更多的国际金融交易者进入中国市场，加剧中国国内市场竞争，倒逼中国金融市场改革和资本账户开放。在这样的内外压力作用下，迫使人民币计价单位职能进一步发展。

第二，全球经济不确定性增加会促使中国政府主动调整以满足国际金融交易者的需求，促进人民币计价单位职能的发展。有学者研究发现，发达国家经济不确定性普遍高于发展中国家经济不确定性的程度，并且发达经济体经济和金融风险的溢出效应相对较大，因此，全球经济不确定性主要来源于发达经济体（刘场等，2019）。在全球经济不确定性增加的情形下，发达经济体的“避风港”优势会逐渐减弱，中国等新兴经济体逐渐成为国际游资“避险”的集中池。

当全球经济不确定性的程度增加时，特别是发达经济体经济不确定性增加时，国际投资者对发达经济体整体投资前景的预期会发生变化甚至产生悲观情绪，同时，发达经济体经济不确定性增加也会影响国际投资者的风险承担意愿，国际投资者倾向于将资金转向相对安全的地方。中国金融市场开放程度有限，受全球经济金融危机的影响相对较少，在有效信息约束的条件下，人民币计价金融资产成为国际短期资本避险的优先选项。同时，中国政府积极采取政策措施以便更好地为体量庞大的国际金融交易者提供安全、高效、便捷的金融服务，如取消 QFII、RQFII 投资额度限制，启动“债券通”等，加快国内金融市场改革和资本账户开放，进而为促进人民币计价单位职能的发展提供政策支持。

第三，人民币计价金融资产具有安全性的特点，这在全球经济不确定性增加的情形下尤为重要，提升了国际金融交易者对人民币计价金融资产的接受程度（Giovannini，1998；Wilander，2006）[①]。国际金融交易者基于多元化投资和分散风险的目的更有可能投资非传统的货币——人民币。一方面，传统货币资产（如美元、英镑等）收益率不断降低。近年来，各国（地区）实际利率呈现出下降趋势[②]，甚至一些国家的实际利率为负，如俄罗斯、英国等。还有较多国家（地区）的实际利率在 1%左右，如加拿大、中国香港、日本、韩国、瑞典和美国等。另一方面，中国作为最大的发展中国家、世界第二大经济体，中国经济实力增强对人民币计价单位职能发展产生信心效应[③]、竞争效应[④]

① Giovannini（1998）、Wilander（2006）均认为，企业有动机选择那些宏观经济波动较小的国家的货币来计价国际交易，以最小化汇率波动性。

② 资料来源于 World Bank WDI 数据库。

③ 中国经济实力崛起产生的信心效应主要体现两个方面：一方面，中国经济实力崛起，表明中国具有较强的信用担保能力，能维持中国主权信用货币——人民币良好的国际信用。这有助于境外机构和个人对人民币资产形成稳定的预期，增强市场主体使用人民币计价结算的信心。另一方面，中国经济实力崛起，能有效地吸收外部冲击，保持经济的整体平稳运行，增强国际金融交易者对中国经济实力和人民币购买力的信心，避免金融危机的发生。

④ 中国经济实力崛起产生的竞争效应主要体现两个方面：一方面，中国经济实力崛起，意味着中国拥有较多的经贸合作伙伴国（地区）。企业在进行跨境贸易和金融交易时具有内在激励去选择与竞争对手相同的货币进行计价结算，以规避市场竞争导致的价格波动和汇兑风险。因此，随着中国经济实力的增强，人民币作为国际交易计价货币的职能越容易自我实现。另一方面，根据货币搜寻理论，中国经济实力越强，市场交易信息越充分，有助于减少信息不对称，提高人民币交易的匹配率，并逐步降低相应的搜寻成本和匹配成本，进而吸引更多的市场交易主体采用人民币进行计价结算。

和货币替代效应[①]，保障人民币资产的安全性和收益性。另外，2015 年“8·11”汇改提升了人民币汇率形成机制的市场化程度，中国政府坚持汇率市场化的决心也提升了国际金融交易者对人民币计价资产的接受程度和意愿。

此外，根据优序融资理论，经济主体一般根据内源融资、债务融资和股权融资的顺序进行融资(陈胤默等，2019)。从内源融资的角度看，境外经济主体为了应对全球经济不确定性上升带来的风险和保障内部现金流的稳定，会加快现金的调整速度，提高现金持有的水平(王红建等，2014)；从债务融资的角度看，经济不确定性的增加会引致商业银行不良贷款率上升，从而迫使银行采取紧缩的信贷政策，导致经济主体债务融资成本的增加(Baum et al.，2009)；从股权融资的角度看，经济不确定性的上升会导致股票市场波动增大(Pastor and Veronesi，2013)，进而影响到经济主体的新股发行、股票增发的效果以及融资规模。对于境外经济主体而言，全球经济不确定性上升导致该经济主体从本国银行、债券和股票市场获取资金的难度增加。人民币计价金融资产具有安全性的保障[②]，这提升了境外经济主体增加发行或投资人民币计价金融资产的意愿[③]，进而促进人民币计价单位职能的发展。

基于此，本书提出以下假设：

假设 2.2：全球经济不确定性对人民币国际化初级阶段计价单位职能的发展起到促进作用。

3.3.3 经济不确定性产生调节效应的机制

本节探讨了全球经济不确定性对人民币计价单位职能产生调节效应的机制，

---

① 中国经济实力增强对人民币计价单位职能产生的替代效应主要体现在国际大宗商品和国际金融交易计价货币的使用上。一方面，对于国际大宗商品来说，全球大部分大宗商品都是以美元进行定价的。2018 年，以人民币计价的上海石油期货挂牌交易标志着人民币在大宗商品定价方面开始占有一席之地。人民币在短期内难以成为像美元一样的主要国际计价货币，主要原因在于中美经济实力的悬殊(楚国乐、吴文生，2015)。随着中国经济实力的增强和人民币计价产品规模效应的逐渐形成，人民币计价单位职能发展不断实现自我强化机制，有助于货币替代效应的产生。另一方面，对于国际金融资产的计价货币来说，中国经济实力的增长促使中国国际影响力和信用水平的提高，增强了国际投资者持有人民币计价资产的信心和意愿。虽然人民币在计价职能方面与美元、欧元、英镑等国际货币仍存在较大的差距，但以人民币计价的国际债券和股票等金融资产交易量不断增加，人民币计价单位职能的货币替代效应正逐步扩大。

② 这里主要是指以中国经济的稳健发展、金融市场逐步开放以及货币政策独立性的增强作为支撑。

③ 投资者倾向于在宏观经济相对稳定、经济增长势头强劲、经常账户顺差以及投资环境良好的发展中国家以当地货币进行债券投资(Burger et al.，2015)。

具体如图 3-4 所示。

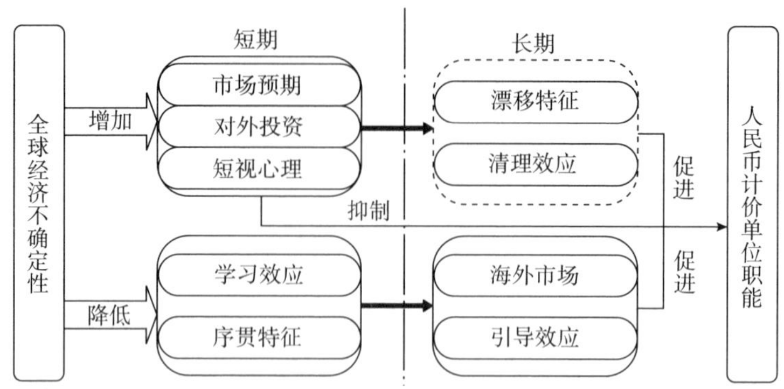

图 3-4 经济不确定性对人民币计价单位职能产生调节效应的机制

3.3.3.1 全球经济不确定性增加

在全球经济不确定性增加的情形下，中国对外注意力配置通过改变经济主体的市场预期、减少经济主体对外投资、促使经济主体退出国际市场等途径对人民币计价单位职能的发展产生负向影响。

首先，全球经济不确定性增加会改变经济主体对宏观经济基本面的预期，进而影响经济主体的投资决策。特别是在较为极端的经济危机和金融危机的影响下，当中国经济主体增加对外注意力配置进而发现国际金融交易者普遍对市场前景持消极态度时，可能导致中国经济主体突然从对外投资中紧急撤资或是中止投资，造成原有大量的资本流出突然中断。这种消极预期会加剧经济主体的恐慌心理，并进一步对消极预期形成正反馈机制(李青召、方毅，2019)。因此，中国经济主体很可能随着国际市场避险情绪的上升而改变投资决策，仍倾向于持有美元、黄金等传统避险资产，反而对人民币计价单位职能的发展造成负面影响。

其次，人民币直接投资不同于证券投资，其沉没成本较高(陈琳等，2020)，在全球经济不确定性增加的情形下，中国经济主体增加对外注意力配置获取信息进行综合权衡后，更可能基于规避风险的目的做出不予投资或延迟投资的决策，导致对外直接投资规模和人民币海外存量的减少，对人民币计价单位职能的发展产生负向影响。再者，全球经济不确定性程度加剧可能会引发国际金融市场参与者短期金融投资行为的迅速变化，形成大规模的短期资本流动。大规模短期资本频繁流入与流出会对中国金融市场造成较为严重的冲击，导致人民币资产价格波动，进而降低境外经济主体对人民币计价资产的接受程度与意愿，从而对人民币计价单位职能的发展产生不利影响。

再次，全球经济的频繁波动会加剧市场的预期障碍，提高企业生产经营策略调整的成本，降低企业经营的信心和预期收益(贾玉成、吕静韦，2020)，出于短视心理，经济主体可能会采取更多的短期投资来代替长期市场战略布局，进一步恶化当下市场竞争。再者，全球经济不确定性会冲击企业原有的生产、经营和销售网络，加剧市场结构调整，加重企业生存危机。中国经济主体通过对外注意力配置在对相关信息进行收集、更新、甄别和处理的基础上，综合权衡利弊分析后很可能选择退出国际市场，这会对人民币计价单位职能的发展产生不利影响。

最后，人民币国际化尚处于初级发展阶段，人民币未成为自由可兑换货币，在极端事件冲击下，国际金融交易者若将持有的人民币资产兑换成其他货币资产或者黄金，需要等待的时间相对较长，这在一定程度上增加了国际金融交易者持有人民币计价资产的持有成本和机会成本。再者，中国资本账户尚未完全开放，人民币流通渠道尚不畅通，国际金融交易者投资人民币计价资产会受到一定的限制，同时也缺乏相对丰富的金融工具对冲风险。可见，在全球不确定性增加的情形下，人民币作为避险货币的属性尚未凸显出来。

因此，在全球经济不确定性增加的情形下，注意力配置冲击对人民币计价单位职能会产生负向影响。但考虑到以下两方面因素，这种负向影响持续的时间会相对较短：一方面，在全球经济不确定性增加的情形下，经济主体对不确定性信息的注意力分配水平通常大于对确定性信息的注意力分配水平，即注意力分配具有向不确定方向漂移的特征(于博、吴菡虹，2020)。随着全球经济不确定性程度的增加，中国经济主体也会随之配置更多的注意力对外部环境信息进行关注、甄别和提炼。在此基础上，中国经济主体可以通过在境外设厂或增加海外投资规模等方法达到分散风险的目的，即通过跨国公司内部交易规避风险(Cazurra et al.，2018；陈琳等，2020)。因此，中国经济主体在短期内可能增加对外投资人民币计价资产。另一方面，全球经济不确定性增加在一定程度上降低了中国经济主体的预期利润，并且提高了经营成本和风险，中国经济主体通过对外注意力配置在综合权衡收益与成本之间的关系后，一些劳动密集型企业或以低价竞争策略、低附加值、低效益为主的企业可能因面临交易困境或财务危机而完全退出市场或在市场竞争中被淘汰，这就是全球不确定性增加引致的市场“清理效应”。同时，这会迫使存活下来的中国经济主体通过增加投资和研发创新等渠道来提高产品品质量和市场竞争力，进而提升中国经济主体在国际交易中的话语权和定价权，促进人民币计价单位职能的发展。

基于此，本书提出以下假设：

假设 2. 3a：在全球不确定性增加的情形下，注意力配置冲击对人民币计价单位职能产生负向影响，但该影响持续时间较短。

3. 3. 3. 2 全球经济不确定性下降

在全球经济不确定性下降的情形下，国内和国际宏观经济环境相对稳定，中国经济主体为了实现利润最大化目标更有获取境外信息的动力。

一方面，在全球经济不确定性下降的情形下，中国经济主体增加对外注意力配置有助于中国经济主体进入国际市场，并且学习境外先进的技术经验，获取先进的技术设备，提高企业的生产效率和产品质量，提升中国经济主体在国际交易和国际投资中的定价权，进而促进人民币计价单位职能的发展；另一方面，全球经济不确定性下降意味着中国经济主体的进出口渠道和销售市场均较为稳定。由于注意力配置具有向不确定性转移的特征和序贯特征（Greve，2008），中国经济主体可以对多个目标持续增加注意力配置，一个目标的实现会促使经济主体的注意力转移到下一个目标，从而使该经济主体能更好地维持或提高国际市场份额（Surdu et al.，2021）①。也就是说，当中国经济主体对外配置更多的注意力时，能够获取更为准确的境外信息和预期未来收益，有助于中国经济主体拓展海外市场，如增加对外直接投资、海外并购和开设子公司等。在此基础上，中国能够逐渐引导境外投资者或境外发行人在人民币离岸金融市场或中国境内投资或者发行人民币计价资产，进而推动人民币计价单位职能更深层次的发展。

基于此，本书提出以下假设：

假设 2. 3b：在全球不确定性下降的情形下，注意力配置冲击对人民币计价单位职能产生正向影响，且正向影响持续时间较长。

---

① Surdu 等（2021）从公司行为理论（the Behavioral Theory of Firm）出发，认为 Cyert 和 March（1963）提出的问题搜索（Problemistic Search）是公司行为理论的重要组成部分，他们指出，经济主体有多个目标时，会增加搜索方式和范围，并对市场份额等与经济主体盈利能力密切相关的目标优先进行搜索。

3.4 注意力配置、经济不确定性与人民币价值储藏职能的理论机制

2016年第四季度，人民币与美元、欧元、英镑、日元、瑞士法郎、澳元和加元一起，在IMF成员国“外汇储备币种构成”季度报告中单独列出。人民币是第一个作为全球外汇储备货币的新兴市场国家货币和发展中国家货币，对国际货币体系改革和人民币国际化均具有重要意义。由此，人民币价值储藏职能发展迅猛，但距离成为像美元和欧元这样的核心国际外汇储备货币还有很大的提升空间。本节着重探讨注意力配置对人民币价值储藏职能的作用机制，以及经济不确定性对人民币价值储藏职能产生调节效应的机制。

3.4.1 注意力配置对人民币价值储藏职能的作用机制

由于官方外汇储备是一国(地区)央行或货币当局的主动选择行为①，经济主体的行为决策难以对其产生直接影响。因此，注意力配置对人民币价值储藏职能的作用机制是间接的，具体分析如图3-5所示。一方面，人民币作为官方外汇储备货币具有可自由使用的特点，即境外央行或货币当局能较为自由地储备人民币资产，同时也能较为自由地将人民币储备资产用于平衡国际收支和干预外汇市场等(姜波克，2018)。这是建立在人民币交易媒介职能和计价单位职能发展的基础上。也就是说，价值储藏职能是人民币国际化的最高职能，人民币交易媒介职能和计价单位职能的发展必然推动人民币价值储藏职能的发展②。前文已经分析了注意力配置对人民币交易媒介职能的作用机制和注意力配置对人民币计价单位职能的作用机制。因此，中国经济主体的注意力配置间接地对人民币价值储藏职能产生影响。另一方面，各国(地区)央行或货币当局持有的人民币储备资产，主要以风险相对较小的、较为安全的人民币计价债券为主。以人民币计价的国际债

① 官方外汇储备主要用于国际收支平衡需求(如跨境贸易往来的货币支付和偿还到期的外债等)和预防性货币需求。预防性货币需求多用于各国(地区)央行或货币当局干预外汇市场，保持汇率稳定和货币流动性，事前预防和事后缓和“黑天鹅”事件造成的冲击，以及避免金融危机发生导致的内外失衡等情况。

② 本章在“人民币三大国际职能的互动机制”部分对该逻辑已经进行了说明。

券市场不断发展，各国(地区)央行或货币当局提供了一个良好的人民币储备渠道，弥补了人民币不能自由兑换和中国资本账户开放不足的缺陷，人民币计价国际债券成为境外央行或货币当局投资人民币计价金融资产的重要途径。因此，以人民币计价的国际债券兼具着"计价单位"和"价值储藏"的双重职能。前文已经分析了注意力配置对人民币计价债券的作用机制，此处不再赘述。

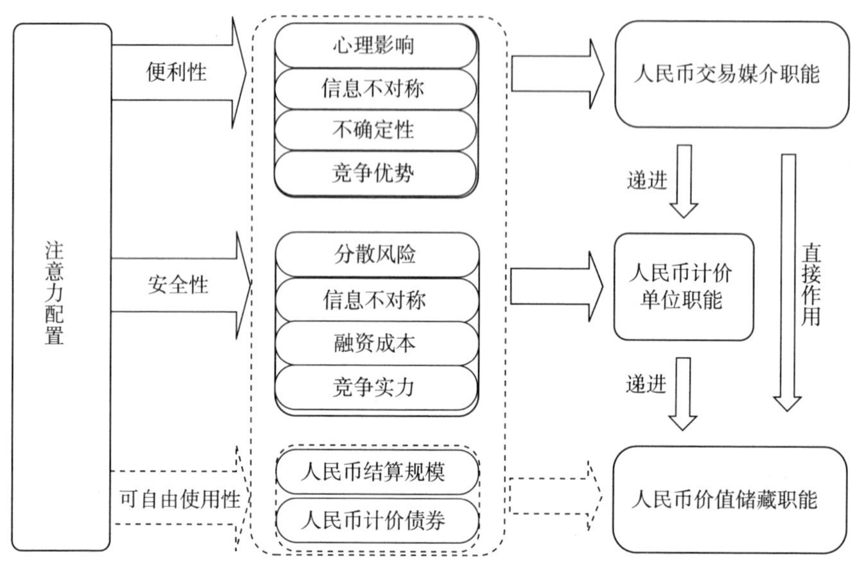

图 3-5　注意力配置对人民币价值储藏职能的作用机制

基于此，本书提出如下假设：

假设 3.1：中国经济主体对外注意力配置对人民币国际化初级阶段价值储藏职能的发展起到促进作用。

3.4.2　经济不确定性产生调节效应的机制

在非完备信息环境中，中国经济主体对信息的获取在很大程度上依赖对外注意力配置，尤其是在各国(地区)经济不确定性增加的情形下。但是官方外汇储备作为一国央行或货币当局的主动选择行为，经济主体的行为难以对其产生直接影响。因此，本书认为，经济不确定性对人民币价值储藏职能并不是直接发挥调节效应，而是通过人民币交易媒介职能这一中介发挥调节效应，即经济不确定性

对人民币价值储藏职能发挥的是有中介的调节效应，具体分析如图 3-6 所示。前文分析了各国(地区)经济不确定性会强化注意力配置对人民币交易媒介职能的促进作用，接下来本章着重分析交易媒介职能对价值储藏职能的作用机制。交易媒介职能主要通过影响一国(地区)的国际收支平衡需求、预防性货币需求以及双边本币互换协议的签署等途径对人民币价值储藏职能产生促进作用。具体的影响机制如下：

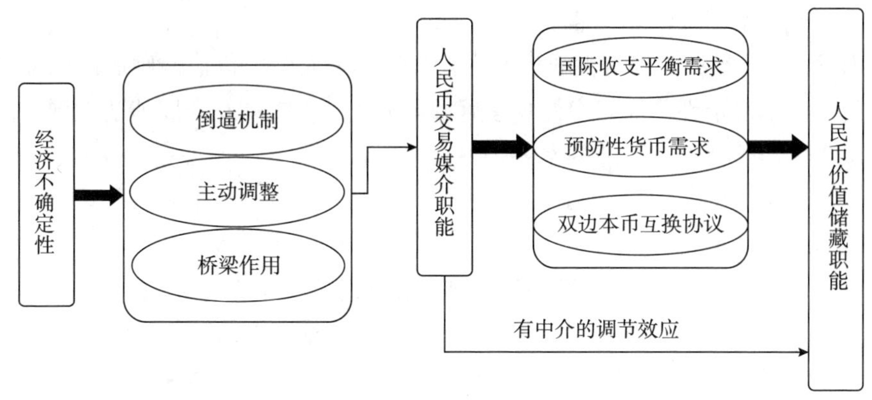

图 3-6 经济不确定性对人民币价值储藏职能产生调节效应的机制

第一，对国际支付需求而言，人民币交易媒介职能发展得越成熟，经济主体在国际贸易和国际金融交易中越倾向于使用人民币作为计价结算货币。与中国经贸往来较为频繁的国家(地区)央行或货币当局投资人民币储备资产不仅可以偿还外债，维持国际收支平衡，还可以降低汇兑成本，规避使用第三方货币带来的汇率风险。

第二，对预防性货币需求而言，人民币交易媒介职能发展得越成熟，境外经济主体对人民币和外币的外汇交易需求也会相应增加，这必将带来大额的人民币外汇交易量，人民币可以凭借交易量优势成为国际外汇市场交易中的重要货币。另外，国际外汇市场中人民币活跃程度的提升使得人民币相关的信息暴露得越充分，越有助于降低未来信息的不确定性，提高人民币交易的匹配率，降低人民币交易成本，境外央行或货币当局也会越倾向于储备人民币资产作为载体货币干预外汇市场，以维持本国(地区)金融市场的平稳运行。

第三，双边货币互换协议的签署是人民币交易媒介职能的官方用途，同时，双边货币互换协议的签署相当于中国与协议国各自以对方货币储存了一定数量的官方外汇储备，这是对人民币成为国际储备货币的一种政治支持。中国可以通过双边本币互换协议的签订向境外央行或货币当局提供短期流动性支持，共同应对和防范区域性金融危机，深化彼此之间的货币互信。另外，双边货币互换协议的签署提高了人民币的可获得性，不仅减少了一国央行或货币当局投资人民币储备资产需经由第三方货币的汇兑风险，还能使本国(地区)经济主体较为方便地将本币兑换成人民币用于国际贸易支付结算和投资人民币资产等途径。

基于此，本书提出如下假设：

假设 3.2：经济不确定性强化了注意力配置对人民币价值储藏职能的促进作用，且经济不确定性与注意力配置是通过促进人民币交易媒介职能的发展，间接地促进人民币价值储藏职能的发展。

3.5 本章小结

第一，本章研究分析了人民币三大国际职能的理论逻辑，具体内容安排如下：首先，探讨了人民币三大国际职能的主要特点，发现人民币交易媒介职能具有便利性的特点，人民币计价单位职能具有安全性的特点，人民币价值储藏职能具有可自由使用性的特点，且人民币三大职能的特点表现出递进的关系。其次，探讨了人民币三大国际职能的逻辑关系，发现人民币交易媒介职能、计价单位职能与价值储藏职能之间存在递进关系。最后，深入地探究了人民币交易媒介职能、计价单位职能和价值储藏职能之间的互动机制，发现人民币三大国际职能之间存在协同机制，即人民币某一种国际职能的发展会对其他职能的发展产生正的外部性，同时人民币某一种国际职能发展滞后也会制约其他国际职能的发展。

第二，本章分别分析了注意力配置、经济不确定性与人民币三大国际职能之间的理论机制，具体内容如下：首先，分析了注意力配置对人民币交易媒介职能的作用机制，发现中国经济主体对外注意力配置对人民币国际化初级阶段交易媒介职能的发展起到促进作用，并且各国(地区)经济不确定性强化了中国注意力配置对人民币交易媒介职能的正向影响。其次，分析了注意力配置和全球经济不确定性对人民币计价单位职能的作用机制，发现中国经济主体对外注意力配置和全球经济不确定性对人民币国际化初级阶段计价单位职能的发展起到促进作用。

另外，在全球经济不确定性增加的情形下，注意力配置冲击对人民币计价单位职能产生负向影响，但该影响持续时间较短；在全球经济不确定性下降的情形下，注意力配置冲击对人民币计价单位职能产生正向影响，且正向影响持续时间较长。最后，分析了注意力配置对价值储藏职能的作用机制，发现中国经济主体对外注意力配置对人民币国际化初级阶段价值储藏职能的发展起到促进作用。另外，经济不确定性强化了注意力配置对人民币价值储藏职能的正向影响，且经济不确定性与注意力配置是通过促进人民币交易媒介职能的发展，间接地促进人民币价值储藏职能的发展。

基于上述分析思路，本章从国际货币职能视角出发，探讨了注意力配置、经济不确定性对人民币国际化的若干理论机制，这为后文的实证研究提供了相应的理论分析基础。

4

经济不确定性指数的测算与分析

从第 3 章中的理论分析可知，各国(地区)经济不确定性对人民币国际化发挥了重要的调节作用。国内外学者一般使用 Baker 等(2016)构建的经济政策不确定性指数衡量不确定性[①]，如 Husted 等(2017)、宋全云等(2019)、Hill 等(2019)、杨子晖等(2020)等。但 Baker 等(2016)构建的经济政策不确定性指数存在以下三个方面的缺憾：第一，Baker 等(2016)只测算了 24 个国家(地区)的经济政策不确定性指数。第二，有的国家数据收集较晚，如巴基斯坦的经济政策不确定性指数从 2010 年 8 月开始收集。第三，有些国家在某些年份的经济政策不确定性指数是空缺的，如比利时。鉴于此，本书将构建一个科学合理的方法以测算出世界各国(地区)经济的不确定性。

在第 2 章文献综述的基础上，本章将采用 TVP-FAVAR 模型构建经济不确定性指数，并对 176 个国家(地区)经济不确定性的程度进行测算。此外，本章还将测算出来的经济不确定性指数与 Baker 等(2016)测算的部分国家的经济政策不确定性指数进行比较分析，并分析全球不确定性的变化趋势，进而为后续的实证研究提供数据支持。

4.1 模型的选择

通过第 2 章文献综述的整理与分析，本书发现通过提取大量宏观经济指标的不可预测部分合成经济不确定性指数，可以较为全面且准确地衡量一国(地区)

① 资料来源：http：//www.policyuncertainty.com/index.html(不同国家的资料点击该网址内国家名称即可查看)。

的经济不确定性。基于此，本书借鉴 Koop 和 Korobilis(2014)、戴金平和刘东坡(2016)、徐曼和邓创(2020)、罗煜等(2020)等学者的方法，采用比较前沿的带有时变参数的因子增广向量自回归模型(TVP-FAVAR)来构建各国(地区)经济不确定性指数，其优势主要体现在以下几方面：

第一，TVP-FAVAR 模型综合了时变参数和 FAVAR 模型的技术优势，有助于综合多方面因素准确地测算和反映出指数的实际情况(戴淑庚、余博，2020)。VAR 模型包含的变量十分有限，容易导致遗漏诸多重要信息，造成估计结果存在较大的偏差。另外，VAR 模型假定估计系数和结构冲击方差在样本区间内是保持不变的，无法刻画出此段时间内经济结构可能存在的平滑变化或结构突变特征，进而导致估计结果出现偏差(戴金平、刘东坡，2016)。FAVAR 模型的特点在于能够运用多变量、大规模数据进行研究，有效地解决现有模型(VAR、SVAR、VECM、DSGE 等)存在的变量过少、信息有限等问题，从而较为全面地捕捉现实中的经济信息，更加真实准确地反映变量之间相互影响的动态关系(沈悦等，2012)。

第二，采用 TVP-FAVAR 模型构建动态经济不确定性指数，能较好地克服现有研究中常用测算方法的局限性。该模型既可以纳入大量经济金融指标，又允许各指标在不同时期影响整体经济形势的概率可变，进而有助于提高经济不确定性指数测算结果的客观性和合理性(徐曼、邓创，2020)。

第三，TVP-FAVAR 模型能够解决变量之间的共线性问题。经济不确定性指数指标体系中各个变量之间一般具有较强的相关性。TVP-FAVAR 模型在 VAR 模型的基础上加入因子分析，能够解决变量之间的共线性问题，从大量的、具有较强相关性的指标中提取出有效的不相关因子，不仅能规避参数过度识别与共线性问题，还能有效避免经济系统重要信息缺失的问题，较好地适用于大量指标的指数构建。在此基础上，TVP-FAVAR 模型还允许模型中随机扰动项的协方差与模型的回归系数随时间动态变化，从而构建出更为准确且有效的经济不确定性指数(罗煜等，2020；吴安兵等，2020)。因此，TVP-FAVAR 模型测算出来的经济不确定性指数要强于普通的 VAR 和 FAVAR 模型。

4.2　测算模型的设定

基本的 FAVAR 模型表示如下：

$$\begin{bmatrix} F_t \\ Y_t \end{bmatrix} = B_1 \begin{bmatrix} F_{t-1} \\ Y_{t-1} \end{bmatrix} + \cdots + B_p \begin{bmatrix} F_{t-p} \\ Y_{t-p} \end{bmatrix} + \upsilon_t \tag{4-1}$$

共同因子 F_t 可以根据以下方程获得：

$$X_t = \Lambda^f F_t + \Lambda^f Y_t + e_t \tag{4-2}$$

在基本的 FAVAR 模型中，所有的参数均不随时间变化。接下来，假定式(4-1)中的参数随时间变动，将基本的 FAVAR 模型拓展成为 TVP-FAVAR 模型，如式(4-3)所示：

$$\begin{bmatrix} F_t \\ Y_t \end{bmatrix} = B_{1,t} \begin{bmatrix} F_{t-1} \\ Y_{t-1} \end{bmatrix} + \cdots + B_{p,t} \begin{bmatrix} F_{t-p} \\ Y_{t-p} \end{bmatrix} + \upsilon_t \tag{4-3}$$

式(4-3)和式(4-2)构成 TVP-FAVAR 模型的主体。其中，式(4-2)为因子方程，式(4-3)为时变参数 FAVAR 方程。

本书借鉴 Jurado 等(2015)、胡久凯和王艺明(2020)的方法构建各国(地区)经济不确定性指数，模型设计如下：

$$X_t = \Lambda^f F_t + \varepsilon_t \tag{4-4}$$

$$y_{jt+1} = \phi_j^y(L) y_{jt} + \gamma_j^F(L) F_t + \gamma_j^W(L) W_t + \mu_{jt+1} \tag{4-5}$$

式(4-4)中，F_t 是 $r_f \times 1$ 维的共同因子，反映总经济信息集合中各变量的协同变动，Λ^f 是相应的因子载荷，ε_t 是误差项。X_t 表示预测模型解释变量的总经济信息集合，该集合中的各变量经过对数差分变换等方法转换后都是平稳的。式(4-5)表示动态因子预测模型，$\phi_j^y(L)$、$\gamma_j^F(L)$、$\gamma_j^W(L)$ 表示有限多项式 L 阶滞后算子，W_t 表示构建预测模型的其他解释变量，Y_t 表示可以反映各国(地区)宏观经济总体运行情况的变量组成的宏观变量集合，该集合中的各变量是被预测的目标变量。本书通过采用动态因子模型方法对 X_t 提取共同因子来预测目标变量 y_t，并通过预测误差来构建该变量的不确定性衡量指标，然后通过加权平均得到整个被预测变量集合 Y_t 的不确定性。

本书采用的预测模型的重要特点是：假定解释变量 F_t、W_t 服从自回归过程，并对 y_t、F_t、W_t 中的每个变量进行提前一步预测时，每个预测模型都允许其存在时变方差，因此在序列 Y_t 中产生时变的不确定性。本书将上述动态因子预测模型采用时变参数的因子增广向量自回归模型(TVP-FAVAR)表示如下：

$$\begin{pmatrix} Z_t \\ Y_{jt} \end{pmatrix} = \begin{pmatrix} \phi_{1,t}^Z & 0 \\ \Lambda'_{1,t} & \phi_{1,t}^Y \end{pmatrix} \begin{pmatrix} Z_{t-1} \\ Y_{t-1} \end{pmatrix} + \cdots + \begin{pmatrix} \phi_{p,t}^Z & 0 \\ \Lambda'_{p,t} & \phi_{p,t}^Y \end{pmatrix} \begin{pmatrix} Z_{t-p} \\ Y_{jt-p} \end{pmatrix} + \begin{pmatrix} \mho_t^Z \\ \mho_{jt}^Y \end{pmatrix} \tag{4-6}$$

令 $Z_t = (F'_t, W'_t)'$，定义 $Z_t = (Z'_t, Z'_{t-1}, \cdots, Z'_{t-q+1})'$，$Y_t = (y_{jt}, y_{jt-1}, \cdots, y_{jt-q+1})'$。

令 $y_{jt}=\begin{bmatrix} Z_t \\ Y_{jt} \end{bmatrix}$，即得：$y_{jt}=\phi_{1,t}^{y}y_{jt-1}+\cdots+\phi_{p,t}^{y}y_{jt-p}+\upsilon_t$。

通过式(4-6)可以进行提前任意 h 期的预测，提前任意 h 期的最优预测为：

$$E_t y_{jt+h}=(\phi_j^y)^h y_{jt} \tag{4-7}$$

在 t 时刻的预测方差为：

$$\Omega_{jt}^{y}(h)=E_t[(y_{jt+h}-E_t y_{jt+h})(y_{jt+h}-E_t y_{jt+h})'] \tag{4-8}$$

当 $h=1$ 时，将式(4-6)和式(4-7)代入式(4-8)，可得：

$$\Omega_{jt}^{y}(1)=E_t(\mho_{jt+1}^{y}\ \mho_{jt+1}^{y'}) \tag{4-9}$$

当 $h>1$ 时，可得：

$$\Omega_{jt}^{y}(h)=\phi_j^y\Omega_{jt}^{y}(h-1)\phi_j^{y'}+E_t(\mho_{jt+h}^{y}\ \mho_{jt+h}^{y'}) \tag{4-10}$$

假定目标变量 y_t 的不确定性为 $U_t^y(h)$，给定预测步长 h 的情形下，可通过 $\Omega_t^y(h)$求得该目标变量的不确定性。令 I_j 为选择向量：

$$U_{jt}^{y}(h)=\sqrt{I_j'\Omega_{jt}^{y}(h)I_j} \tag{4-11}$$

在得到每个目标变量的不确定性的基础上，可通过加权平均得到整个被预测变量集合 Y_t 的不确定性，即本书关注的经济不确定性：$\sum_j^{N_y}W_jU_{jt}^{y}(h)$。其中，$W_j$ 表示等权重的加权平均，即 $W_j=1/N_y$。

需要注意的是，对总经济信息集 X_t 提取共同因子时，首先要确定因子的个数。本书参考王少平等(2012)、戴金平和刘东坡(2016)等学者的方法，根据 Bernanke 等(2005)提出的基于敏感性分析确定因子个数，具体方法为：从不可观测的共同因子的个数为 1 开始对模型进行估计，依次增加共同因子的个数并对模型进行估计，直至共同因子的个数增至 K，若继续增加至($K+1$)个共同因子并不会对模型估计产生实质性影响，因此，确定共同因子的个数为 K 个。

4.3 经济不确定性指数的测算

4.3.1 指标的选取

本书参照 Fernald 等(2014)、胡久凯和王艺明(2020)的方法，选择 25 个反映各国(地区)宏观经济总体运行情况的变量组成宏观变量集合 Y_t^{mac}，具体变量名单如表 4-1 所示。本书参考王少平等(2012)的方法获得总经济信息集合 X_t，共选取了八大类 87 个变量，八大类如下：①实际产出类，②消费和零售类，③资产与股票价格类，④汇率与外汇储备类，⑤投资与利率类，⑥价格类，⑦货币与信贷类，⑧进出口类。具体变量名单如表 4-2 所示。然后本书基于 87 维的总经济信息集合 X_t 构建预测模型对 25 维宏观变量集合 Y_t^{mac} 中的各变量进行预测，并基于上文的模型设定来测算各国(地区)的宏观经济不确定性指数。

表 4-1　宏观变量集合的构成

指标名称	频率	数据来源
劳动力市场就业指数	月	IMF IFS
消费者信心指数	月	EPS
信用信息指数深度	年	World Bank
股价指数(2010 年=100)	月	EPS
股票市场指数	月	CEIC
实际住宅物业价格指数(2010 年=100)	季	CEIC
工业生产者指数(PPI)	月	IMF IFS
经常账户余额	年	World Bank
不包括黄金和特别提款权的官方储备	月	IMF IFS
每单位本币兑美元汇率	月	IMF IFS
铁路、货物运输(百万吨/千米)	年	World Bank
班轮运输连通性指数(2004 年最大值=100)	年	World Bank
出口额	年	World Bank
石油和天然气进出口额	年	CEIC
电力生产	年	CEIC
电力消耗量	年	World Bank
粗钢生产	月	CEIC
机动车销售	半年	CEIC
机动车生产	半年	CEIC
零售销售指数	月	IMF IFS
最终消费支出	季	IMF IFS
石油消费	年	CEIC
天然气消费	年	CEIC
固定资产消费	季	IMF IFS
固定资本形成总额占国内生产总值的比重	年	World Bank

表 4-2 总经济信息集合的构成

类别	指标名称	频率	数据来源
1. 实际产出类	国内生产总值(GDP)	年	World Bank
	天然气生产	年	CEIC
	石油生产	年	CEIC
	农业、林业和渔业的增加值	年	World Bank
	畜牧生产指数(2004~2006 年=100)	年	World Bank
	作物生产指数(2004~2006 年=100)	年	World Bank
	粮食生产指数(2004~2006 年=100)	年	World Bank
	工业生产者指数(PPI)	月	IMF IFS
	工业生产者指数(PPI):建筑	月	IMF IFS
	工业生产者指数(PPI):能源	月	IMF IFS
	工业生产者指数(PPI):制造业	月	IMF IFS
	工业生产者指数(PPI):采矿业	月	IMF IFS
2. 消费和零售类	消费总额	年	World Bank
	最终消费支出	季	IMF IFS
	固定资产消费	季	IMF IFS
	家庭和 NPISHs 最终消费支出	年	World Bank
	商品和服务消费额	年	World Bank
	天然气消费	年	CEIC
	石油消费	年	CEIC
	其他消费	年	World Bank
	零售销售指数	月	IMF IFS
	消费者信心指数	月	EPS
3. 资产与股票价格类	金融市场股票价格指数	月	IMF IFS
	标准普尔全球股票指数	年	World Bank
	股票周转率	年	World Bank
	信用信息指数深度	年	World Bank
	股价指数(2010 年=100)	月	EPS
	股票市场指数	月	CEIC
	股票市值	年	World Bank
	自动取款机数量(ATMs)(每 10 万人)	年	World Bank
	银行资本与资产比率	年	World Bank

续表

类别	指标名称	频率	数据来源
3. 资产与股票价格类	银行正常贷款比率	年	World Bank
	商业银行分行个数	年	World Bank
	金融部门提供的国内信贷占 GDP 比重	年	World Bank
4. 汇率与外汇储备类	名义有效汇率指数	月	IMF IFS
	每单位本币兑美元汇率	月	IMF IFS
	有效汇率指数(2010 年 = 100)	年	World Bank
	包括黄金在内的官方储备	年	World Bank
	不包括黄金在内的官方储备	年	World Bank
	不包括黄金和特别提款权的官方储备	月	IMF IFS
	不包括黄金、外汇和特别提款权的官方储备	月	IMF IFS
5. 投资与利率类	固定资本形成总额占国内生产总值的比重	年	World Bank
	外商直接投资：净流入	年	World Bank
	外商直接投资：净流出	年	World Bank
	直接投资：债券证券	季	IMF IFS
	直接投资：股票和投资基金份额	季	IMF IFS
	证券投资：债券证券	季	IMF IFS
	证券投资：股票和投资基金份额	季	IMF IFS
	其他投资：债券投资	季	IMF IFS
	其他投资：股票和投资基金份额	季	IMF IFS
	政府债券利率	月	IMF IFS
	国库券利率	月	IMF IFS
	隔夜银行同业拆放利率	月	OECD
	存款利率	月	IMF IFS
	借款利率	月	IMF IFS
	中央银行政策利率	月	BIS
	长期利率	月	OECD
	真实利率	年	World Bank
6. 价格类	消费者价格指数(CPI)	月	IMF IFS
	生产者价格指数(PPI)	月	IMF IFS
	劳动力市场：工资率指数	月	IMF IFS
	批发价格指数	月	IMF IFS
	进口物价指数	月	IMF IFS

续表

类别	指标名称	频率	数据来源
6. 价格类	出口物价指数	月	IMF IFS
	实际住宅物业价格指数(2010 年=100)	季	CEIC
7. 货币与信贷类	基础货币	月	IMF IFS
	货币基础与广义货币的比率	月	IMF IFS
	广义货币增长率	月	IMF IFS
	广义货币 M3 指数	月	EPS
	M1 指数	月	OECD
	短期债务占总准备金的比重	年	World Bank
	政府债务总额	年	World Bank
	还本付息总额占国民总收入的比重	年	World Bank
	CPIA 债务政策评级(1=低至 6=高)	年	World Bank
	中央政府债券金额占 GDP 比重	年	World Bank
	国内其他经济部门债券金额占 GDP 比重	年	World Bank
8. 进出口类	进口额	年	World Bank
	出口额	年	World Bank
	出口与进口之比	年	World Bank
	农产品原材料出口占商品出口的比重	年	World Bank
	农产品原材料进口占商品进口的比重	年	World Bank
	天然气出口	年	CEIC
	天然气进口	年	CEIC
	原油出口	年	CEIC
	原油进口	年	CEIC
	原油和精炼产品的出口	年	CEIC
	原油和精炼产品的进口	年	CEIC

4.3.2 指标的处理

第一，数据频度转换。本书将低频年度数据和季度数据通过 Quadratic-Match Average 方法转化为高频月度数据。

第二，季节调整。上述信息集中的变量需要进行季节调整的序列，本书采用

X12-ARIMA 对这些变量进行了季节调整，最终获得剔除了季节因素的时间序列。

第三，平稳变量。采用因子模型进行预测分析要求各变量是平稳的，本书采用一阶差分、对数差分变换等方法将非平稳变量转换为平稳变量①，并经 ADF 和 PP 单位根检验证实转换后的各变量都是平稳的。

第四，根据模型需要对处理后的各变量进行标准化处理。

本书同时采用 Eviews9、STATA13.1 和 MATLAB R2017a 软件，通过 TVP-FAVAR 模型得到各国(地区)经济不确定性指数，时间段为 2000 年 3 月~2018 年 12 月。

本书一共测算了 176 个国家(地区)的经济不确定性指数。其中，位于亚洲的国家(地区)有以下 44 个：亚美尼亚、阿塞拜疆、巴林、孟加拉国、文莱、中国、塞浦路斯、格鲁吉亚、中国香港、印度、印度尼西亚、伊朗、伊拉克、以色列、日本、约旦、哈萨克斯坦、科威特、吉尔吉斯斯坦、老挝、黎巴嫩、中国澳门、马来西亚、马尔代夫、蒙古、缅甸、尼泊尔、阿曼、巴基斯坦、菲律宾、卡塔尔、沙特阿拉伯、新加坡、韩国、斯里兰卡、塔吉克斯坦、泰国、东帝汶、土耳其、土库曼斯坦、阿拉伯联合酋长国、乌兹别克斯坦、越南、也门。位于欧洲的国家(地区)有以下 38 个：阿尔巴尼亚、奥地利、白俄罗斯、比利时、波斯尼亚和黑塞哥维那(简称波黑)、保加利亚、克罗地亚、捷克、丹麦、爱沙尼亚、欧元区、芬兰、法国、德国、希腊、匈牙利、冰岛、爱尔兰、意大利、拉脱维亚、立陶宛、卢森堡、马耳他、黑山共和国、荷兰、马其顿、挪威、波兰、葡萄牙、罗马尼亚、俄罗斯、斯洛伐克、斯洛文尼亚、西班牙、瑞典、瑞士、英国、乌克兰。位于非洲的国家(地区)有以下 47 个：阿尔及利亚、安哥拉、贝宁、布基纳法索、布隆迪、佛得角、喀麦隆、中非、科摩罗、刚果(金)、刚果(布)、乍得、吉布提、埃及、赤道几内亚、埃塞俄比亚、加蓬、冈比亚、加纳、几内亚、几内亚比绍、肯尼亚、莱索托、利比里亚、利比亚、马达加斯加、马拉维、马里、毛里塔尼亚、毛里求斯、摩洛哥、莫桑比克、纳米比亚、尼日尔、尼日利亚、卢旺达、塞舌尔、塞拉利昂、塞内加尔、南非、南苏丹、苏丹、坦桑尼亚、多哥、突尼斯、乌干达、津巴布韦。位于大洋洲的国家(地区)有以下 12 个：澳大利亚、斐济、马绍尔、瑙鲁、新西兰、帕劳、巴布亚新几内亚、萨摩亚、所罗门群岛、汤加、图瓦卢、瓦努阿图。位于北美洲的国家(地区)有以下 23 个：安提瓜和巴

① 所有的数据均需要转换成平稳数据，转换方式如下：1 表示不用转换，2 表示一阶差分，4 表示取对数，5 表示对数一阶差分。本书根据每个国家(地区)变量的具体情况对同一变量的转换方式进行相应的调整。

布达、巴哈马、加拿大、哥斯达黎加、多米尼加、多米尼克、萨尔瓦多、海地、墨西哥、尼加拉瓜、圣基茨和尼维斯、圣卢西亚、圣文森特和格林纳丁斯、美国、巴巴多斯、伯利兹城、古巴、格林纳达、危地马拉、洪都拉斯、牙买加、巴拿马、特立尼达和多巴哥。位于南美洲的国家(地区)有以下 12 个：玻利维亚、巴西、智利、巴拉圭、苏里南、乌拉圭、委内瑞拉、阿根廷、哥伦比亚、厄瓜多尔、圭亚那、秘鲁。

4.4 经济不确定性指数分析

为了检验本书构建的经济不确定性指数的合理性与可靠性，本章将 Baker 等(2016)构建的经济政策不确定性指数与本章构建的经济不确定性指数进行比较分析。整体来看，Baker 等(2016)构建的经济政策不确定性指数①与本章构建的经济不确定性指数具有较强的正相关性，究其原因在于：经济政策的不确定性可以传导到宏观经济运行中；当宏观经济不确定性上升时，各国(地区)政府会根据市场的运行状况对政策松紧、力度和组合进行调整，从而引导经济政策不确定性的变动。再者，经济政策不确定性指数与经济不确定性指数之间可能受到一些因素，如政府在政策执行当期的公信力、政府紧缩型政策、政府宽松型政策、政策传导、政策落实、政策滞后性等影响使二者存在合理的偏离。接下来，本章选取较为典型的发展中国家(中国、俄罗斯、墨西哥、巴西)和较为典型的发达国家(美国、英国、西班牙、瑞典)进行分析说明②，具体如图 4-1 至图 4-8 所示。

4.4.1 代表性发展中国家经济不确定性分析

如图 4-1 所示，中国经济政策不确定性指数与经济不确定性指数走势基本一致，这是因为中国政府公信力较高，政治较为稳定。2016~2017 年，中国经济政策不确定性指数与经济不确定性指数走势出现合理的小幅偏离，原因在于：一方面，受“降杠杆”、地方政府性债务风险、新常态下政府政策调整以及叠加中美

① 资料来源：http：//www.policyuncertainty.com/index.html。

② 本章对两种不确定性指数均处理为以 10 为均值且具有单位方差的序列。

贸易摩擦等因素影响，中国经济政策不确定性指数上升较快。另一方面，中国整体经济走势企稳向好，如工业增加值、出口额、发电量等经济指标的同比增长率逐步回升。另外，2017 年中国政府不仅针对小微企业提供税收优惠，还努力解决好小微企业的融资难问题，增强了市场的整体信心。

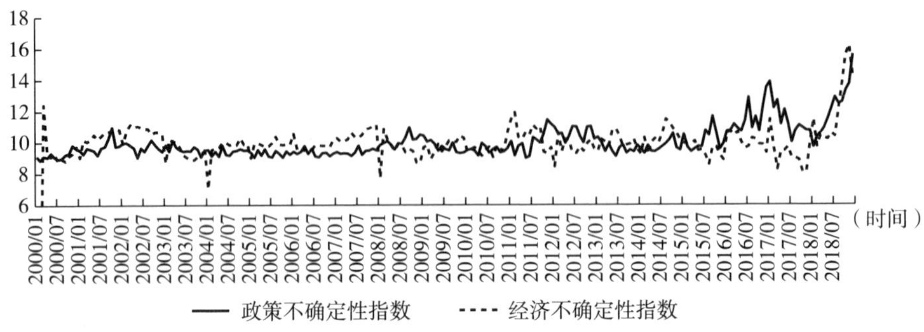

图 4-1　中国经济政策不确定性指数与经济不确定性指数

如图 4-2 所示，俄罗斯经济政策不确定性指数与经济不确定性指数具有较强的相关性。2016~2018 年，俄罗斯经济政策不确定性指数与经济不确定性指数的走势出现了相互偏离的态势，原因在于：一方面，2016 年俄罗斯国家杜马选举、2018 年总统大选以及复杂的政商关系、地方权力部门之间的矛盾等推高了俄罗斯的政策不确定性。同时，美国和欧洲均对俄罗斯的重点产业进行制裁，加剧了俄罗斯的政策不确定性。另一方面，俄罗斯政府通过“向东转”，即加强与中国、日本、韩国等亚洲国家经贸合作，减少受西方国家制裁的负面影响。2017 年，俄罗斯经济走出低迷困境，实现低速增长，呈现企稳向好的趋势，具体表现为贸易增长、投资增加、居民收入增长、汇市向好、通胀率下降等。

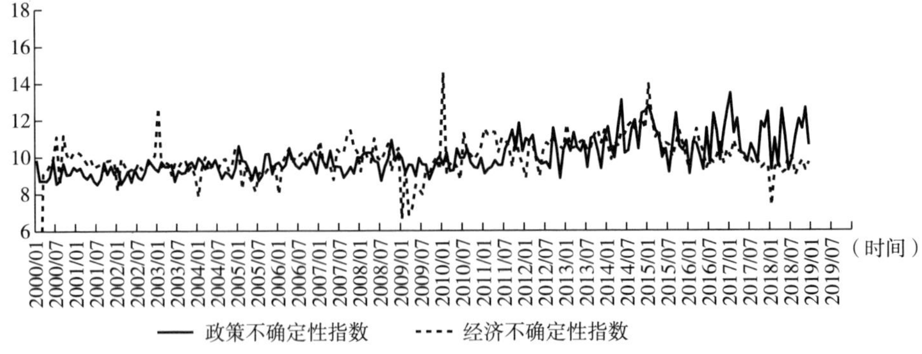

图 4-2　俄罗斯经济政策不确定性指数与经济不确定性指数

在2002年和2010年这两个时间点，俄罗斯经济不确定性出现峰值，原因在于：一方面，2002年，委内瑞拉、中东等石油输出国政局动荡，潜在的伊拉克战争等可能产生新一轮石油危机，势必对俄罗斯能源出口产生重大影响①，推高俄罗斯的经济不确定性；另一方面，2010年，俄罗斯经济发生了较大震动，具体包括俄罗斯气候干旱导致的农业严重减产、森林大火造成巨大的经济损失，通货膨胀超过预期高达8.7%，以及俄罗斯加入世界贸易组织(WTO)等。

如图4-3所示，2001~2003年，墨西哥经济政策不确定性指数与经济不确定性指数的走势出现了相互偏离的态势，原因在于：一方面，拉美地区总体政治形势风雨飘摇。2000年末，墨西哥国家行动党人福克斯当选总统，这是墨西哥现代史上第一位反对党总统，标志着墨西哥长达71年的革命制度党统治的结束。福克斯政府上台后采取了一些新的经济改革政策措施拉动经济增长，但福克斯政府与议会之间的矛盾影响到福克斯改革计划能否顺利实施，加剧了墨西哥的政策不确定性。另一方面，2001~2003年，墨西哥经济形势堪称拉美经济的一个亮点：宏观经济稳定、公共财政状况运行良好、通胀率相对较低、汇率较为稳定、外商直投投资增加等。究其原因在于：第一，福克斯政府实施的稳健的财政政策和货币政策为宏观经济的平稳运行起到了保障作用。第二，墨西哥对外经济关系多元化，降低了阿根廷经济危机对墨西哥经济发展的影响。第三，国际原油价格大幅上涨拉动了墨西哥石油出口收入的增加。

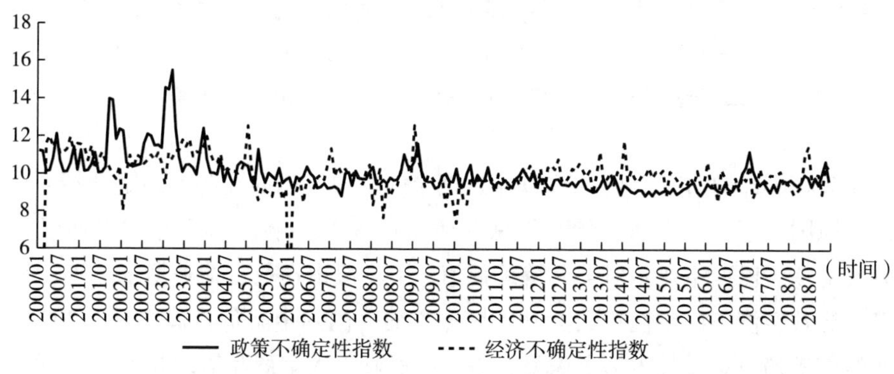

图4-3 墨西哥经济政策不确定性指数与经济不确定性指数

可见，政治不稳定并不必然导致经济发展停滞或崩溃（何永江、余江，

① 能源出口是俄罗斯经济增加的主要推动力。

2019）。墨西哥有限的政府制度使得政治暴力冲突、政府更迭以及伴随而来的难以预料的政策不确定性并不必然影响墨西哥基本的产权制度，因而对宏观经济运行造成的冲击较为有限。

如图 4-4 所示，巴西经济政策不确定性指数与经济不确定性指数的相关性较强。2015~2016 年，巴西经济政策不确定性指数与经济不确定性指数的变动出现了相互偏离的态势，原因在于：一方面，2015~2016 年，巴西政坛风雨变幻，政府、立法、司法机构之间的矛盾和斗争日益白热化，甚至产生“纸牌屋效应”。巴西国内政治恶斗加剧了政策不确定性。另一方面，巴西 2015 年和 2016 年连续两年经济负增长①，巴西政府积极通过降低银行利率、减免企业税收、扩大公共投资、吸引外商直接投资等措施推动经济发展，经济运行较为平稳②。另外，从 2016 年末开始巴西经济不确定性与经济政策不确定性走势基本保持一致。因此，2015~2016 年巴西经济不确定性较低可能是政策滞后性导致的。

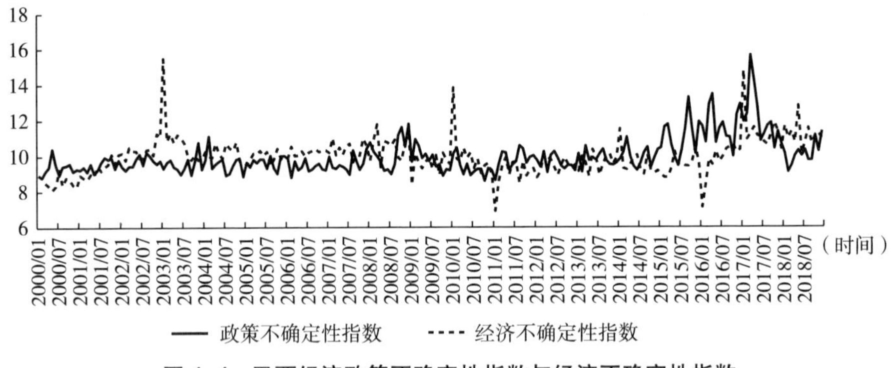

图 4-4　巴西经济政策不确定性指数与经济不确定性指数

在 2002~2003 年、2009~2010 年这两个时间段，巴西经济不确定性指数出现峰值，原因在于：一方面，受巴西总统换届选举的影响，2002 年，巴西经济出现较大动荡。巴西雷亚尔对美元持续贬值，引发股市动荡、债务增加、通胀率上升等，导致经济不确定性指数上升。另一方面，国际金融危机爆发后，2009 年，巴西经济遭遇了负增长。为了恢复经济，巴西赶上大宗商品需求扩张、国际金融市场资源旺盛等有利因素大力发展本国经济，在实现财政目标的同时也加大力度实施扩张性货币政策，这在一定程度上加剧了经济不确定性。

① 资料来源：World Bank WDI 数据库。

② 2017 年，巴西经济“止跌回升”，增长 1%。

4.4.2 代表性发达国家经济不确定性分析

如图 4-5 所示，美国经济政策不确定性指数与经济不确定性指数具有较强的相关性。2008~2009 年，美国经济政策不确定性指数与经济不确定性指数走势出现了相互偏离的态势，原因在于：一方面，受次贷危机和国际金融危机的冲击，美国财政部和美联储推出了大量的经济刺激政策，宽松的货币政策催生了大量的资产价格泡沫，可能引发新的金融危机；若退出宽松型货币政策，则对美国经济恢复不利，导致美国实施经济政策的难度增加。再者，2008 年末美国总统选举，新总统选举结果可能导致美国经济政策的调整，加剧美国经济政策的不确定性。另一方面，美国经济不确定性却有所下降，原因在于以下三点：第一，2008 年国际金融危机爆发后，法国、德国、英国、日本等发达国家经济均出现了明显的衰退迹象，新兴市场国家实体经济也遭受冲击。相比之下，美国作为全球最大的经济体，其抗风险能力也相对强大。各国（地区）央行或货币当局仍然选择持有美元资产，这促使美元在国际外汇储备中的份额从 2008 年第二季度的 63%上升至第三季度的 64.6%①。同时，受国际市场避险情绪上升的影响，国际投资者也更倾向投资抗风险能力较强的美元资产，从而促使资金回流美国和美元升值。因此，2008 年，国际金融危机的爆发进一步促进了美元计价金融资产的发展，凸显了美元的避险货币属性。第二，美元升值。美元实际有效汇率从 2008 年 4 月的 81.66 上升至 2009 年 1 月的 91.27，上升幅度为 11.8%②。同时，2008 年 7 月~2009 年 1 月

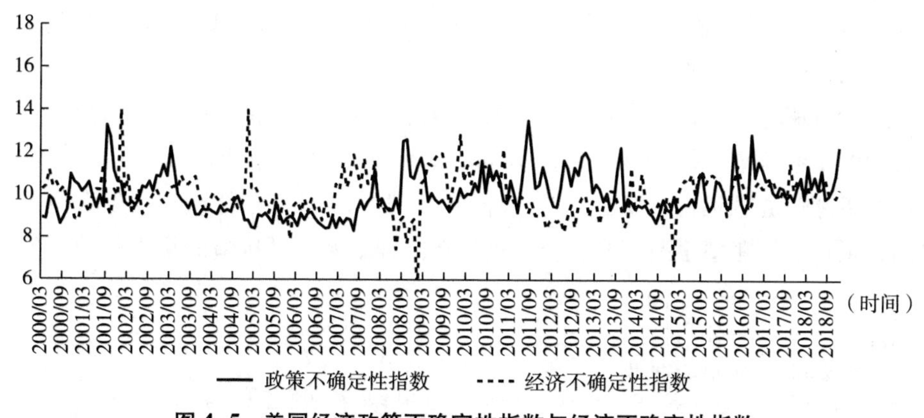

图 4-5 美国经济政策不确定性指数与经济不确定性指数

① 资料来源于 IMF 数据库。

② 资料来源于国际清算银行（BIS）数据库。

期间美元兑欧元、英镑、澳元等国际主要货币也开始升值。美元升值有利于国际资本重回美国，为美国经济发展提供资金支持。第三，美国实施的量化宽松政策通过对外转移风险和经济发展成本来刺激本国经济发展。

此外，2008 年上半年，美国经济实现 2.8%正增长水平，但这种增长势头无法持续①。2009 年，美国经济不确定性再次上升，主要的原因：金融危机的蔓延侵蚀到美国实体经济，具体表现为美国工业生产转为负增长（工业生产者指数由 2008 年 107.10 下降到 2009 年 94.81）②，失业率创新高（由 2008 年 5.78%上升至 2009 年 9.25%）③，经济负增长为-2.54%④，美国经济刺激政策对消费支出的刺激效果逐渐衰退，全球经济增速放缓增加了美国的出口阻力等。可见，美国经济复苏前景仍面临诸多不确定性。

2011~2013 年，美国经济政策不确定性指数与经济不确定性指数走势出现了相互偏离的态势，原因在于：一方面，2012 年是美国总统的大选年，奥巴马政府实施量化宽松政策刺激美国经济增长。同时，美国主权债务问题日益凸显，压缩了美国政策空间，迫使奥巴马政府在压缩财政支出的同时启动增税计划⑤，导致美国政策的走势扑朔迷离。另一方面，由于美国经济增速放缓，持续宽松的货币政策，国债市场稳定发展⑥，房地产市场回暖，公司部门盈利上升，消费温和回升，出口增加等，美国经济不确定性程度相对较低。

2004~2005 年，美国经济不确定性出现峰值，原因在于：2003 年伊拉克战争爆发后，美国股票市场、美元汇率、石油价格、风险投资等都出现了剧烈波动，增加了美国经济不确定性。另外，2004~2005 年，美国卡特丽娜飓风事件的爆发⑦、石油价格飞涨、房地产泡沫膨胀等加剧了美国经济不确定性的程度。

如图 4-6 所示，西班牙经济政策不确定性指数与经济不确定性指数走势基本一致。2011~2012 年，西班牙经济政策不确定性指数与经济不确定性指数走势出现合理的小幅偏离，原因在于：一方面，2011 年，欧洲危机的焦点集中在西班牙。西班牙债务危机持续发酵，如经济陷入衰退、房地产泡沫破裂引发金融风险增加、银行业坏账率不断攀升、金融市场可能面临系统性风险的集中释放等导致

①③ 资料来源于 World Bank WDI 数据库。

② 资料来源于 IMF IFS 数据库。

④ 资料来源于 World Bank WDI 数据库。2008 年，美国全年的 GDP 增长率为-0.14%。

⑤ 2012 年，美联邦财政赤字高达 1.1 万亿美元。

⑥ 主要是受到欧洲主权债务危机的影响，美元资本的避险属性凸显。

⑦ 虽然卡特丽娜飓风并不是严格意义上的经济事件，但其对美国经济造成的巨大影响，甚至可以与“9·11”恐怖袭击和伊拉克战争相提并论。

经济不确定性程度提升。另一方面，遭遇了债务危机的西班牙于2011年末开展了政府更迭选举，反对党获得压倒性胜利。新政府面临工人社会党政策措施不到位的遗留问题、公共债务危机持续恶化等问题，新政府采取的政策措施将对未来西班牙的政治和经济运行产生重要影响。可见，西班牙经济不确定性程度的大幅提高导致了经济政策不确定性程度的增长，与图4-6中呈现出来的情形一致。

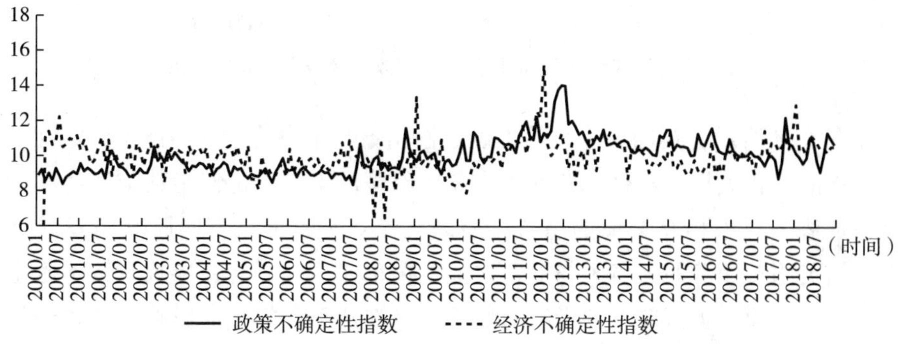

图4-6　西班牙经济政策不确定性指数与经济不确定性指数

如图4-7所示，瑞典经济政策不确定性指数与本书构建的经济不确定性指数走势基本一致。2009~2010年，瑞典经济政策不确定性指数与经济不确定性指数走势出现合理的小幅偏离，原因在于：2008年，国际金融危机对瑞典经济产生了较大的冲击，具体表现：股市大幅下跌、银行利润下降、出口持续下滑、失业率上升等，导致瑞典经济不确定性增加。同时，瑞典政府采取了积极稳健的政策和策略应对危机。例如：制订金融稳定计划，维持金融稳定秩序；鼓励消费，刺激国内需求；减税，加大对实体经济部门的扶持；扩大就业；等等。瑞典政府实施的积极稳健的政策降低了金融危机带来的负面影响。另外，随着2009年欧洲债务危机的爆发，国际投资者纷纷抛售欧元买入瑞典克朗，促使瑞典克朗快速升值，瑞典克朗成为全球主要货币中表现较为亮眼的货币。可见，2008年国际金融危机的爆发导致瑞典经济不确定性上升，瑞典政府采取了积极稳健的政策应对危机，使得瑞典经济不确定性得以较快地降低，与图4-7中呈现出来的情形一致。

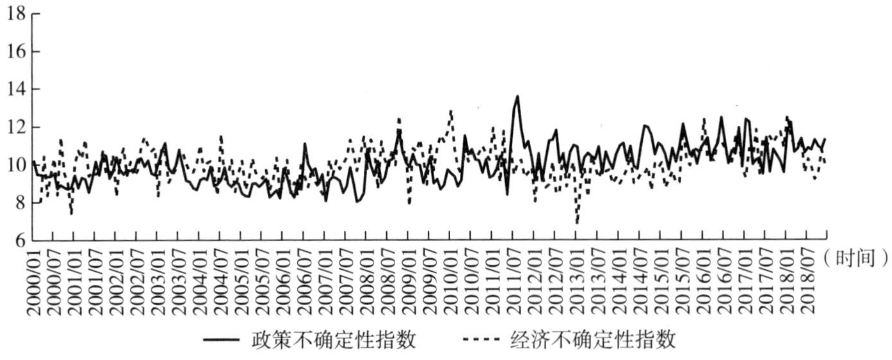

图 4-7　瑞典经济政策不确定性指数与经济不确定性指数

如图 4-8 所示，英国经济政策不确定性指数与本书构建的经济不确定性指数具有较强的正相关性。2015~2016 年，英国经济政策不确定性指数与经济不确定性指数走势出现了相互偏离的态势，原因在于：一方面，英国脱欧引发政治海啸，包括英国首相辞职、英国与欧盟之间的内部矛盾加剧等，导致政策不确定性上升；另一方面，英国脱欧并没有对英国经济造成显著的负面影响。英国经济运行整体保持平稳，传统服务业和旅游业保持强劲的增长势头，建筑业和制造业不断回暖。可见，英国经济具有较高的“弹性”和“韧性”来抵御短期政策冲击，与图 4-8 中呈现出来的情形一致。

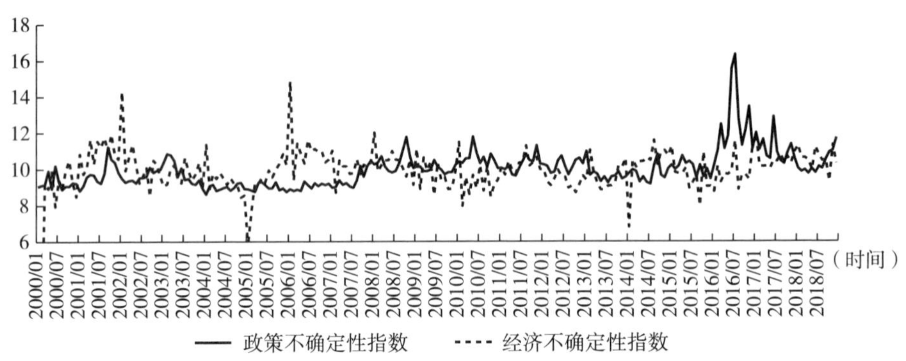

图 4-8　英国经济政策不确定性指数与经济不确定性指数

2005~2006 年，英国经济不确定性出现峰值，原因在于：2001~2005 年，英国房地产平均价格上涨近 70%①，房地产市场的急剧膨胀可能是一种泡沫现象，

① 资料来源：http：//www.mofcom.gov.cn/aarticle/bg/200504/20050400040032.html。

一旦泡沫破裂将对英国经济造成严重冲击。同时，在房地产价格不断上涨的刺激下，英国借贷消费势头猛增，过度扩张的个人和企业消费导致英国经济又增添了不确定性。

4.5 全球不确定性指数分析

4.5.1 全球不确定性指数

有学者构建了全球不确定性指数，具体如图 4-9 所示。

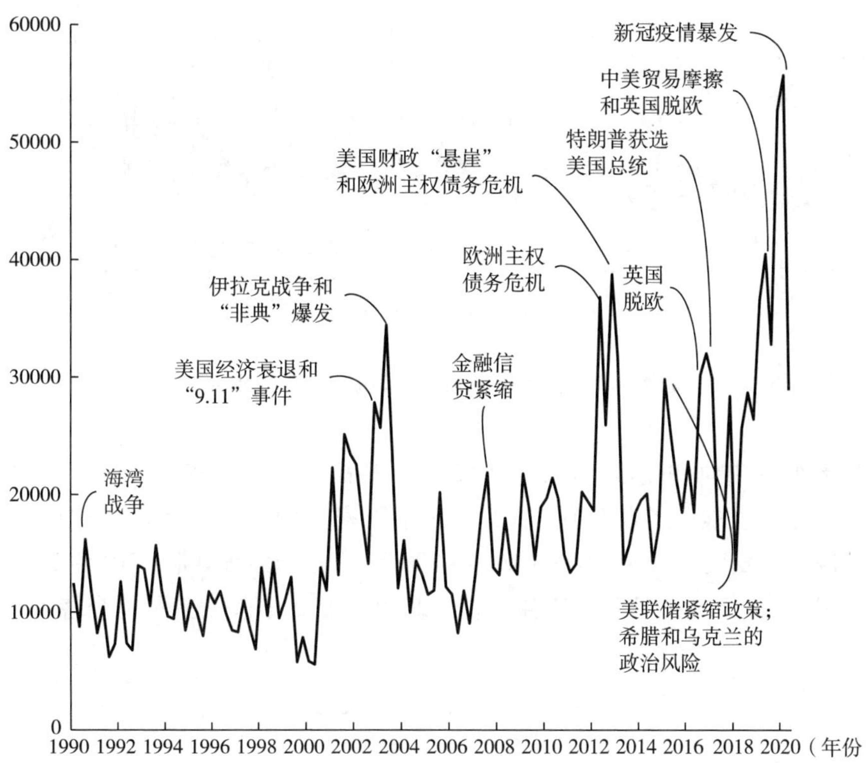

图 4-9 全球不确定性指数

Baker 等(2016)构建了全球不确定性指数①。从图 4-9 中可以看出，1990~2020 年，全球不确定性呈现出波动上升趋势。例如：2002~2004 年，美国经济衰退和“9·11”事件、“非典”暴发；2012~2014 年，美国财政“悬崖”和欧洲主权债务危机；2018~2020 年，中美贸易摩擦、英国脱欧和新冠疫情暴发等。这三个时间段全球不确定性均相对较高。

4.5.2 按经济发展程度分类

本书将全球不确定性划分为发达国家不确定性和发展中国家不确定性，发达国家不确定性和发展中国家不确定性指数如图 4-10 所示。

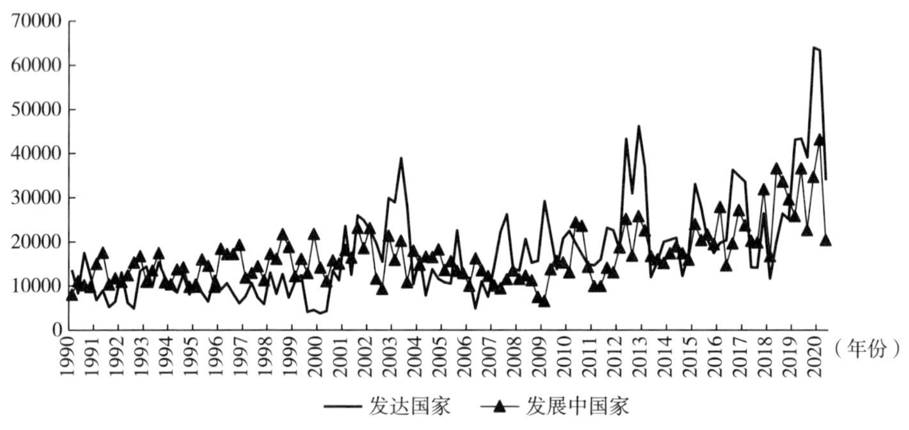

图 4-10 发达国家和发展中国家不确定性指数

从图 4-10 中可知，发达国家不确定性和发展中国家不确定性均呈上升趋势。2000 年以前，发展中国家不确定性高于发达国家，2000 年以后，发达国家不确定性普遍高于发展中国家。例如：2002~2004 年，美国经济衰退；2012~2014 年，美国财政“悬崖”和欧洲主权债务危机；2019~2020 年，中美贸易摩擦和英国脱欧。

① 资料来源：http：//www. policyuncertainty. com/index. html。

4.5.3 按地理位置分类

本书将全球不确定性按地理位置划分为非洲地区不确定性、亚洲地区不确定性和欧洲地区不确定性，非洲、亚洲和欧洲不确定性指数如图 4-11 所示。

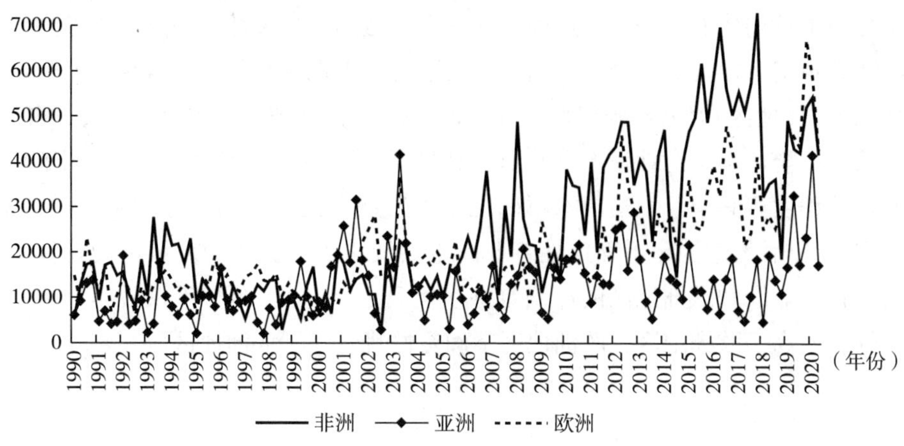

图 4-11 非洲、亚洲和欧洲不确定性指数

从图 4-11 可知，亚洲地区的不确定性走势相对平稳，非洲和欧洲地区的不确定性走势均呈上升趋势。2000 年以前，非洲、亚洲和欧洲这三个地区的不确定性走势基本一致，2000 年以后，非洲地区不确定性普遍高于欧洲地区，欧洲地区不确定性普遍高于亚洲地区。可见，在全球不确定性上升的情形下，亚洲地区经济和政治保持相对平稳。

4.6 本章小结

本章通过对各国(地区)经济不确定性指数进行测算与分析，得出以下结论：

第一，本章采用 TVP-FAVAR 模型构建的各国(地区)经济不确定性指数较为合理，不仅能规避参数过度识别与共线性问题，还能有效地避免经济系统重要信息缺失的问题，较好地适用于大量指标的指数构建。在此基础上，TVP-FA-

VAR 模型还允许模型中随机扰动项的协方差与模型的回归系数随时间动态变化，从而得到更为准确且有效的经济不确定性指数。

第二，本章构建的各国（地区）经济不确定性指数较为客观、合理。本章选择中国、俄罗斯、墨西哥、巴西、美国、西班牙、瑞典、英国等比较典型的发展中国家和发达国家，对 Baker 等（2016）构建的经济政策不确定性指数与本书构建的经济不确定性指数进行比较分析，发现 Baker 等（2016）构建的经济政策不确定性指数与本章构建的经济不确定性指数具有较强的正相关性。另外，本章解释了经济政策不确定性指数与经济不确定性指数走势出现相互偏离的现象，发现本书构建的各国（地区）经济不确定性指数与该国（地区）经济实际运行情况较为吻合。

第三，全球不确定性呈上升趋势，特别是 2020 年新冠疫情暴发加剧了全球不确定性程度。其中，发达国家不确定性和发展中国家不确定性均呈上升趋势，且 2000 年以后发达国家不确定性普遍高于发展中国家。亚洲地区不确定性走势相对平稳，非洲和欧洲地区的不确定性呈上升趋势，且 2000 年以后非洲地区不确定性普遍高于欧洲地区，欧洲地区不确定性普遍高于亚洲地区。

5

注意力配置、经济不确定性与人民币交易媒介职能

2009 年 7 月，跨境贸易人民币结算试点的启动正式拉开了人民币国际化的序幕，人民币交易媒介职能率先发展起来。2010 年中国成为世界第二大经济体，2013 年中国超越美国成为世界第一大货物贸易国，但人民币的国际外汇市场交易份额远不能与中国经贸大国的实力相匹配。人民币交易媒介职能的发展相对滞后，在一定程度上损害了中国经济利益，制约了中国经济发展。

人民币交易媒介职能是人民币三大国际职能中最先发展起来的职能。本章立足于人民币国际化初级发展阶段这一现实情况，从人民币交易媒介职能的视角探讨注意力配置对人民币国际化的影响。同时，本章紧密围绕第 3 章提出的注意力配置对人民币交易媒介职能的作用机制，依据 2010~2019 年 51 个国家（地区）在国际外汇市场交易中使用人民币的结算额建立面板数据模型，实证检验了注意力配置对人民币交易媒介职能的作用机制。在此基础上，本章还探讨了另外一个问题，即注意力配置对人民币交易媒介职能的影响是否会因不同的样本分类标准而存在异质性。进一步地，本章还探究了各国（地区）经济不确定性是否会对注意力配置对人民币交易媒介职能的影响产生调节效应。此外，本章还运用双重差分法（DID）分析了“一带一路”倡议的政策效应对人民币交易媒介职能的影响及影响渠道，以期为人民币交易媒介职能的进一步发展提供具有针对性的建议。

5.1 研究设计

5.1.1 变量与数据说明

人民币交易媒介职能分为官方用途和私人用途两方面，官方用途主要是作为载体货币，具体表现为中国与其他国家(地区)签署的双边货币互换协议。截至2019年底，中国已经与39家境外央行或货币当局签署了双边货币互换协议[①]。一方面，双边货币互换协议是政府主动的政策安排，依赖各国(地区)央行的主动行为，受市场驱动的因素较少；另一方面，双边货币互换协议的签署主要发生在2009~2015年和2016~2018年，中国央行与境外央行或货币当局签署的双边本币互换协议较为有限，并且迄今为止只有较少的双边本币互换协议真正被激活。基于以上两方面考虑，本章从人民币交易媒介职能的私人用途——人民币作为国际贸易和金融交易的结算货币角度出发，以期更为准确地探究人民币国际化的影响因素。

本章选取各国(地区)在国际外汇市场交易中使用人民币结算的金额作为人民币交易媒介职能的衡量指标，数据来源于国际清算银行(BIS)每三年公布一次的各国(地区)央行调查报告。本书选择该衡量指标的原因在于：人民币交易媒介职能包括人民币在国际货物、服务及劳务贸易和国际金融市场交易中作为支付结算货币。国际贸易和投融资等活动产生的人民币交易结算需求都会反映到国际外汇市场上来，即人民币交易媒介职能发展得越好，人民币在国际外汇市场中的交易量也会随之增加。在国际贸易方面：进出口商在进行国际贸易交易时需要收付不同的货币，进出口商需要将收到的部分或全部货币在国际外汇市场上兑换成其他可以用于购买国际或本国商品、服务及劳务的货币。可见，无论是中国进出口贸易使用人民币结算，还是与中国无关的第三方国家跨境贸易使用人民币结算均会导致人民币在国际外汇市场中的交易量增加。在国际金融方面：国际外汇市场是国际金融市场的重要组成部分，国际投融资领域使用人民币结算同样也会反

① 资料来源：《人民币国际化报告(2020)》。

映到人民币在国际外汇市场中的活跃程度上来。因此，国际外汇市场交易中人民币结算的金额不仅能反映人民币在国际金融领域作为支付结算货币的发展情况，同时还能反映人民币在国际贸易领域作为支付结算货币的发展情况，体现出金融市场服务实体经济的本质。

从第2章中关于注意力配置的测算方法可以看出，互联网搜索指标是经济主体注意力配置的合理代理变量，主要基于以下三方面原因：第一，互联网搜索指标涉及金融、消费、劳动、医疗、交通等众多领域，说明互联网搜索指标可以作为多类经济变量的先行指标。第二，互联网搜索指标具有较高的时效性和可获取性，不仅可以改善现行宏观指标的迟滞性和偏倚性问题，还可以有效地提高宏观经济行为的预测效果。第三，百度作为国内成立最早的搜索引擎网站，占据中国搜索市场的最大份额。本书统计百度网站上相关关键词的搜索量可以较为精确地反映中国互联网搜索频数，从而有效反映出中国对外注意力配置的变化情况。因此，基于上述三方面原因，本书参考施炳展和金祥义（2019）的做法，通过百度指数收集中国针对世界各国（地区）按照其国名（地名）进行搜索的结果，最终将百度网页中某国（地区）中文名称的PC搜索指数和移动搜索指数总和的年度均值作为统计指标，以反映本书核心解释变量中国对外注意力配置的不同程度。

国际清算银行（BIS）数据库统计各国（地区）在国际外汇市场中使用人民币交易的时间只有2010年、2013年、2016年和2019年。由于BIS数据库统计的数据不连续，本章对被解释变量进行线性插值再取对数的处理，解释变量选取时间段为2009~2018年，具体如表5-1所示。另外，BIS数据库最多只公布了53个国家（地区）使用人民币进行国际外汇交易的数据①，除去中国大陆和中国台湾，本章最终选择51个样本国（地区）：阿根廷、澳大利亚、以色列、奥地利、巴林岛、比利时、巴西、韩国、保加利亚、加拿大、智利、哥伦比亚、意大利、捷克、丹麦、芬兰、法国、德国、希腊、中国香港、匈牙利、印度、立陶宛、卢森堡、马来西亚、墨西哥、拉脱维亚、荷兰、新西兰、挪威、秘鲁、菲律宾、波兰、葡萄牙、日本、罗马尼亚、俄罗斯、沙特阿拉伯、新加坡、斯洛伐克、南非、爱尔兰、西班牙、瑞典、瑞士、泰国、土耳其、印度尼西亚、阿拉伯联合酋长国、英国和美国。

① 也就是说，根据BIS 2019年的统计数据，全球最多有53个国家（地区）产生人民币外汇交易。

表 5-1 变量说明和数据来源

变量分类	变量符号	变量名称	变量说明	数据来源
被解释变量	*share*	人民币交易媒介职能	各样本国（地区）在国际外汇市场交易中使用人民币结算的金额，取对数①	BIS Triennial Central Bank Survey 数据库
核心解释变量	*index*	注意力配置	基于百度指数的测算②	
	EU	经济不确定性	各国（地区）经济不确定性指数	笔者计算
控制变量	*cgdp*	中国经济规模	中国 GDP 规模，取对数	World Bank WDI 数据库
	gdp	各国（地区）经济规模	各国（地区）GDP 规模，取对数	World Bank WDI 数据库
	fin	金融市场发展	各国（地区）股票市值占 GDP 比值	World Bank WDI 数据库
	dis	地理距离	中国首都到各国（地区）首都（首府）的地理距离，取对数	CEPII 数据库
	msdr	人民币汇率	人民币对各国（地区）货币汇率的年度中位值	IMF IFS 数据库
	policy	人民币国际化政策	人民币国际化政策	《人民币国际化报告(2019)》

从表 5-2 中主要变量的描述性统计可以看出，51 个国家（地区）在国际外汇市场交易中使用人民币结算的金额的最小值为-6.842，平均值仅为 3.091。可见，人民币交易媒介职能在流通领域和规模方面仍存在较大的局限性。

表 5-2 主要变量的描述性统计

变量	平均值	标准差	最小值	中位数	最大值	观测值
share	3.091	3.979	-6.842	3.124	11.13	367
index	7.802	1.037	2.633	7.742	10.15	500
EU	100.0	13.93	48.06	100.5	147.1	510
cgdp	29.73	0.328	29.16	29.83	30.13	510
gdp	26.84	1.302	23.86	26.68	30.60	510
fin	53.81	95.17	0.021	23.19	715.2	416
dis	8.871	0.554	6.862	8.915	9.868	500
msdr	4.277	4.065	0	2.390	18.32	510
policy	0.235	0.654	0	0	4	510

① 需要排除人民币在本国的交易量（单位：百万美元）。

② 本书参考施炳展和金祥义（2019）的做法，用百度指数作为注意力配置的衡量指标。百度指数表示为百度网页搜索中某一国（地区）中文名称的 PC 搜索指数和移动搜索指数总和的年度均值。

从表5-3中可以看出，各变量的相关系数均小于0.8。本章还采用方差膨胀因子(VIF)检验了各变量之间是否存在多重共线性问题，发现VIF最大值为2.59，VIF平均值为1.53。因此，各变量之间不存在多重共线性问题。

表5-3 主要变量的相关系数

变量	*share*	*index*	*EU*	*cgdp*	*gdp*	*fin*	*dis*	*msdr*
share	1	—	—	—	—	—	—	—
index	0.602*	1	—	—	—	—	—	—
EU	-0.044	-0.045	1	—	—	—	—	—
cgdp	0.052	0.368*	-0.011	1	—	—	—	—
gdp	0.510*	0.571*	-0.009	0.045	1	—	—	—
fin	0.569*	0.418*	-0.016	-0.053	0.244*	1	—	—
dis	-0.323*	-0.354*	0.007	0	-0.031	-0.398*	1	
msdr	0.118*	-0.178*	0.025	-0.093*	-0.123*	-0.080	0.183*	1
policy	0.226*	0.239*	-0.056	0.134*	0.117*	0.161*	-0.116*	-0.115*

注：*表示相关系数在5%的置信水平下显著。

5.1.2 计量模型设定

本章以引力模型为基础，参考Manova和Zhang(2012)、施炳展和金祥义(2019)的方法构建了如下模型：

$$Share=\beta_0+\beta_1 index+\beta_2 cgdp+\beta_3 gdp+\beta_4 fin+\beta_5 dis+\beta_6 msdr+\varepsilon_{ij} \tag{5-1}$$

其中，*Share*表示各样本国(地区)在国际外汇市场交易中使用人民币结算的金额，*index*为本章的核心解释变量，即注意力配置。本书参考施炳展和金祥义(2019)的做法，采用中国对各国(地区)市场的互联网年均搜索频数的对数形式作为注意力配置的一种衡量指标，本章中该系数预期符号为正。同时，为了降低互联网搜索频数极端值对回归结果的影响，本章还使用互联网搜索频数的年度中位值的对数形式(*mindex*)①，作为注意力配置的另一衡量指标。控制变量主要包括：①中国国内生产总值(*cgdp*)。中国经济实力的崛起促进了人民币的崛起，中国经济实力可以发挥市场信心效应、竞争效应和货币替代效应②，促进人民币交易媒介职能的

① 本书收集到的各国(地区)互联网搜索频数是月度数据，为了消除极端值对回归结果的可能影响，本书在分析中还考虑了互联网搜索频数的年度中位值(*mindex*)。

② 与第3章相关小节中"人民币计价单位职能"相似的是，中国经济实力增强对人民币交易媒介职能的发展同样也会产生信心效应、竞争效应，但在货币替代效应上二者存在区别。中国经济实力增强对人民币交易媒介职能产生的替代效应表现：推动人民币在国际贸易和金融交易领域与其他国际货币相互竞争充当交易媒介货币，在交易媒介职能方面实现货币替代。

发展。在某种程度上可以说，中国经济实力的崛起直接带动了人民币交易媒介职能的发展，因此预期符号为正。②各国（地区）国内生产总值（*gdp*），根据引力模型可知，贸易伙伴国国内生产总值越高，贸易双方产生的直接贸易往来就越多，人民币越可能作为支付结算货币，因此预期符号为正。③各国（地区）股票市值占 GDP 比值（*fin*），反映各国（地区）金融市场的发展程度。一般来说，金融市场的发展程度越高，越有利于降低人民币交易结算成本，因此预期符号为正。④双边贸易距离（*dis*），作为贸易成本的衡量指标。双边贸易距离越远表示相应的贸易成本越高，导致中国与该国（地区）贸易规模降低，进而减少使用人民币进行贸易结算的概率，因此预期符号为负。⑤人民币对各国（地区）货币汇率的年度中位值（*msdr*），以直接标价法来表示，即一单位外币的人民币数量，该数值上升表示人民币贬值，有利于中国的出口贸易，因此预期符号为正。

policy 表示人民币国际化政策，本章参考 Liu 等（2019）的方法，*policy* 的计算过程如下：

$$policy = policy1 + policy2 + policy3 + policy4 + policy5 \tag{5-2}$$

其中，*policy*1 表示是否签署双边货币互换协议的虚拟变量，若中国与伙伴国签署了双边货币互换协议，*policy*1 为 1，否则为 0。*policy*2 表示是否签署清算协议的虚拟变量，若中国与伙伴国签署了清算协议，*policy*2 为 1，否则为 0。*policy*3 为 1 说明在外汇市场上人民币可以与该国货币直接进行兑换，否则为 0。*policy*4 为 1 说明中国给予了该国 RQFII 投资额度，否则为 0。*policy*5 为 1 说明在该国建立了离岸人民币清算中心，否则为 0。

5.2 实证分析

5.2.1 基准回归分析

根据面板固定效应回归结果的 F 检验，面板固定效应明显优于面板混合效应，再根据面板固定效应和面板随机效应的 Hausman 检验结果，本章建立了面板

随机效应模型①。基准检验结果如表 5-4 所示。

表 5-4 基准回归结果

变量	(1)	(2)	(3)	(4)
index	1.937*** (11.25)	0.815*** (3.11)		
mindex			2.723*** (13.19)	1.240*** (3.66)
cgdp		3.274*** (7.66)		2.981*** (6.60)
gdp		0.870*** (3.03)		0.713** (2.45)
fin		0.011*** (4.11)		0.010*** (3.95)
dis		-2.153*** (-3.81)		-1.859*** (-3.31)
msdr		0.488*** (5.43)		0.496*** (5.68)
常数项	-13.032*** (-8.95)	-108.344*** (-7.59)	-19.027*** (-11.24)	-101.268*** (-6.94)
样本数	365	286	365	286
R^2	0.357	0.651	0.386	0.670

注：***、**和*分别表示在 1%、5%和 10%的水平下显著，括号内为 *t* 值。

表 5-4 中第(1)列和第(2)列是以核心解释变量 *index* 进行回归的结果，同时为了减少极端值对回归结果的干扰，本章在第(3)列和第(4)列用 *mindex* 作为稳健性指标进行回归分析。从第(1)列和第(2)列的结果可知，在加入相关控制变量后，注意力配置对人民币国际交易结算金额的回归系数显著为正，表明注意力配置对人民币交易媒介职能的发展产生显著的促进作用。同时，从第(3)列和第(4)列的回归结果可知，在考虑核心解释变量极端值对结果的干扰后，注意力配置对人民币交易结算额的影响仍显著为正，表明注意力配置对人民币交易媒介职能发展的促进作用具有较强的稳健性，从而验证假设 1.1。控制变量方面，与基本的引力模型回归结果是一致的，即伙伴国经济规模越大、双边地理距离越近、人民币

① 为了尽量减少面板随机效应模型可能产生的遗漏变量引发内生性问题，本章在稳健性检验时尽可能多地纳入潜在的遗漏变量。同时，本章还采用动态面板模型 SGMM 进行稳健性检验。

相对伙伴国货币汇率贬值等，使用人民币进行跨境交易结算的金额就越大。

5.2.2 异质性分析

虽然注意力配置能显著地促进人民币交易媒介职能的发展，但这种影响是否会因不同的样本分类标准而存在差异呢？对该问题进行回答，将有利于从更深层次上理解注意力配置与人民币交易媒介职能之间的潜在关联。因此，本章根据不同的异质性划分标准，对相应样本进行了分类回归，回归结果如表 5-5 所示。

表 5-5 异质性回归结果(1)

变量	(1)	(2)	(3)	(4)	(5)	(6)	(7)	(8)
	与中国外交关系等级		国际秩序偏好		资本账户开放程度		货币自由度	
index	0.633**	—	0.747***	—	0.645**	—	0.796***	—
	(2.29)		(2.86)		(2.44)		(3.05)	
index·*Var*	0.029**	—	0.160**	—	0.172***	—	0.064*	—
	(1.98)		(2.44)		(3.01)		(1.74)	
mindex	—	1.072***	—	1.178***	—	1.060***	—	1.198***
		(3.07)		(3.48)		(3.10)		(3.57)
mindex·*Var*	—	0.028*	—	0.156**	—	0.176***	—	0.064*
		(1.90)		(2.37)		(3.04)		(1.73)
cgdp	3.113***	2.817***	3.319***	3.025***	3.206***	2.912***	3.093***	2.823***
	(7.20)	(6.15)	(7.83)	(6.74)	(7.60)	(6.50)	(7.10)	(6.19)
gdp	0.867***	0.709**	0.842***	0.688**	0.882***	0.727**	0.903***	0.754***
	(3.04)	(2.45)	(2.92)	(2.36)	(3.04)	(2.47)	(3.23)	(2.65)
fin	0.011***	0.010***	0.010***	0.009***	0.010***	0.010***	0.011***	0.010***
	(3.95)	(3.79)	(3.71)	(3.54)	(3.83)	(3.65)	(4.19)	(4.02)
dis	-2.201***	-1.908***	-2.411***	-2.104***	-2.131***	-1.847***	-2.022***	-1.744***
	(-3.92)	(-3.41)	(-4.18)	(-3.67)	(-3.72)	(-3.23)	(-3.68)	(-3.19)
msdr	0.497***	0.506***	0.581***	0.587***	0.413***	0.420***	0.450***	0.458***
	(5.56)	(5.81)	(5.95)	(6.15)	(4.39)	(4.57)	(5.02)	(5.23)
常数项	-102.277***	-95.150***	-107.004***	-100.100***	-106.148***	-98.935***	-105.014***	-98.490***
	(-7.04)	(-6.39)	(-7.53)	(-6.89)	(-7.48)	(-6.80)	(-7.37)	(-6.79)
样本数	286	286	286	286	286	286	286	286
R^2	0.616	0.639	0.659	0.679	0.633	0.650	0.677	0.689

注：***、**和*分别表示在 1%、5%和 10%的水平下显著，括号内为 *t* 值。

5.2.2.1 根据与中国外交关系等级分类

中华人民共和国外交部网站资料统计数据显示[①]，截至2019年9月，中国已与180个国家(地区)建交，全方位且稳定的外交关系网络有助于为中国营造良好的地缘政治环境。本章参考邓富华(2017)的方法，根据各国(地区)与中国不同层次的外交关系，划分不同的伙伴类型。具体而言，与中国尚未建交的国家(地区)对 *Var* 赋值为0，与中国是一般伙伴关系或全面合作伙伴关系的国家(地区)对 *Var* 赋值为1，与中国建立战略伙伴关系的国家(地区)对 *Var* 赋值为2，与中国建立全面(全方位)战略伙伴关系的国家(地区)对 *Var* 赋值为3，与中国建立战略合作(协作)伙伴关系的国家(地区)对 *Var* 赋值为4，与中国建立全面战略合作(战略协作)伙伴关系的国家(地区)对 *Var* 赋值为5，与中国建立全面战略协作/全天候战略合作伙伴关系的国家(地区)对 *Var* 赋值为6，中国香港没有独立的外交权，对 *Var* 赋值为7。从表5-5第(1)列和第(2)列可以看出，与中国外交等级较低的国家相比，对与中国外交等级较高的国家(地区)配置更多的注意力对人民币交易媒介职能发展的促进作用更强，究其原因在于：与中国外交等级较高的国家(地区)表明该国(地区)与中国的双边政治关系较为紧密。随着中国市场对该国(地区)注意力配置程度的增加，即相关互联网搜索频率的上升，进行双边国际贸易和国际金融交易的信息成本显著下降，从而有效地促进人民币交易媒介职能的发展。

5.2.2.2 根据国际秩序偏好分类

本章根据各国(地区)对美国倡导的国际秩序偏好程度进行分类，数据源于Strezhnev 和 Voeten(2013)基于联合国大会投票数据计算出来的各国(地区)对美国的理想点距离数据[②]，作为对美国国际秩序偏好的代理变量，即一国(地区)与美国的理想点距离越近，该国(地区)越偏好美国倡导的国际秩序。当一国(地区)偏好美国倡导的国际秩序时对 *Var* 赋值为0，即一国(地区)与美国的理想点距离小于样本国(地区)与美国理想点距离的中位值；当一国(地区)反对美国倡导的国际秩序时对 *Var* 赋值为1，即一国(地区)与美国的理想点距离大于或等于样本国(地区)与美国理想点距离的中位值。

从表5-5第(3)列和第(4)列可以看出，相对于偏好美国国际秩序的国家(地

① 资料来源：https：//www. fmprc. gov. cn/web/。

② 资料来源：https：//dataverse. harvard. edu/dataset. xhtml? persistentId=hdl：1902. 1/12379。

区）而言，注意力配置更有利于促进中国与反对美国倡导的国际秩序的国家（地区）开展人民币跨境结算。究其原因在于：当今“一超多元”的国际货币体系格局决定了人民币与美元并非是单一的竞争关系，而是与欧元、英镑、日元、瑞士法郎等多元货币共同竞争的关系。因此，一国对美国倡导的国际秩序不认同，不会对交易结算货币的选择做出非美元即人民币的必然抉择。但是，中国作为仅次于美国的经贸大国和拥有良好国际声誉的国家，反对美国倡导的国际秩序的国家（地区）更可能倾向于中国倡导的国际秩序，这有助于深化该国（地区）与中国经贸往来和货币互信，为跨境人民币结算营造良好的宏观环境。当中国经济主体增加对这些国家（地区）的注意力配置时，能较为顺利地推动双边贸易和金融交易的开展，降低交易过程中的不确定性，进而对人民币交易媒介职能的发展产生促进作用。

5.2.2.3 根据资本账户开放程度分类

现阶段中国正审慎有序地推动资本账户开放，随着人民币国际化程度的加深，中国资本账户尚未完全开放这一制度约束容易限制境外市场主体选择人民币进行计价结算的意愿。因此，在资本账户未完全开放的现实制度约束背景下，本章探究中国与伙伴国在资本账户开放程度存在差异的情况下注意力配置对人民币交易媒介职能的不同影响。资本账户开放采用 Chinn-Ito 数据库的 Kaopen 指数衡量，数值越大，意味着资本账户开放度越高。当一国（地区）资本账户开放程度高于中国时对 *Var* 赋值为 1，反之对 *Var* 赋值为 0。

从表 5-5 第（5）列和第（6）列可以看出，相对于资本账户开放程度低于中国的国家（地区）而言，对资本账户开放程度高于中国的国家（地区）配置更多的注意力对人民币交易媒介职能的促进作用更显著，原因在于以下两方面：一方面，中国资本账户尚未完全开放难以向境外企业提供便捷、畅通的回流渠道，导致人民币流动性不足，反过来制约跨境人民币结算。当伙伴国（地区）资本账户开放程度高于中国时，中国政府可以通过与这些国家（地区）签署双边本币互换协议等方法，扩宽人民币流出渠道，为伙伴国企业提供境外人民币融资便利。在此情形下，中国经济主体对资本账户开放程度较高的国家（地区）增加注意力配置，并积极开展跨境贸易和金融交易时，这些国家（地区）央行或货币当局可以在规定期限内利用货币互换额度将人民币注入本国（地区）金融体系，使本国（地区）商业机构与贸易企业更容易借到人民币，用于从中国进口商品或服务，进而降低跨境结算对美元的依赖，提高人民币在国际贸易和金融交易中的使用概率。另一方面，中国经济主体对资本账户开放程度较高的国家（地区）增加注意力配置，即相关互联网搜索频率上升和网络规模扩大，有助于为中国经济主体提供最大限度的确定信息，减少金融市场风险、降低货币交易成本，从而促进人民币作为跨境支付结算货币。

5.2.2.4 根据货币自由度分类

货币自由度，即一国货币政策不受微观干预或者价格管制的自由程度。本章根据货币自由度进行分类，数据来源于美国传统基金会和《华尔街日报》联合发布的经济自由度指数，数值范围从 0~100。货币自由度越高表明该国（地区）货币政策独立性越强，反之说明该国（地区）货币政策独立性越弱。当一国（地区）货币自由度指数大于样本国（地区）平均值时对 *Var* 赋值为 1；反之对 *Var* 赋值为 0。

从表 5-5 第（7）列和第（8）列可以看出，相对于货币自由度较低的国家（地区）而言，对货币自由度较高的国家（地区）配置更多的注意力对人民币交易媒介职能发展的促进作用更显著，原因在于：一国货币自由度越高，该国（地区）央行或货币当局独立的金融和货币管理能力越强，该国（地区）央行或货币当局越容易借助外汇市场的力量将人民币注入本国（地区）金融体系，使本国（地区）企业可以顺利地借到人民币并降低贸易融资和汇兑成本。中国经济主体对货币自由度较高的国家（地区）增加注意力配置，并积极开展跨境贸易和金融交易，不仅能显著地促进交易合作的顺利开展，还能降低信息成本和交易过程中的不确定性，给中国经济主体带来规模报酬递增的效应，进而显著地提高人民币的跨境结算使用比例。相反，若一国（地区）央行或货币当局缺乏独立的货币管理能力，则很难通过货币政策介入短期资本流动领域，导致该国（地区）短期资本流通渠道受限，难以对人民币国际结算金额构成实质性的促进作用。

5.2.2.5 根据各国（地区）地理位置分类

根据 BIS 2019 年的统计数据，全球最多有 53 个国家（地区）产生人民币外汇交易。其中，亚洲经济体有 16 个，欧洲经济体有 26 个，其他洲经济体有 11 个。可见，产生人民币外汇交易的国家（地区）高度集中在亚洲和欧洲。本章根据国际清算银行（BIS）数据库中主要国际货币在国际外汇市场中的交易结算份额进行分析，具体如图 5-1 和图 5-2 所示。

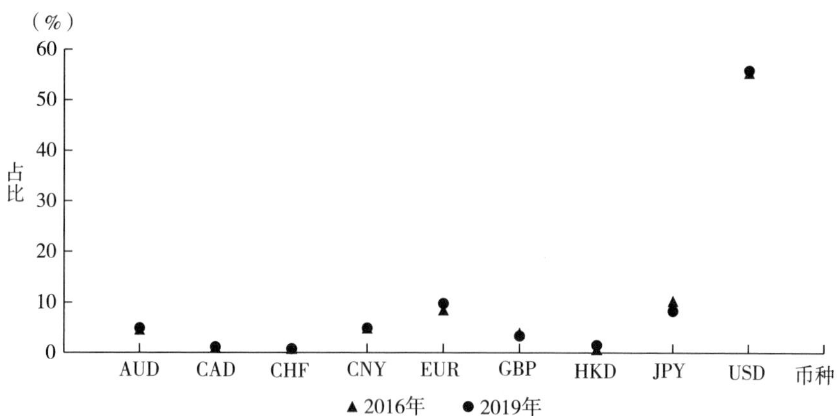

图 5-1　主要国际货币在亚洲国家（地区）国际交易量占亚洲国家（地区）所有货币国际交易总量的比值①

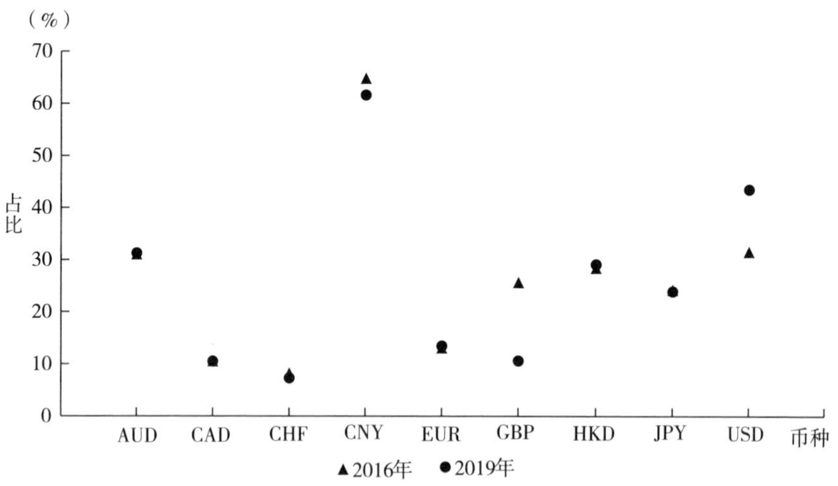

图 5-2　主要国际货币在亚洲国家（地区）国际交易量占该货币国际交易总量的比值

由图 5-1 可知，美元交易量在亚洲仍然占据主导地位，其交易份额高达 55%以上，其次是欧元和日元，人民币的交易份额约为 5%。可见，人民币国际化将

① 资料来源于 BIS 三年一次调查报告中公布的主要国际货币在全球外汇市场中的交易量。其中，亚洲国家（地区）主要包括巴林岛、中国、中国台湾、中国香港、印度、印度尼西亚、以色列、日本、韩国、马来西亚、菲律宾、沙特阿拉伯、新加坡、泰国和土耳其。

要面临与美元、欧元和日元等国际货币竞争的局面。如图 5-2 所示，亚洲国家(地区)人民币的国际交易量占人民币国际交易总量的 60%左右，而美元、欧元和日元的该比值分别是 40%、13%和 24%左右。一方面，这说明人民币主要在亚洲进行交易。根据 BIS 2019 年的统计数据，目前跨境人民币结算额较高的国家(地区)依次是中国香港、中国台湾、新加坡、韩国、马来西亚和印度尼西亚等国家(地区)，人民币在亚洲区域内已经有一定的基础和影响力。另一方面，这说明人民币直接国际化，将与美元、欧元等核心国际货币更加激烈地竞争国际市场份额，但人民币作为国际市场的后进入者尚不具备该实力。因此，人民币作为一种有影响力的区域货币相对于人民币国际化而言更容易实现，这也是人民币国际化的占优策略，同时也为日后美元、欧元和人民币“三足鼎立”的发展趋势做好准备。

从图 5-1 和图 5-2 可以看出，人民币国际化更为现实的选择是作为一种关键的区域性货币。为进一步分析注意力配置对人民币地理分布情况的影响，本章根据伙伴国(地区)所处地理位置分为亚洲、欧洲和其他洲进行研究。若一国(地区)地理位置位于亚洲对 *Var* 赋值为 1，反之对 *Var* 赋值为 0，实证结果如表 5-6 第(1)列和第(2)列所示；若一国(地区)地理位置位于欧洲对 *Var* 赋值为 1，反之对 *Var* 赋值为 0，实证结果如表 5-6 第(3)列和第(4)列所示；若一国(地区)地理位置位于其他洲对 *Var* 赋值为 1，反之对 *Var* 赋值为 0，实证结果如表 5-6 第(5)列和第(6)列所示。

从表 5-6 中可以看出，注意力配置对其他洲使用人民币结算最有显著的促进作用，究其原因：一方面，相邻的亚洲国家(地区)有相近的文化、相似的语言，贸易成本也相对较低。欧洲各国(地区)是中国重要的进出口国(地区)，并且欧元和英镑等货币在国际经贸交易中已经形成较为强大的网络外部性和在位优势。因此，中国与亚洲和欧洲国家(地区)的经贸往来过程中不确定性相对较小。另一方面，中国与其他洲交易过程中的不确定性相对较大，注意力配置具有向不确定方向漂移的特征。当信息获取成本增加的时候，必然需要配置更多的注意力。中国对其他洲国家(地区)注意力配置增加，有助于中国经济主体对其他洲的交易产品、交易环境以及法律制度等信息进行深入的了解与认识，还有利于从海量信息中甄别出真实信息和有价值的信息，减少信息不对称和交易过程中的不确定性，进而促进国际贸易和金融交易的顺利开展，提高人民币跨境结算金额。

表 5-6　分地区检验

变量	(1)	(2)	(3)	(4)	(5)	(6)
	亚洲		欧洲		其他洲	
index	0.784*** (2.93)		0.836*** (3.19)		0.699*** (2.59)	
index·*Var*	0.076 (0.55)		-0.160 (-1.62)		0.220* (1.65)	
mindex		1.203*** (3.48)		1.243*** (3.66)		1.131*** (3.25)
mindex·*Var*		0.076 (0.55)		-0.143 (-1.45)		0.193 (1.44)
cgdp	3.301*** (7.68)	3.011*** (6.62)	3.414*** (7.87)	3.114*** (6.77)	3.405*** (7.89)	3.103*** (6.77)
gdp	0.872*** (3.01)	0.719** (2.45)	0.805*** (2.76)	0.665** (2.26)	0.777*** (2.61)	0.638** (2.11)
fin	0.011*** (4.09)	0.010*** (3.93)	0.010*** (3.82)	0.010*** (3.68)	0.010*** (3.62)	0.010*** (3.49)
dis	-1.824** (-2.18)	-1.540* (-1.87)	-2.223*** (-3.90)	-1.932*** (-3.40)	-3.222*** (-3.75)	-2.788*** (-3.26)
msdr	0.508*** (5.21)	0.516*** (5.42)	0.579*** (5.44)	0.576*** (5.55)	0.556*** (5.57)	0.554*** (5.68)
常数项	-112.185*** (-7.07)	-105.142*** (-6.50)	-110.104*** (-7.70)	-103.124*** (-7.03)	-100.029*** (-6.58)	-94.350*** (-6.09)
样本数	286	286	286	286	286	286
R^2	0.426	0.427	0.432	0.432	0.436	0.435

注：***、**和*分别表示在1%、5%和10%的水平下显著，括号内为 *t* 值。

5.2.3　经济不确定性的调节效应

前文就注意力配置对人民币交易媒介职能的影响进行了初步分析，人民币交易媒介职能的发展不仅受到中国经济主体对外注意力配置的影响，还会受到伙伴国经济不确定性的影响。本章构建调节效应模型探究了经济不确定性对人民币交易媒介职能的作用机制，实证结果如表 5-7 所示。

表 5-7　经济不确定性的调节效应

变量	(1)	(2)	(3)	(4)	(5)	(6)
index	3.767** (2.14)	—	—	—	—	—
EU·index	0.005* (1.80)	—	—	—	—	—
mindex	—	3.931** (2.12)	—	—	—	—
EU·mindex	—	0.006* (1.83)	—	—	—	—
*bai*1	—	—	4.586** (2.46)	—	—	—
*EU·bai*1	—	—	0.005* (1.72)	—	—	—
*bai*2	—	—	—	4.528** (2.39)	—	—
*EU·bai*2	—	—	—	0.005* (1.76)	—	—
*bai*3	—	—	—	—	4.209** (2.32)	—
*EU·bai*3	—	—	—	—	0.006* (1.82)	—
*bai*4	—	—	—	—	—	4.261** (2.26)
*EU·bai*4	—	—	—	—	—	0.005* (1.77)
cgdp	3.595*** (9.03)	3.635*** (9.30)	3.243*** (8.23)	3.305*** (8.58)	3.319*** (8.63)	3.371*** (8.92)
gdp	0.962*** (3.39)	0.954*** (3.40)	1.228*** (4.45)	1.232*** (4.50)	1.227*** (4.40)	1.230*** (4.45)
fin	0.011*** (4.28)	0.011*** (4.31)	0.012*** (4.28)	0.012*** (4.30)	0.012*** (4.30)	0.012*** (4.31)
dis	-2.333*** (-4.18)	-2.278*** (-4.15)	-1.980*** (-3.58)	-1.943*** (-3.56)	-1.994*** (-3.61)	-1.958*** (-3.59)
msdr	0.488*** (5.41)	0.484*** (5.47)	0.336*** (4.21)	0.331*** (4.21)	0.332*** (4.16)	0.327*** (4.16)

续表

变量	(1)	(2)	(3)	(4)	(5)	(6)
常数项	-121.274*** (-9.35)	-123.040*** (-9.69)	-122.458*** (-9.32)	-124.572*** (-9.67)	-123.851*** (-9.49)	-125.823*** (-9.83)
样本数	286	286	288	288	288	288
R^2	0.650	0.656	0.598	0.601	0.595	0.599

注：①***、**和*分别表示在1%、5%和10%的水平下显著，括号内为 t 值。

②*bai*1 表示某一国(地区)的中文名称和英文名称的 PC 搜索指数和移动搜索指数总和的年度均值。*bai*2 表示某一国(地区)的中文名称和英文名称的 PC 搜索指数和移动搜索指数总和的年度中位值。*bai*3 表示某一国(地区)的中文名称和英文名称的 PC 搜索指数、移动搜索指数和媒体搜索指数总和的年度均值。*bai*4 表示某一国(地区)的中文名称和英文名称的 PC 搜索指数、移动搜索指数和媒体搜索指数总和的年度中位值。

如表 5-7 第(1)列所示，各国(地区)经济不确定性指数增加能显著地增强注意力配置对人民币交易媒介职能的促进作用。第(2)列考虑了核心解释变量的极端值对结果的干扰后，相应的回归结果并未发生实质性的改变。进一步地，为了更为全面地衡量对外注意力配置，本章还查找出 51 个样本国(地区)相应的英文名称在百度网页的搜索频数，进一步使用各样本国(地区)相应的中文名称和英文名称在百度网页的搜索频数之和来衡量注意力配置，如表 5-7 第(3)列至第(6)列所示，各变量的系数符号和显著性与第(1)列保持一致，研究结果证实经济不确定性强化了注意力配置对人民币交易媒介职能的促进作用，从而验证假设 1.2。

5.2.4 稳健性检验

5.2.4.1 工具变量法

注意力配置有助于提升人民币在国际外汇市场交易中的活跃程度，促进人民币国际化。同样地，人民币国际化程度的提升反过来可能也会对注意力配置产生作用，这种双向因果关系会引发内生性问题。为避免内生性问题导致的估计偏误，本章分别使用两阶段最小二乘法(2SLS)和动态面板模型(SGMM)进行估计，回归结果如表 5-8 所示。

如表 5-8 第(1)列和第(2)列所示，本章分别将 *index* 和 *mindex* 滞后一期作为工具变量，运用两阶段最小二乘法(2SLS)进行了回归，发现 *Kleibergen-Paap* 值均大于弱工具变量检验 10%的上限值 16.38，显著地拒绝工具变量与原变量无关的假设，表明工具变量选取较为合适。注意力配置的回归系数显著为正，表明注意力配置能显著地促进人民币交易媒介职能的发展，证实本章核心结论成立。在排除核心解释变量极端值干扰的情形下，该结论仍然成立，并且其他解释变量的系数符号均没有发生改变，表明本章的结论具有一定的稳健性。

表 5-8 工具变量回归结果

变量	(1)	(2)	(3)	(4)
	2SLS		SGMM	
index	1.801*** (6.59)		0.521*** (7.70)	
mindex		1.793*** (6.95)		0.915*** (11.61)
L.share			0.405*** (19.38)	0.412*** (25.67)
cgdp	1.530** (2.03)	1.755** (2.42)	1.560*** (10.54)	1.070*** (8.50)
gdp	0.295* (1.69)	0.305* (1.80)	0.658*** (3.74)	0.242** (2.46)
fin	0.013*** (9.40)	0.013*** (9.45)	0.002*** (2.82)	0.004*** (3.39)
dis	-1.108*** (-4.18)	-1.030*** (-3.99)	-0.136 (-0.45)	-1.500*** (-5.84)
msdr	0.465*** (9.22)	0.455*** (9.30)	0.084*** (3.07)	0.021 (0.88)
常数项	-57.791** (-2.57)	-65.131*** (-3.02)	-65.488*** (-12.95)	-30.653*** (-8.93)
Kleibergen-Paap 值	130.326	110.761		
Sargan 检验 *P* 值			0.7642	0.8177
样本数	286	286	170	170
R^2	0.624	0.638		

注：①***、**和*分别表示在 1%、5%和 10%的水平下显著，括号内为 *t* 值。

②SGMM 模型的 Sargan 检验结果表明，各模型在 5%的置信水平下均不存在过度识别的问题。

如表 5-8 第(3)列和第(4)列所示，本章采用动态面板模型(SGMM)进一步估计了模型[①]，发现被解释变量的滞后一期(*L. share*)回归系数显著为正，核心解释变量的系数符号和显著性均没有发生改变，且控制变量的回归系数符号也没有发生改变。在排除核心解释变量极端值干扰的情形下，该结论仍然成立，因此，本章模型结果具有较强的稳健性。

5.2.4.2 考虑其他影响不确定性的变量

对外注意力配置能增强中国经济主体对海外市场的了解，有助于降低中国与伙伴国之间的信息不对称程度，改善交易环境。但除注意力配置外，还存在其他传递信息和改善交易不确定性的方式，如固定电话沟通(*telephone*)和基础交通运输服务(*transport*)等[②]。为了检验考虑这些信息传递方式对人民币交易媒介职能的可能影响后，注意力配置是否仍显著地促进人民币交易媒介职能的发展，即排除相关遗漏变量对本章实证结果的可能影响，本章将上述变量进行对数处理并逐步纳入回归方程，实证结果如表 5-9 所示。

表 5-9 第(1)列至第(3)列是在 *index* 变量下的回归结果。可见，在逐步加入固定电话沟通和基础交通运输服务等因素后，注意力配置对人民币交易结算额的影响仍显著为正，各国(地区)经济不确定性仍产生显著的正向调节作用。同时，固定电话沟通和基础交通运输服务也对人民币交易结算额产生积极的影响。此外，考虑注意力配置的极端值对回归结果的可能干扰之后，表 5-9 第(4)列至第(6)列列示出在 *mindex* 变量下的回归结果，与前三列相似，这表明中国对外注意力配置对人民币交易媒介职能产生显著的正向影响，并未随着相关信息传递方式的加入而发生明显变化。

5.2.4.3 考虑人民币国际化政策

人民币国际化政策的实施有利于人民币跨境使用政策体系的建立和金融基础设施的完善，有助于人民币“走出去”和保证人民币安全高效地使用。本书参考 Liu 等(2019)的方法，分别考虑货币互换协议的签署(*policy*1)、清算协议的签署(*policy*2)、人民币与伙伴国货币直接兑换(*policy*3)、RQFII 投资额度的给予(*policy*4)、离岸清算中心的建立(*policy*5)以及这五项人民币国际化政策之和(*policy*)

① 本章以被解释变量的滞后 2 期和 3 期作为工具变量。

② 资料来源于 World Bank WDI 数据库。

表 5-9 其他信息获取渠道的分析

变量	(1)	(2)	(3)	(4)	(5)	(6)
index	3.372*	3.427*	3.321*			
	(1.88)	(1.95)	(1.86)			
EU·index	0.005*	0.006**	0.006*			
	(1.80)	(1.96)	(1.95)			
mindex				3.495*	3.921**	3.822**
				(1.85)	(2.13)	(2.03)
EU·mindex				0.006*	0.006**	0.006**
				(1.84)	(1.99)	(1.98)
cgdp	3.754***	3.974***	4.005***	3.790***	3.978***	4.002***
	(8.90)	(9.79)	(9.41)	(9.15)	(10.02)	(9.59)
gdp	0.936***	0.862***	0.860***	0.932***	0.837***	0.838***
	(3.24)	(2.86)	(2.81)	(3.26)	(2.81)	(2.77)
fin	0.011***	0.011***	0.011***	0.011***	0.011***	0.011***
	(3.87)	(4.13)	(3.92)	(3.90)	(4.13)	(3.93)
dis	-2.217***	-2.378***	-2.364***	-2.168***	-2.307***	-2.301***
	(-3.83)	(-4.22)	(-4.03)	(-3.81)	(-4.15)	(-3.99)
msdr	0.424***	0.510***	0.499***	0.420***	0.509***	0.501***
	(3.89)	(5.59)	(4.48)	(3.90)	(5.67)	(4.54)
telephone	0.022		0.004	0.021		0.003
	(1.08)		(0.19)	(1.07)		(0.14)
transport		0.068	0.068		0.068	0.068
		(0.90)	(0.89)		(0.90)	(0.89)
常数项	-125.918***	-129.483***	-130.352***	-127.530***	-130.550***	-131.182***
	(-9.20)	(-9.94)	(-9.54)	(-9.54)	(-10.28)	(-9.84)
样本数	285	276	275	285	276	275
R^2	0.645	0.650	0.649	0.651	0.658	0.657

注：***、**和*分别表示在1%、5%和10%的水平下显著，括号内为 t 值。

对人民币国际结算额的影响，实证结果如表 5-10 所示。研究结果表明，只有互换协议的签署对人民币国际结算金额产生显著的促进作用，其他人民币国际化政策对人民币交易媒介职能的发展并没有产生显著的促进作用。

表 5-10　人民币国际化政策因素

变量	(1)	(2)	(3)	(4)	(5)	(6)
index	3.671 ** (2.09)	4.105 ** (2.37)	3.976 ** (2.28)	3.949 ** (2.26)	3.679 ** (2.09)	4.066 ** (2.34)
EU·index	0.006 * (1.87)	0.006 * (1.78)	0.005 * (1.77)	0.005 * (1.78)	0.006 * (1.95)	0.006 * (1.79)
cgdp	3.571 *** (9.00)	3.518 *** (8.76)	3.541 *** (8.86)	3.580 *** (8.94)	3.383 *** (8.07)	3.519 *** (8.77)
gdp	0.967 *** (3.45)	0.940 *** (3.58)	0.948 *** (3.52)	0.955 *** (3.49)	0.979 *** (3.44)	0.942 *** (3.58)
fin	0.012 *** (4.36)	0.012 *** (4.67)	0.012 *** (4.55)	0.012 *** (4.45)	0.011 *** (4.14)	0.012 *** (4.66)
dis	-2.309 *** (-4.20)	-2.252 *** (-4.44)	-2.279 *** (-4.36)	-2.301 *** (-4.31)	-2.314 *** (-4.13)	-2.252 *** (-4.42)
msdr	0.488 *** (5.48)	0.482 *** (5.79)	0.483 *** (5.66)	0.487 *** (5.60)	0.493 *** (5.45)	0.482 *** (5.78)
policy1	0.419 * (1.71)					
policy2		0.135 (0.39)				
policy3			0.180 (0.48)			
policy4				-0.129 (-0.34)		
policy5					0.487 (1.60)	
policy						0.051 (0.45)
常数项	-120.825 *** (-9.37)	-119.814 *** (-9.36)	-120.203 *** (-9.36)	-121.309 *** (-9.39)	-115.606 *** (-8.60)	-119.839 *** (-9.37)
样本数	286	286	286	286	286	286
R^2	0.658	0.657	0.656	0.652	0.657	0.658

续表

变量	(7)	(8)	(9)	(10)	(11)	(12)
mindex	3.872** (2.10)	4.341** (2.41)	4.166** (2.28)	4.134** (2.26)	3.744** (2.02)	4.269** (2.36)
EU·mindex	0.006* (1.91)	0.006* (1.81)	0.006* (1.81)	0.006* (1.82)	0.006** (1.99)	0.006* (1.83)
cgdp	3.605*** (9.25)	3.552*** (9.02)	3.582*** (9.13)	3.618*** (9.19)	3.443*** (8.38)	3.557*** (9.04)
gdp	0.957*** (3.44)	0.925*** (3.56)	0.937*** (3.50)	0.945*** (3.48)	0.976*** (3.45)	0.930*** (3.55)
fin	0.012*** (4.37)	0.012*** (4.69)	0.012*** (4.56)	0.012*** (4.48)	0.011*** (4.18)	0.012*** (4.66)
dis	-2.254*** (-4.14)	-2.192*** (-4.38)	-2.225*** (-4.29)	-2.244*** (-4.26)	-2.266*** (-4.09)	-2.197*** (-4.35)
msdr	0.485*** (5.53)	0.479*** (5.86)	0.480*** (5.70)	0.483*** (5.66)	0.488*** (5.49)	0.480*** (5.82)
policy1	0.432* (1.76)					
policy2		0.150 (0.44)				
policy3			0.183 (0.49)			
policy4				-0.112 (-0.29)		
policy5					0.469 (1.53)	
policy						0.056 (0.50)
常数项	-122.428*** (-9.70)	-121.422*** (-9.68)	-121.940*** (-9.69)	-123.009*** (-9.72)	-117.804*** (-8.95)	-121.516*** (-9.69)
样本数	286	286	286	286	286	286
R^2	0.664	0.664	0.662	0.658	0.663	0.665

注：***、**和*分别表示在1%、5%和10%的水平下显著，括号内为t值。

本书探究了双边本币互换协议的签署对人民币交易媒介职能的影响，主要包括以下三个方面：第一，通过签署双边货币互换协议向协议国央行或货币当局提供短期流动性支持，可以共同应对和防范区域性金融危机，深化货币互信和促进经贸往来，为跨境人民币结算营造良好的宏观环境。第二，双边货币互换协议的签署相当于中国与协议国(地区)各自以对方货币储存了一定数量的官方外汇储备，这是对人民币成为国际货币的一种政治支持。这种政治支持发展成为一种超越纯市场力量的战略支持，可以使人民币的国际地位超越市场环境的变化，形成使用者对人民币国际使用的路径依赖。第三，在资本账户约束下，中国对外贸易处于顺差状态，境外人民币容易出现流动性不足，不利于扩大跨境人民币结算。双边货币互换协议的签订可弥补当前中国资本账户开放的不足，为人民币国际使用提供流动性支持，扩大人民币跨境结算的资金来源，降低跨境贸易结算对美元的依赖，进而提高人民币在跨境贸易结算中的使用比例。

5.2.4.4 替换关键变量

基准回归中，本书使用各样本国的中文名称在百度网页的搜索频数衡量中国对外注意力配置，本章进一步使用各样本国(地区)相应的中文名称和英文名称在百度网页的搜索频数之和来衡量注意力配置，实证结果如表5-11第(1)列至第(4)列所示。此外，基准回归中本书使用各样本国(地区)在国际外汇市场中人民币结算的金额作为被解释变量，本章进一步使用样本国(地区)在国际外汇市场中使用人民币结算的金额与人民币在国际外汇市场交易结算总额的比值的Logistics函数转换形式作为新的被解释变量重新进行实证回归，转换公式为：

$$\text{Logistics}A=\log(A/(1-A)) \tag{5-3}$$

进行Logistics转换的意义在于：将被解释变量的变动范围从[0，1]扩展为(-∞，+∞)，避免人民币国际地位存在的“突变现象”造成人民币国际地位与其影响因素之间存在非线性关系，实证结果如表5-11第(5)列和第(6)列所示。

从表5-11可知，替换核心解释变量和被解释变量后，注意力配置对人民币国际交易结算金额(人民币国际交易结算份额)仍产生显著的正向影响，且控制变量的系数符号和方向均没有发生改变。因此，该稳健性检验结果与本章的研究结论一致。

表 5-11 替换关键变量

变量	(1)	(2)	(3)	(4)	(5)	(6)
*bai*1	1.017 *** (3.59)					
*bai*2		1.465 *** (4.19)				
*bai*3			0.858 *** (3.21)			
*bai*4				1.369 *** (3.96)		
index					0.968 *** (3.64)	
mindex						1.438 *** (4.19)
cgdp	2.820 *** (6.56)	2.524 *** (5.63)	3.020 *** (7.32)	2.689 *** (6.20)	1.105 ** (2.54)	0.790 * (1.72)
gdp	1.085 *** (3.87)	0.907 *** (3.18)	1.116 *** (3.94)	0.903 *** (3.10)	0.798 *** (2.76)	0.625 ** (2.13)
fin	0.011 *** (4.11)	0.010 *** (3.93)	0.011 *** (4.14)	0.011 *** (3.94)	0.012 *** (4.42)	0.011 *** (4.23)
dis	-1.773 *** (-3.20)	-1.517 *** (-2.77)	-1.833 *** (-3.31)	-1.562 *** (-2.85)	-2.105 *** (-3.71)	-1.779 *** (-3.14)
msdr	0.347 *** (4.38)	0.363 *** (4.68)	0.335 *** (4.23)	0.355 *** (4.58)	0.512 *** (5.66)	0.520 *** (5.92)
常数项	-105.417 *** (-7.18)	-97.600 *** (-6.53)	-110.374 *** (-7.66)	-101.252 *** (-6.87)	-55.302 *** (-3.82)	-47.735 *** (-3.23)
样本数	288	288	288	288	286	286
R^2	0.608	0.625	0.600	0.622	0.680	0.695

注：①***、**和*分别表示在1%、5%和10%的水平下显著，括号内为 *t* 值。

②*bai*1 表示某一国(地区)的中文名称和英文名称的 *PC* 搜索指数和移动搜索指数总和的年度均值。*bai*2 表示某一国(地区)的中文名称和英文名称的 *PC* 搜索指数和移动搜索指数总和的年度中位值。*bai*3 表示某一国(地区)的中文名称和英文名称的 *PC* 搜索指数、移动搜索指数和媒体搜索指数总和的年度均值。*bai*4 表示某一国(地区)的中文名称和英文名称的 PC 搜索指数、移动搜索指数和媒体搜索指数总和的年度中位值。

5.2.4.5 运用 FAVAR 模型构建经济不确定性指数

本章运用 FAVAR 模型构建了各国(地区)经济不确定性指数，以替换前文采用 TVP-FAVAR 模型构建的各国(地区)经济不确定性指数重新进行实证回归，结果如表 5-12 所示。实证结果表明，各国(地区)经济不确定性增强了中国对外注意力配置对人民币交易媒介职能的促进作用，与本章结论一致，并且控制变量的系数符号和方向均没有发生改变，证明本章的结论具有较强的稳健性。

表 5-12　替换经济不确定性指数

变量	(1)	(2)	(3)	(4)
index	0.795*** (2.79)			
EU·index	4.273* (1.95)			
mindex		1.343*** (3.68)		
EU·mindex		4.378** (2.04)		
*bai*1			1.011*** (3.30)	
*EU·bai*1			4.497** (2.09)	
*bai*2				1.541*** (4.13)
*EU·bai*2				4.549** (2.15)
cgdp	3.299*** (6.82)	2.844*** (5.53)	2.843*** (5.83)	2.430*** (4.77)
gdp	0.794*** (2.68)	0.588* (1.95)	0.963*** (3.30)	0.754** (2.54)
fin	0.011*** (3.98)	0.010*** (3.69)	0.011*** (3.96)	0.010*** (3.68)
dis	-1.938*** (-3.29)	-1.617*** (-2.75)	-1.570*** (-2.73)	-1.318** (-2.32)
msdr	0.447*** (4.82)	0.463*** (5.11)	0.323*** (3.88)	0.347*** (4.25)
常数项	-108.523*** (-6.88)	-96.493*** (-5.92)	-104.326*** (-6.43)	-92.820*** (-5.59)
样本数	254	254	255	255
R^2	0.687	0.705	0.646	0.660

注：①***、**和*分别表示在 1%、5%和 10%的水平下显著，括号内为 *t* 值。

②*bai*1 表示某一国(地区)的中文名称和英文名称的 PC 搜索指数和移动搜索指数总和的年度均值，*bai*2 表示某一国(地区)的中文名称和英文名称的 PC 搜索指数和移动搜索指数总和的年度中位值。

5.2.5 进一步分析

5.2.5.1 “一带一路”倡议的政策效应评估

2013 年，习近平主席提出了“丝绸之路经济带”与“21 世纪海上丝绸之路”的构想，二者合称“一带一路”。中国作为“一带一路”倡导者把沿线国家和地区团结起来，目的是在古丝绸之路的基础上通过与沿线各国（地区）开展经济合作，发挥区域经济的优势，建立新型合作伙伴关系。本章将样本国（地区）分为两组，其中“一带一路”沿线国家（地区）作为处理组，非“一带一路”沿线国家（地区）作为控制组，将中国政府于 2013 年提出的“一带一路”倡议作为一项准自然实验，采用双重差分方法（DID）检验“一带一路”合作对人民币交易媒介职能的影响具体如表 5-13 所示，同时构建了以下模型：

$$share=\Phi_1 post13\times br+\theta_1 index+\theta_2 cgdp+\theta_3 gdp+\theta_4 fin+\theta_5 msdr+\eta_t+\eta_i+\varepsilon_{ij} \tag{5-4}$$

其中，i 表示国家（地区），t 表示年份。br 是处理组虚拟变量，若一国（地区）属于“一带一路”沿线国家（地区）取值为 1，否则为 0。$post13$ 为政策实施年份的虚拟变量，即 2013 年“一带一路”倡议提出前取值为 0，2013 年当年以及往后年份取值为 1。此外，本章还进一步控制了国家固定效应（η_i）和时间固定效应（η_t）。

从表 5-13 第（1）列可以看出，交互项 $post13\cdot br$ 系数显著为正，表明“一带一路”倡议能显著地促进人民币交易媒介职能的发展。究其原因：一方面，“一带一路”沿线国家多为发展中国家，生产要素储备丰富，生产价格相对低廉，中国恰好是能源和原材料等生产要素的需求大国。根据 Grassman 法则，与经济规模相对较小的国家进行初级产品交易，大国一般倾向使用本国货币进行结算。因此，中国是“一带一路”沿线的进口大国，这对采用人民币进行交易结算极为有利。另一方面，中国向“一带一路”沿线国家（地区）提供较为先进的基础设施建造技术、设备以及维修服务等，中国多出口差异化程度相对较高的产品，这对采用人民币进行交易结算具有明显的竞争优势。因此，“一带一路”合作有利于增加人民币作为支付结算货币的使用频率和范围，促进人民币交易媒介职能的发展。

那么，“一带一路”合作是如何影响人民币交易媒介职能的呢？本章从注意力配置角度分析了“一带一路”合作对人民币交易媒介职能的影响机制。从表 5-13

第(2)列和第(3)列可以看出，“一带一路”倡议有利于增强注意力配置对人民币交易媒介职能的促进作用。同时，考虑注意力配置的极端值对回归结果的可能干扰之后，表5-13第(4)列和第(5)列列示出在*mindex*变量下的回归结果，结论同样不变。

表5-13 “一带一路”倡议对人民币交易媒介职能的影响及影响机制分析

变量	(1)	(2)	(3)	(4)	(5)
post13 · br	1.019** (2.45)				
index	1.166*** (4.20)	0.769*** (3.14)	1.105*** (3.96)		
index · post13 · br		0.185*** (4.23)	0.130*** (2.75)		
mindex				1.979*** (5.95)	2.100*** (5.62)
mindex · post13 · br				0.162*** (3.74)	0.108** (2.29)
cgdp	-0.760 (-0.21)		-0.698 (-0.19)		0.802 (0.23)
gdp	0.560* (1.80)		0.554* (1.80)		0.192 (0.62)
fin	0.010*** (3.86)		0.010*** (3.94)		0.009*** (3.41)
msdr	0.405*** (3.94)		0.400*** (3.92)		0.461*** (4.64)
常数项	-2.582 (-0.02)	-3.157 (-1.62)	-3.740 (-0.04)	-12.314*** (-4.76)	-45.521 (-0.45)
时间效应	控制	控制	控制	控制	控制
国家效应	控制	控制	控制	控制	控制
样本数	252	322	252	322	252
R^2	0.460	0.378	0.464	0.404	0.490

注：***、**和*分别表示在1%、5%、10%的置信水平下显著，括号内为*t*值。

5.2.5.2　平行趋势假设检验

采用双重差分法进行分析的一个重要前提是，如果没有“一带一路”倡议的政策冲击，不同组别之间应保持趋势一致。因此，本章为了检验“一带一路”倡议前处理组和控制组是否满足平行趋势假设，设定了以下计量模型：

$$share = \sum_{2011}^{2018} \Phi_1 Dyear \cdot br + \theta_1 index + \theta_2 cgdp + \theta_3 gdp + \theta_4 fin + \theta_5 ncny + \eta_t + \eta_i + \varepsilon_{ij} \tag{5-5}$$

根据上述计量模型的回归结果，本章绘制了Φ_1的走势图(见图5-3)。若满足平行趋势假定，预期“一带一路”倡议前Φ_1不应显著异于0，即在“一带一路”倡议前，处理组和控制组趋势一致。如图5-3所示，横轴*pre_1*代表政策发生前一年，*current*表示政策发生当年，*post_1*表示政策发生后一年，以此类推。纵轴表示回归系数值。从图5-3中可以看出，Φ_1系数在“一带一路”倡议前的确在0值附近波动，即Φ_1回归系数不显著，满足平行趋势假定；“一带一路”倡议后Φ_1系数显著为正，与前文回归结果一致。

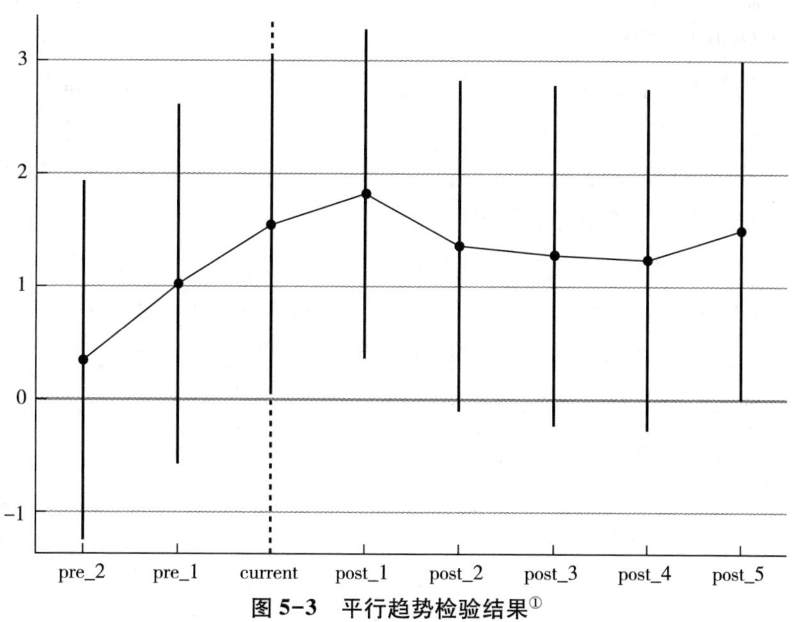

图5-3　平行趋势检验结果[①]

① 图5-3采用“一带一路”倡议提出前两年的数据，主要是由于人民币国际化尚处于初级阶段，受制于数据可得性限制，本书仅收集到2010年之后的数据。

5.3 本章小结

本章从人民币交易媒介职能的私人用途角度出发，收集了 2009~2018 年 51 个国家(地区)在国际外汇市场中使用人民币进行交易结算的数据，实证检验了注意力配置对人民币交易媒介职能的影响机制。

本章的基准检验和稳健性检验结果表明，中国经济主体对外注意力配置水平越高，越有利于促进人民币交易媒介职能的发展，即使在替换核心变量、考虑内生性问题、控制影响不确定性的变量，以及控制货币互换协议签署等人民币国际化政策变量后，结论依然稳健。

本章的异质性检验结果表明，注意力配置对人民币交易媒介职能的影响呈现出一定的异质性特征，具体表现如下：中国经济主体对与中国双边政治关系越紧密的国家(地区)注意力配置越高，越有利于促进人民币发挥跨境结算职能；相对于偏好美国倡导的国际秩序的国家(地区)而言，注意力配置更有利于促进中国与反对美国倡导的国际秩序的国家(地区)开展人民币跨境结算；相对于资本账户开放程度低于中国的国家(地区)而言，对资本账户开放程度高于中国的国家(地区)配置更多的注意力有利于完善人民币交易媒介职能；相对于货币自由度较低的国家(地区)而言，对货币自由度较高的国家(地区)配置更多的注意力会显著促进人民币交易媒介职能的发展；相对于亚洲、欧洲的国家(地区)而言，对其他洲的国家(地区)配置更多的注意力有利于促进人民币跨境结算。

本章的拓展检验结果表明，各国(地区)经济不确定性增加会显著地增强注意力配置对人民币交易媒介职能的促进作用；“一带一路”倡议也有利于增强注意力配置对人民币交易媒介职能的促进作用。

6

注意力配置、经济不确定性与人民币计价单位职能

人民币国际化推行的十余年时间里，人民币计价单位职能的发展有了新的突破和变化：

第一，2015 年，国际货币基金组织（IMF）决定将人民币纳入特别提款权（SDR）货币篮子，SDR 作为 IMF 重要的记账单位和储备货币，人民币纳入 SDR 不仅从形象上提升了人民币作为国际货币的计价单位职能，更重要的是人民币成为国际储备资产和国际大宗商品计价单位的构成部分，这种隐含的网络外部性将随着人民币国际化程度的提升进一步扩大。

第二，2018 年，石油原油期货、铁矿石期货、乙二醇期货等大宗商品期货使用人民币作为计价货币，人民币开始在大宗商品计价交易中占据一席之地。

第三，2019 年 4 月，彭博公司将人民币计价债券纳入彭博巴克莱债券指数，人民币计价债券成为继美元、欧元和日元之后的第四大货币计价债券，纳入国际主流指数标志着以人民币计价的债券资产得到国际投资者的认可。从图 6-1 中可以看出，境外机构和个人持有人民币计价资产中规模较大的是债券、股票和存款。

第四，人民币国际化推进策略不断转变。人民币国际化初始时期，中国政府主要通过“鼓励跨境贸易和投资的人民币结算+离岸人民币市场发展+双边本币互换”的策略，即旧“三位一体”策略推行人民币国际化。该策略推动人民币国际化在 2015 年达到高峰。但从 2016 年开始，无论是从跨境贸易、投资人民币结算和离岸金融中心人民币存款方面，还是从双边本币互换协议签署规模方面来看，人民币国际化进程都出现了停滞甚至是倒退的现象，中国政府的策略逐渐转变为“培养人民币作为计价货币+‘一带一路’倡议+金融市场改革”的新

“三位一体”策略(张明、李曦晨，2019)。新旧“三位一体”策略的转变表明：中国政府的政策重心从人民币发展较为成熟的交易媒介职能逐渐向人民币发展较为薄弱的计价单位职能倾斜，人民币的计价单位职能是未来人民币国际化推进的重点。

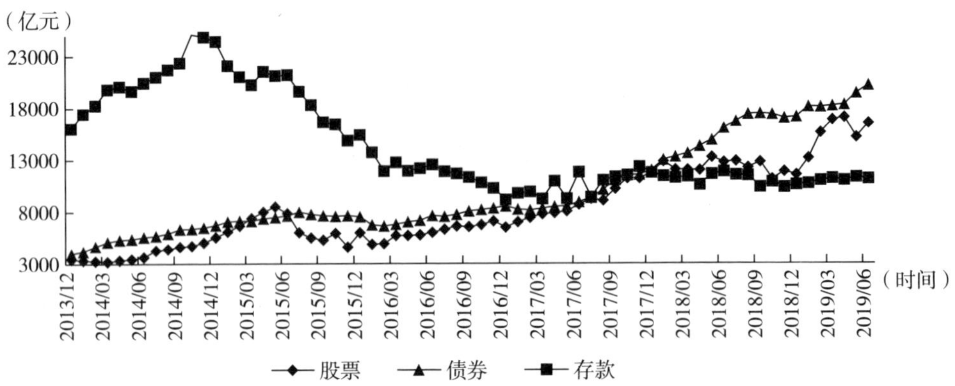

图 6-1　2013 年 12 月~2019 年 6 月境外机构和个人持有人民币金融资产情况

资料来源：Wind 数据库。

可见，人民币计价单位职能的发展虽然起步较晚，但发展较为迅速，是未来人民币国际化推进的重点领域。本章立足于人民币国际化初级发展阶段这一现实背景，从人民币计价单位职能视角探讨注意力配置对人民币国际化的影响。同时，本章紧密围绕第 3 章提出的注意力配置对人民币计价单位职能的理论机制，运用 TVP-SV-VAR 模型等计量方法实证检验了 2004~2019 年注意力配置、全球经济不确定性对人民币计价单位职能的影响以及影响的时变性。在此基础上，本章还探究了注意力配置与全球经济不确定性对人民币计价单位职能的影响是否会因不同的样本分类标准而存在异质性。进一步地，本章运用 SR-VAR 模型考察了全球经济不确定性上升或下降的情形下注意力配置对人民币计价单位职能的影响。此外，本章还分析了“一带一路”倡议的政策效应对人民币计价单位职能的影响，以及注意力配置、经济不确定性与人民币计价单位职能之间的长期均衡关系。这不仅有助于人民币顺利通过 IMF 组织每五年一次的 SDR 货币篮子评估，还有利于为人民币计价单位职能的进一步发展提供具有针对性的政策建议。

6.1 研究设计

6.1.1 变量与数据说明

国际货币的计价单位职能在官方用途方面主要是作为锚货币，在私人用途方面主要作为国际贸易和金融交易的计价货币。锚货币是各国(地区)政府官方选择的结果且其数据不可得。因此，本章从人民币计价单位职能的私人用途角度出发进行研究。人民币计价单位职能的私人用途主要是作为国际贸易和国际金融交易两方面的计价货币。在国际贸易计价货币选择方面，Mckinnon(1969)对贸易产品的相似程度进行了分类：第一类产品如高科技产品，生产者对产品价格具有很强的控制权，产品的定价、计价货币倾向于选择出口商本国货币；第二类产品诸如大宗商品，价格控制比较困难，通常选择美元进行计价。对于人民币来说：一方面，中国主要的贸易伙伴国有美国、日本、韩国、德国和澳大利亚等发达经济体。中国主要进口原油和高新技术产品，出口服装和机电产品[①]。中国以进口大宗商品和高新技术产品以及出口加工原材料为主的贸易结构制约了人民币计价单位职能的发展，导致中国经济主体在国际贸易中采用人民币计价并没有明显的竞争优势。同时，2014 年之前中华人民共和国海关总署发布的海关统计数据均以美元计价，2014 年起才同时发布以人民币和美元计价的各类海关统计数据。另一方面，现阶段全球大部分大宗商品都是以美元进行计价。2018 年 3 月，以人民币计价的原油期货的挂牌交易标志着人民币开始在大宗商品计价交易中占有一席之地。截至 2019 年末，人民币仅成为石油原油、铁矿石、PTA 和 20 号胶这四种期货产品的计价货币[②]。因此，人民币作为国际贸易计价货币存在交易量较少、时间较短、数据不连续等问题，数据获取较为困难。本章在实证研究中以人民币计价的国际金融资产数据作为人民币计价单位职能的衡量指标。

以往学者主要使用以人民币计价的国际债券金额作为人民币计价单位职能发

① 资料来源：中华人民共和国海关总署网站。

② 2018 年 5 月，人民币成为铁矿石期货的计价货币；2019 年 8 月，人民币成为 20 号胶期货的计价货币。

展情况的衡量指标，但以人民币计价的国际债券金额只是人民币作为国际金融资产计价货币的一部分。因此，本章借鉴吴舒钰和李稻葵(2018)、白晓燕和于晓宁(2019)的方法，将在国际金融体系中以人民币计价的资产总额作为被解释变量，具体包括在国际债券投资、国际股票投资、国际直接投资和国际其他投资这四种渠道中以人民币计价的金融资产规模。该指标的优势主要体现在以下三个方面：第一，突破了以往学者使用单一的国际债券金额来衡量人民币计价单位职能的片面性缺憾。鉴于国际债券市场的发展规模远大于国际股票市场的发展规模，以往学者倾向于选取以本币计价的国际债券金额作为主要国际货币计价单位职能的衡量指标。但随着“一带一路”合作的深入开展和中国股市在国际金融市场中的认可度不断提高，以人民币计价的国际直接投资和股票投资的重要性不容忽视。因此，本章将以人民币计价的国际金融资产总额作为被解释变量，不仅包括国际债券计价金额，还包括国际股票投资、国际直接投资和国际其他投资中以人民币计价的金融资产规模，能更为全面地评估人民币计价单位职能的发展状况。第二，这一指标不仅包括各国(地区)央行或货币当局官方国际投资，也涵盖了大量的私人部门投资。因此，该指标能同时反映私人国际投资和官方国际投资两方面行为，进而能较全面地反映人民币计价单位职能的发展情况。第三，相较于某一年度的国际金融和贸易交易量来说，以人民币计价的非居民投资存量不仅排除了短期内的非理性预期扰动，还能较全面地反映人民币在国际金融体系中的地位。

该指标的具体计算过程如下：

第一，在国际股票投资和国际直接投资方面，本章选择 IMF 数据库中各国(地区)国际投资头寸表中的股票投资和直投投资项目下的负债额作为该国(地区)货币在股票投资和直投投资渠道下的国际投资金额[①]。第二，在国际债券投资方面，IMF 国际投资头寸表中的债券投资负债方统计的是非居民持有的被投资国(地区)发行的债券总额。由于只有美国和欧元区等主要国际货币发行主体发行的债券以本币计价，其余大部分国家(地区)发行的债券都是以外币计价的，并且无法获取每个国家(地区)发行债券的具体币种结构，因此，本章选取 BIS 数据库统计的以某种货币计价的国际债券存量数据，作为该货币在国际债券投资渠道下的计价金额。第三，在国际其他投资方面，银行存款作为其他投资的主要形式，本章采用以某种货币计价的银行存款投资额作为国际其他投资额的近似衡

① 此处假设境外机构和个人通过股票投资和直接投资这两种渠道持有的国际金融资产计价货币为被投资国(地区)的发行货币。

量。本章根据 BIS LBS(Locational Banking Statistics)数据库公布的 47 个国家(地区)主要银行的跨境业务资产负债表中以该国(地区)币种计价的负债金额数据，作为以该货币计价的国际其他投资渠道下的投资额。

本章最终获得 26 种货币在 1992~2019 年的国际金融投资额，分别是：澳元、巴林第纳尔、巴西雷亚尔、加元、智利比索、人民币、丹麦克朗、欧元[①]、港元、印度卢比、印尼盾、日元、韩元、马来西亚吉林特、墨西哥比索、新西兰元、挪威克朗、菲律宾比索、俄罗斯卢布、新加坡元、南非南特、瑞典克朗、瑞士法郎、新土耳其里拉、英镑和美元。本章根据以各币种计价的国际金融资产额占样本货币国际金融资产总额的比值进行分析，具体如图 6-2 所示。由于美元、欧元和英镑计价的国际金融资产份额较大，为了更好地观察人民币计价单位职能的走势，故本章将美元、欧元、英镑等国际金融资产份额较大的货币和一些国际金融资产份额较小的货币在图 6-2 中省略掉，仅保留国际金融资产份额较为相当的澳元、加元、人民币、日元和瑞士法郎。从图 6-2 可知，2004 年之前以人民币计价的国际金融资产份额非常小，原因在于：中国政府在 2003 年才明确指出要"逐步实现资本项目可兑换"，由此中国正式开始逐步推进资本账户开放。2002 年 11 月，中国证券监督管理委员会和中国人民银行联合发布的《合格境外机构投资者境内证券投资管理暂行办法》正式推出 QFII 机制，标志着国际投资者可以有限制地参与中国证券投资。因此，2004 年之前 IMF 数据库和 BIS LBS 数据库没有

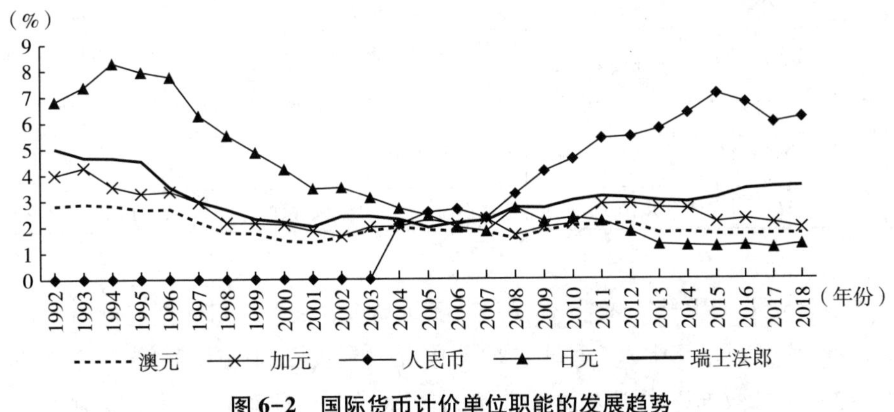

图 6-2 国际货币计价单位职能的发展趋势

① 本书对欧元数据的处理方式如下：欧元计价的国际债券金额用 BIS 数据库中欧洲货币单位数据代替；欧元计价的国际股票投资和直接投资数据，1999 年之前的数据由 IMF 数据库中德国、法国、比利时、意大利、西班牙等具有代表性的欧元区成员国数据加总得出；欧元计价的国际其他投资数据由 BIS LBS 数据库中德国、法国、比利时、意大利、西班牙等具有代表性的欧元区成员国数据加总得出。

人民币计价的国际股票投资、国际直接投资和国际其他投资的数据，2004 年之后以人民币计价的国际金融资产份额逐渐上升，甚至可以与日元、瑞士法郎、澳元和加元等货币相媲美。鉴于此，本章选取 2004 年 1 月 ~2019 年 12 月的月度数据进行实证分析。

本章选择 Baker 等(2016)构建的全球不确定性指数作为全球经济不确定性指数的代理变量，而不是本书自行构建各国(地区)经济不确定性指数。这是因为，本书自行构建全球经济不确定性指数会存在以下两方面困难：第一，国家(地区)的选取。构建全球经济不确定性指数并不是把全球 233 个国家(地区)全部包含在内，而是要科学合理地鉴别出比较有影响力的大多数国家(地区)，且不同的国家(地区)的选取将产生不同的结果。第二，权重的设定。由于各国(地区)经济不确定性对人民币国际化产生的影响是存在差别的，不同的权重设定将产生不同的结果，目前难以客观地确定各国(地区)经济不确定性指数的权重。因此，本章选取较为权威且客观合理的 Baker 等(2016)提供的全球不确定性指数作为全球经济不确定性指数的代理变量，该指数不仅包括经济不确定性，还包括政治不确定性，从而能更为全面地评估全球不确定性对人民币计价单位职能的影响。本书中关键变量的选取与说明如表 6-1 所示。

表 6-1　变量选取与说明

变量分类	变量符号	变量名称	变量说明	数据来源
被解释变量	*RMB*	人民币计价单位职能	以人民币计价的国际金融资产额，取对数	IMF IFS、BIS、BIS LBS 数据库
核心解释变量	*index*	注意力配置	基于百度指数的测算①	http：//index. baidu. com/v2/index. html#/
	EU	全球经济不确定性	全球不确定性指数，取对数	Baker 等(2016)②

本章建立了 TVP-SV-VAR 模型进行实证研究，需要先对数据进行如下处理：第一，IMF IFS 数据库中以人民币计价的国际股票投资和国际直接投资额数据是季度数据，BIS 数据库中以人民币计价的国际债券投资额数据是季度数据，BIS

① 本书参考施炳展和金祥义(2019)的做法，用百度指数作为注意力配置的衡量指标。百度指数表示为百度网页搜索中所有国家(地区)中文名称的 PC 搜索指数和移动搜索指数总和的年度均值。详细说明请参考第 5 章相关小节的内容，此处不再赘述。

② 资料来源：http：//www. policyuncertainty. com/index. html。

LBS 数据库中以人民币计价的国际其他投资额数据是季度数据，全球经济不确定性指数是季度数据，百度指数是月度数据①。本章将季度数据通过 Quadratic-Match Average 方法转换成月度数据。第二，TVP-SV-VAR 模型采用 Oxmetrics 6.01 和 Eviews 11 统计软件完成，数据处理采用 Stata13 计量软件完成。

各变量的描述性统计如表 6-2 所示。本章还采用方差膨胀因子(VIF)检验各变量之间是否存在多重共线性问题，发现方差膨胀因子 VIF 最大值为 1.79，平均值为 1.79，均小于 10，可以认为各变量之间不存在多重共线性问题。

表 6-2 描述性统计

变量	平均值	标准差	最小值	中位数	最大值	样本数
RMB	14.32	0.829	12.53	14.49	15.70	192
index	12.12	0.788	10.51	12.42	13.51	192
EU	9.849	0.381	9.042	9.817	10.97	192

6.1.2 计量模型设定

本章采用 TVP-SV-VAR 模型进行实证分析。传统的 VAR 模型因其具有简单易用性而被广泛地运用到宏观经济分析等领域，但 VAR 模型假定模型参数与随机扰动项的方差不随时间变化，不能解释各变量的时变非线性关系。为了解决这一问题，20 世纪 90 年代以来计量经济学家不断改进模型，产生了 MSVAR(马尔科夫区制转换 VAR)、TVAR(门限 VAR)、STVAR(平滑转换 VAR)和 TVP-SV-VAR 等非线性动态 VAR 模型。MSVAR 和 TVAR 模型存在转换机制离散化的问题，STVAR 模型存在数学约束过多等问题，而基于马尔可夫链蒙特卡罗模型(Markov Chain Monte Carlo Method，MCMC)抽样算法的非线性时变系数 VAR 模型(TVP-SV-VAR 模型)成为重要的发展方向，该模型比前三种非线性动态 VAR 模型能更加敏锐地把握经济运行中的结构变化(吴立雪，2019)。考虑到现实情形，国内外经济与金融环境、政策制度等都处于不断变化的动态过程中，因此，本章采用 Nakajima(2011)提出的 TVP-SV-VAR 模型(Time Varying Parameter-Stochastic Volatility-VAR Model)进行实证分析，即在传统 VAR 模型的基础上允许相应的

① 百度指数数据最早只到 2011 年 1 月，本书对百度指数按季度使用移动平均法进行数据补全。

参数与方差随时间变动，并能捕捉模型滞后结构潜在的时变特征。下面对 TVP-SV-VAR 模型进行简单的描述。

标准的结构 VAR 模型定义为：

$$Ay_t = F_1 y_{t-1} + F_2 y_{t-2} + \cdots + F_s y_{t-s} + \mu_t,\ t = s+1,\ 2,\ \cdots,\ n \tag{6-1}$$

式(6-1)中，y_t 是 $k\times1$ 阶向量，$\boldsymbol{A}$ 是 $k\times k$ 阶联立参数矩阵，F_1，F_2，…，F_s 为 $k\cdot k$ 阶滞后系数矩阵，扰动项 μ_t 为 $k\times1$ 阶结构性冲击。

假定$\mu_t \sim N(0,\ \sum)$，$\sum = \begin{bmatrix} \sigma_1 & \cdots & 0 \\ \vdots & \ddots & \vdots \\ 0 & \cdots & \sigma_k \end{bmatrix}$。

同时假定 $\boldsymbol{A}$ 为如下所示的下三角矩阵：

$$\boldsymbol{A} = \begin{bmatrix} 1 & 0 & \cdots & 0 \\ a_{21} & 1 & \cdots & 0 \\ \vdots & \vdots & \ddots & \vdots \\ a_{k1} & a_{k,k-1} & \cdots & 1 \end{bmatrix} \tag{6-2}$$

此时为传统意义上的 SVAR 模型。现将式(6-1)进行如下变形：

$$y_t = B_1 y_{t-1} + \cdots + B_s y_{t-s} + \boldsymbol{A}^{-1} \sum \varepsilon_t \tag{6-3}$$

式(6-3)中，$B_1 = A^{-1}F_i$，$i=1,\ 2,\ \cdots,\ s$，$\varepsilon_t \sim N(0,\ I_k)$。

定义 $X_t = I_k \otimes (y'_{t-1},\ y'_{t-2},\ \cdots,\ y'_{t-s})$，$\otimes$表示克罗内克(Kronecker)积，将式(6-3)转变为：

$$y_t = X_t\beta + \boldsymbol{A}^{-1} \sum \varepsilon_t \tag{6-4}$$

在式(6-4)中，所有参数都是不随时间变化的。为了允许参数随时间变动将模型(6-4)扩展成为下面的 TVP-SV-VAR 模型①。

假设 B_t、A_t 和$\sum_t$ 都是随时间变化的动态变量，进一步将式(6-4)改写为：

$$y_t = X_t\beta_t + A_t^{-1} \sum\nolimits_t \varepsilon_t \tag{6-5}$$

式(6-5)即为随机波动的 TVP-VAR 模型，也称为 TVP-SV-VAR 模型。假设在上述 TVP-SV-VAR 模型中，所有参数均服从随机游走过程，且假定 $a_t = (a_{21,t},\ a_{31,t},\ a_{32,t},\ a_{41,t},\ \cdots,\ a_{kk-1,t})'$为下三角形 A_t 中非 0 和 1 元素堆积而形成的列向量，同时假定 $h_t = (h_{1t},\ h_{2t},\ \cdots,\ h_{kt})'$，$h_{jt} = \log\sigma_{jt}^2$，$j=1,\ 2,\ \cdots,\ k$，$t=s+1,\ s+2,\ \cdots,\ n$。可以得到：

① 一般学者采用的 TVP-VAR 模型实质上也是 TVP-SV-VAR 模型，只不过是 TVP-SV-VAR 模型的简写形式，如 Nakajima(2011)、陈瑶雯等(2019)。

$$\beta_{t+1}=\beta_t+\mu_{\beta t} \tag{6-6}$$

$$\alpha_{t+1}=\alpha_t+\mu_{\alpha t} \tag{6-7}$$

$$h_{t+1}=h_t+\mu_{ht} \tag{6-8}$$

$$\begin{bmatrix}\varepsilon_t\\ \mu_{\beta t}\\ \mu_{\alpha t}\\ \mu_{ht}\end{bmatrix}\sim N\left[0,\begin{bmatrix}I & 0 & \cdots & 0\\ 0 & \Sigma_\beta & \ddots & \vdots\\ \vdots & \ddots & \Sigma_\alpha & \vdots\\ 0 & \cdots & 0 & \Sigma_h\end{bmatrix}\right] \tag{6-9}$$

式中，$t=s+1$，$s+2$，…，n，$\beta_{s+1}\sim N(\mu_{\beta_0}, \Sigma_{\beta_0})$，$a_{s+1}\sim N(\mu_{a_0}, \Sigma_{a_0})$，$h_{s+1}\sim N(\mu_{h_0}, \Sigma_{h_0})$。

本章根据 Nakajima(2011)提出的马尔科夫链蒙特卡罗模型(MCMC)抽样算法对参数β_t、A_t和Σ_t进行估计。

6.1.3　注意力配置关键时点的选取

本章采用 TVP-SV-VAR 模型进行实证分析，其中一项重要内容就是需要选取具有经济意义的不同观测时点，以便分析该时点的经济不确定性或注意力配置对人民币计价单位职能的影响。一方面，本章根据图 4-9 中全球不确定性指数的走势选取 2008 年 9 月国际金融危机、2012 年 12 月美国财政“悬崖”和欧洲主权债务危机，以及 2016 年 11 月英国脱欧和特朗普获选这三个时点作为全球经济不确定性的关键时点；另一方面，注意力配置关键时点的选取成为本章的一个难点。本章基于以下考虑，根据中国资本账户开放时点选择注意力配置的关键时点。

6.1.3.1　中国“管道式开放”政策

中国金融市场较为脆弱[①]，为了守住不发生金融危机这一底线，中国政府对资本市场开放实施相应的管制，采用“管道式开放”政策。具体而言：对于股票市场来说，境内(境外)机构投资者投资境外(境内)股票市场只能通过 QDII

① 一方面，中国面临较为严峻的短期资本外逃风险，如果中国政府进一步开放资本项目，将加剧资本外逃的风险，甚至引发金融危机；另一方面，中国金融市场还存在垄断程度较高、金融机构效率较低等问题，以银行为主导型的金融体系结构不仅会导致金融市场脆弱性增强，还会制约金融市场深层次的发展。

和 RQDII(QFII 和 RQFII)的渠道，而个人投资者只能通过“沪港通”和“深港通”渠道投资股票市场。对于债券市场投资主体的开放来说，逐步允许泛亚基金，亚债中国基金，境外央行或货币当局，人民币清算行、参加行等境外投资者投资中国债券市场。从债券市场投资渠道开放来说，境外投资者逐步可以通过 QFII、RQFII、“债券通”渠道投资中国债券市场(中国人民大学国际货币研究所，2019)。这种“管道式开放”政策有助于逐步拓宽境外投资者投资人民币计价金融产品的投资渠道和范围。中国资本市场开放情况具体如图 6-3 所示。

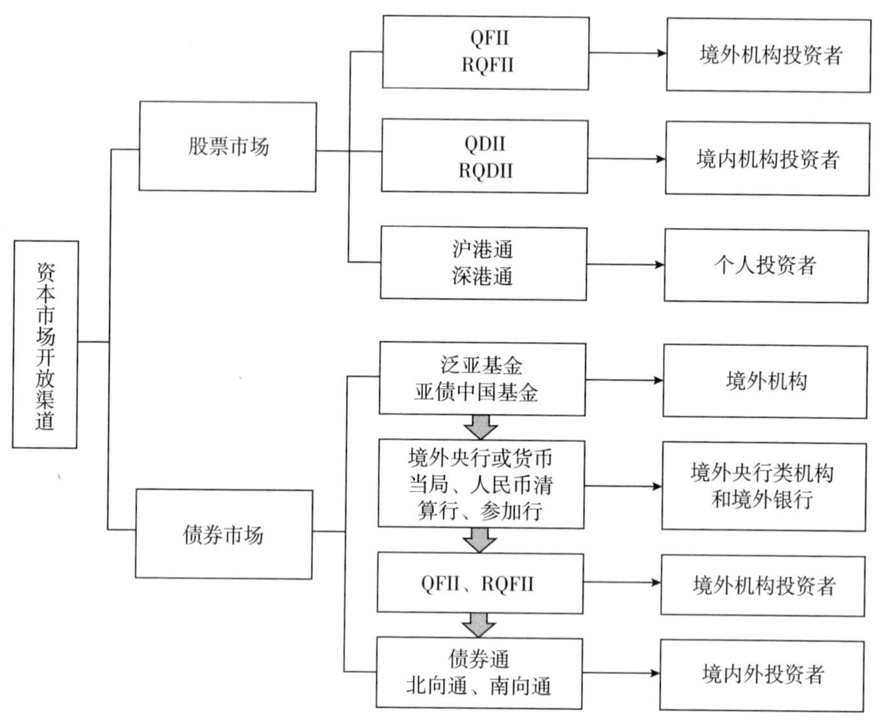

图 6-3 中国资本市场开放程度

6.1.3.2 中国资本账户开放与注意力配置的关系

中国资本账户开放是中国经济主体对外注意力配置对人民币计价单位职能产生促进作用的前提条件。随着中国资本账户的逐步开放，中国经济主体增加对外注意力配置能在中国政策允许范围内选择对外投资的地域范围、投

资渠道、投资额度和投资产品种类，进而促进人民币计价单位职能的发展（见图 6-4）。从图 6-4 中可以看出：一方面，随着中国政府对资本账户开放相关政策的逐步实施，经济主体对外注意力配置会产生一个小高峰；另一方面，随着中国资本账户开放程度的不断提高，经济主体对外注意力配置也不断增加。

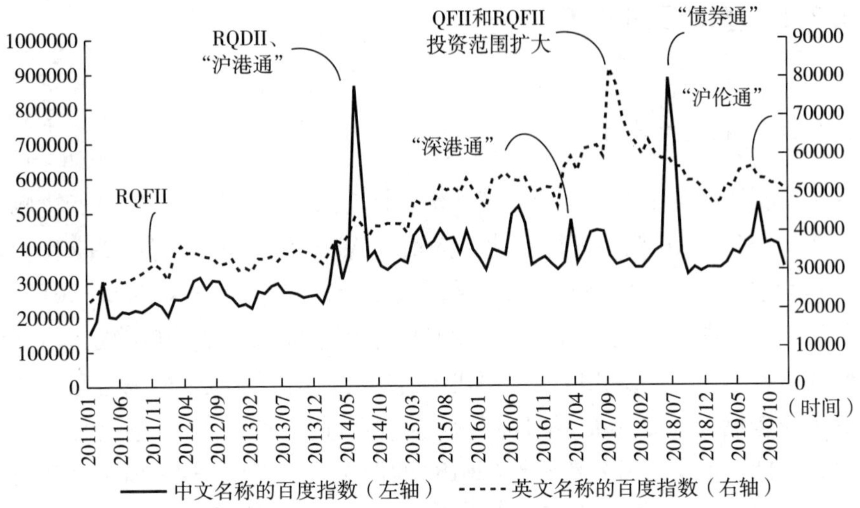

图 6-4　注意力配置与资本账户开放程度

资料来源：①《人民币国际化报告(2020)》。

②http：//index. baidu. com/v2/index. html#/，查询时输入具体国家名字。

因此，本章根据中国政府实施“管道式开放”政策较为重要的时间点，选择经济主体对外注意力配置的关键时间点，分别为 2007 年 6 月、2014 年 11 月和 2017 年 6 月。究其原因在于：2007 年 6 月，中国证券监督管理委员会发布的《合格境内机构投资者境外证券投资管理试行办法》引入了 QDII 机制，标志着国内投资机构参与海外投资的开始。2014 年 11 月，《中国人民银行关于人民币合格境内机构投资者境外证券投资有关事项的通知》发布，标志着 RQDII 投资渠道的开通和境内人民币可以直接投资境外资本市场。2017 年 6 月，中国人民银行发布了《内地与香港债券市场互联互通合作管理暂行办法》，正式推出中国内地与中国香港之间“债券通”的管理办法。

6.2 实证分析

6.2.1 基准回归分析

6.2.1.1 模型估计结果

为了分析注意力配置、全球经济不确定性对人民币计价单位的时变影响，本章采用TVP-SV-VAR模型进行估计。首先，TVP-SV-VAR模型不要求变量满足平稳性检验这一条件，只要求变量服从随机游走过程即可(Nakajima，2011)。其次，关于滞后阶数的设定。Nakajima(2011)采用边际似然估计值确定滞后阶数，但遗憾的是，其并未提供相应的程序代码。因此，国内文献一般采用默认值2进行设置，或者根据AIC、BIC和HQIC信息准则进行设定。为了避免时变模型的残差自相关性，本章参考陈瑶雯等(2019)的做法，将TVP-SV-VAR模型的滞后阶数直接设定为2。最后，本章参考Nakajima(2011)的方法设置参数初始值，运用MCMC方法模拟50000次，前5000次抽样结果舍弃，利用后面45000次的抽样结果来估计后验分布的参数，其估计结果如表6-3和图6-5所示。

表6-3 参数估计结果

参数	均值	标准差	95%上界	95%下界	CD统计量	无效因子
$(\Sigma_\beta)_1$	0.0182	0.0015	0.0155	0.0212	0.083	8.52
$(\Sigma_\beta)_2$	0.0178	0.0014	0.0153	0.0208	0.356	7.77
$(\Sigma_\alpha)_1$	0.0870	0.0809	0.0428	0.1716	0.292	78.96
$(\Sigma_\alpha)_2$	0.1559	0.1047	0.0548	0.4414	0.272	195.34
$(\Sigma_h)_1$	1.4755	0.3631	0.8843	2.2994	0.022	199.31
$(\Sigma_h)_2$	0.7811	0.1254	0.5659	1.0593	0.394	95.96

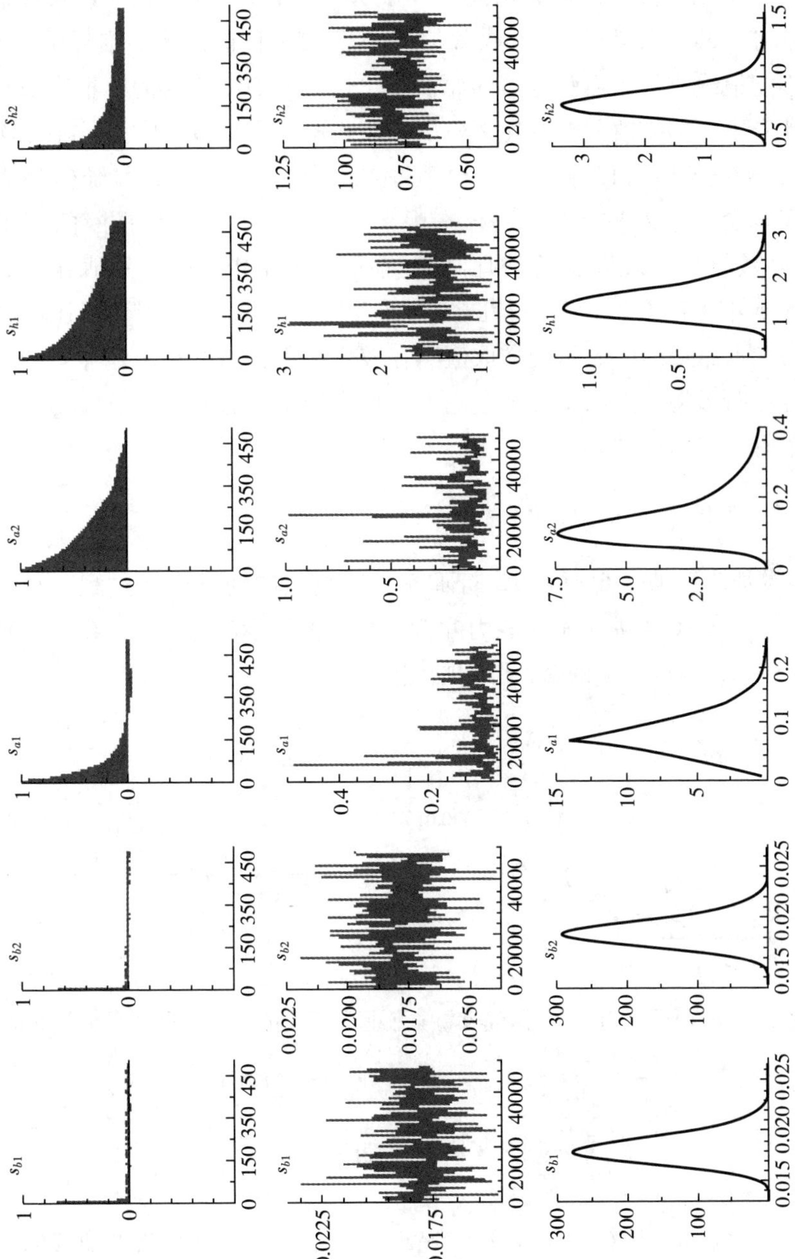

图 6-5 抽样结果

表 6-3 和图 6-5 需要结合起来看，共同来判定模型是否是有效的。从表 6-3 中可以看出，参数的后验均值均位于 95%的置信区间内。CD 收敛值用于判定马尔可夫链的收敛性，CD 收敛值均小于 95%置信区间的临界值 1.96，即该模型不能拒绝收敛于后验分布的原假设，这表明 50000 次的模拟次数可以对参数估计产生足够有效的样本。无效因子用于测量模型模拟产生的不相关样本个数，从表 6-3 中可以看出，该模型参数估计产生的无效因子值最大为 199.31，即至少产生 251 个不相关样本观察值，满足后验统计推断的要求①。因此，CD 收敛值和无效因子的估计结果表明，使用 MCMC 算法估计是有效的。从图 6-5 中可以看出，第一行图为自相关图，可见其下降趋势较为稳定；第二行图为样本路径图，表明抽样取值路径较为平稳；第三行图是样本的后验密度图，可见图形特征类似正态分布，表明抽样结果是有效的。总体来说，该模型取得了有效的估计结果。

6.2.1.2 不同滞后期的脉冲响应结果

本章选择滞后 1 期、6 期和 12 期研究脉冲响应的动态变化过程，具体如图 6-6 所示，图 6-6 中展示了注意力配置和全球经济不确定性一单位外生冲击对人民币计价单位职能影响的时变脉冲响应曲线。

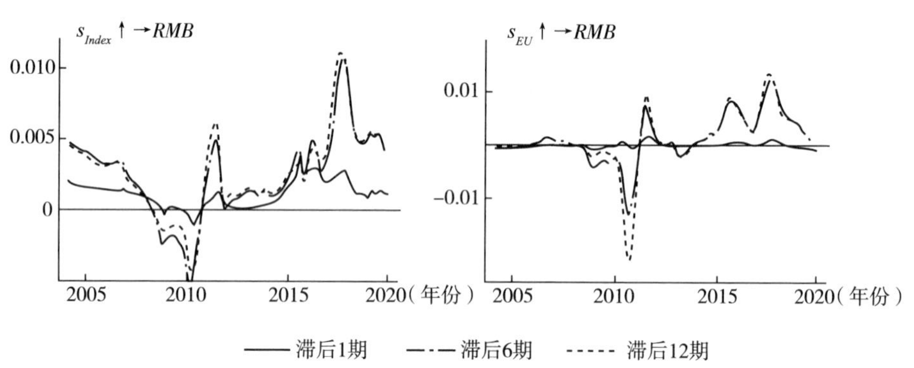

图 6-6 不同滞后期的脉冲响应

图 6-6 中的第一幅图（左图）表示人民币计价单位职能对注意力配置的脉冲

① 本书参考刘金全和解瑶姝（2016）、龙少波等（2016）的方法，该无效因子值满足后验统计推断的要求。

响应。其中，滞后 1 期的脉冲响应基本为正，滞后 6 期和滞后 12 期的脉冲响应较为相近，即 2008 年以前为正，2008~2011 年为负，可能的原因在于：一方面，2008 年国际金融危机爆发，中国经济主体增加了对外注意力配置，发现国际金融交易者对市场前景普遍持消极态度，导致中国经济主体很可能随着国际交易者避险情绪的上升而上升，仍倾向于持有美元、黄金等传统避险资产，反而对人民币计价单位职能的发展造成负面影响。另一方面，2009 年人民币国际化刚刚起步，中国政府对资本账户的管制程度相对较高，经济主体想要使用不同的金融工具组合来规避风险或针对汇率波动变化进行灵活的风险规避操作会存在一定的困难，进而削减了经济主体投资或发行人民币计价金融资产的意愿和信心。2011 年之后，人民币计价单位职能对注意力配置的脉冲响应为正且 2015 年之后正向响应程度明显高于之前，表明中国注意力配置对人民币计价单位职能的发展产生显著的正向影响。

图 6-6 中的第二幅图（右图）表示人民币计价单位职能对全球经济不确定性的脉冲响应。其中，滞后 1 期的脉冲响应基本为零，滞后 6 期和滞后 12 期的脉冲响应较为相近。2008 年之前，人民币计价单位职能对全球经济不确定性的响应基本为零，这是因为，中国政府在 2009 年才拉开人民币国际化的序幕。2008~2012 年，人民币计价单位职能对全球经济不确定性的脉冲响应为负，这是因为，在国际金融危机爆发期间，国际金融交易者加强了对传统资产（如美元、欧元、黄金等）的依赖。2012 年之后，人民币计价单位职能对全球经济不确定性的脉冲响应基本为正，表明全球经济不确定性增加对人民币计价单位职能的发展具有促进作用。

6.2.1.3 不同观测时点的脉冲响应结果

本章选择 2007 年 6 月、2014 年 11 月和 2017 年 6 月这三个时点，分析注意力配置冲击对人民币计价单位职能的影响（见图 6-7、图 6-8），同时也为图 6-6 中不同滞后期脉冲响应的分析结果提供有效的补充说明。

图 6-7 中的第一幅图（左图）与图 6-6 中的第一幅图（左图）相对应。2008 年之前，注意力配置对人民币计价单位职能的影响为正，但影响程度逐渐减弱。2011 年之后，注意力配置对人民币计价单位职能的影响为正，且 2017 年的正向影响程度明显高于 2014 年。可见，这三个时点人民币计价单位职能对注意力配置的脉冲影响均为正，从而验证**假设 2.1**。

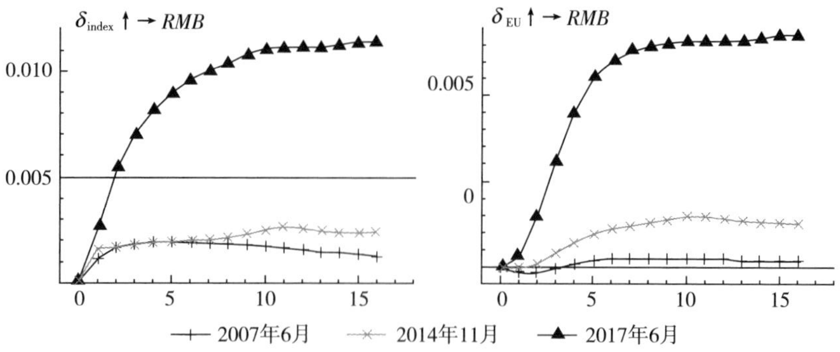

图 6-7　注意力配置不同时点的脉冲响应

从图 6-7 中的第二幅图（右图）可以看出，2007 年，全球经济不确定性对人民币计价单位职能的作用程度接近于零，主要的原因在于，人民币国际化相配套的政策措施还未落实到位。在 2014 年和 2017 年，人民币计价单位职能对全球经济不确定性的脉冲响应显著为正，即全球经济不确定性的增加对人民币计价单位职能的发展产生正向影响。

此外，本章选择 2008 年 9 月、2012 年 12 月和 2016 年 11 月这三个时点，分析全球经济不确定性冲击对人民币计价单位职能的影响。

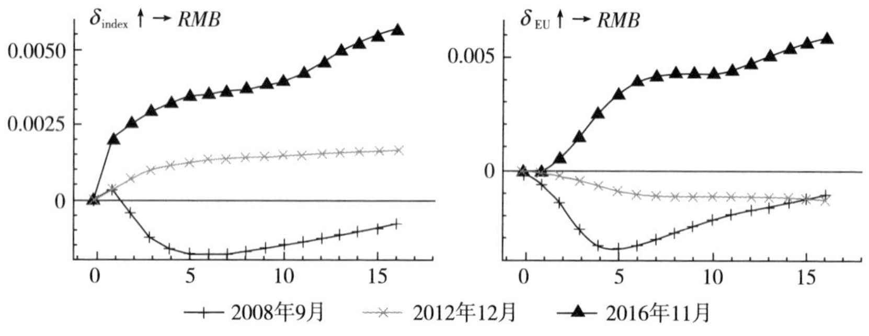

图 6-8　全球经济不确定性不同时点的脉冲响应

图 6-8 中的第二幅图（右图）与图 6-6 中的第二幅图（右图）相对应，即 2008~2012 年，人民币计价单位职能对全球经济不确定性的脉冲响应为负，且 2008 年的负向影响程度明显高于 2012 年，2016 年人民币计价单位职能对全球经济不确定性的脉冲响应为正。从图 6-8 中的第二幅图（右图）可以看出：

第一，2008 年，国际金融危机爆发，人民币计价单位职能对全球经济不确定性的脉冲响应为负，但负向响应程度逐渐减弱甚至接近于零。可见，2008 年国际金融危机对人民币计价单位职能的发展来说既是挑战也是机遇。一方面，2008 年，国际金融危机爆发，暴露出中国金融体系的脆弱性，不仅导致中国国内流动性泛滥加剧，还对中国官方外汇储备的安全性造成严重威胁①；另一方面，2008 年国际金融危机的爆发动摇了长期以美元为主导的国际货币体系的信心，以人民币为代表的新兴市场货币逐渐受到社会各界的关注，为人民币国际化提供了契机。

第二，2012 年人民币计价单位职能对全球经济不确定性的脉冲响应为负，说明全球经济不确定性的增加对人民币计价单位职能的发展造成了一定的负面影响。其原因在于：2012 年，美国财政“悬崖”和欧洲主权债务危机持续恶化，加剧了全球经济不确定性。国际金融交易者基于避险目标开始调整金融资产的配置结构进行多元化投资，人民币等新兴市场货币开始被接受。但是，中国面临资本账户开放程度较低、汇率形成机制不透明、经济“软着陆”风险和经济转型的迫切性等问题。再者，2012 年人民币汇率主要呈升值趋势且在岸人民币汇率与离岸人民币汇率偏离较大，容易导致跨境投机资金的大规模流动，甚至导致金融危机的爆发，故而国际金融交易者对人民币计价金融资产仍保持相对谨慎的态度。

第三，2016 年人民币计价单位职能对全球经济不确定性的脉冲响应显著为正。其原因在于：2016 年，英国脱欧和特朗普获选加剧了全球经济不确定性，降低了国际金融交易者对美元和英镑等传统货币资产的投资意愿。另外，2015 年 11 月 30 日，IMF 决定将人民币纳入 SDR 货币篮子，人民币成为国际储备资产和主要大宗商品计价单位的构成部分。这是国际社会对人民币作为计价货币的一种肯定，增强了国际金融交易者持有人民币资产的信心，从而验证了**假设 2. 2**。

6. 2. 2 异质性分析

6. 2. 2. 1 发达国家和发展中国家

从第 4 章图 4-10 中发达国家和发展中国家不确定性指数的走势可以看出，

① 这是因为以美元计价的外汇资产占中国官方外汇储备规模的比重约为 70%。

2000年之后发达国家经济不确定性普遍高于发展中国家。本章根据各国(地区)的经济发展状况分为发达国家和发展中国家，收集了中国经济主体对发达国家和发展中国家注意力配置的相关数据，研究了注意力配置和经济不确定性冲击对人民币计价单位职能的影响(见图6-9、图6-10)。

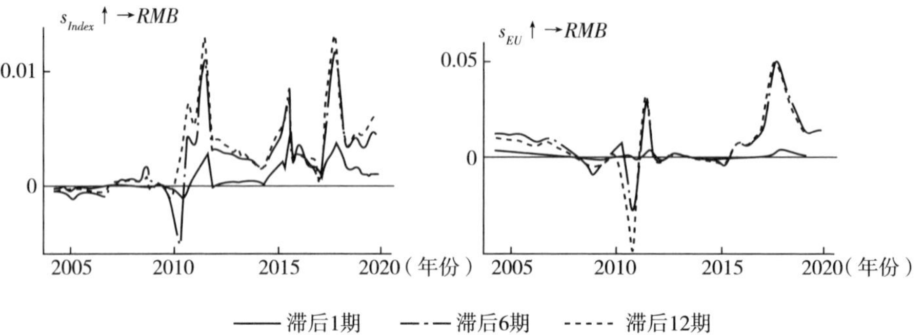

图6-9　发达国家不同滞后期的脉冲响应

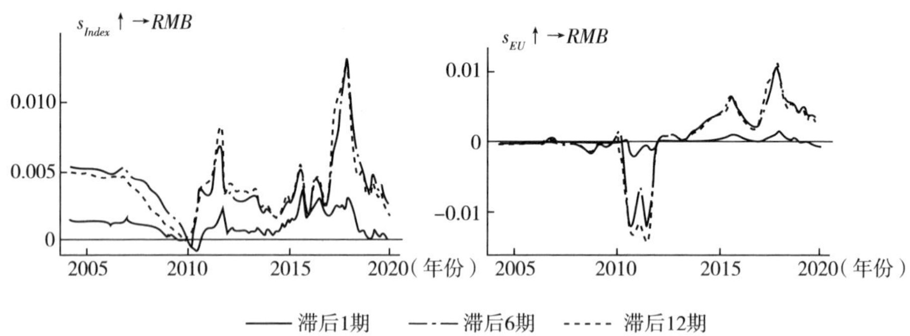

图6-10　发展中国家不同滞后期的脉冲响应

从图6-9中第一幅图(左图)可以看出，2010年以前，中国经济主体增加对发达国家的注意力配置对人民币计价单位职能的影响较弱，2011年之后，人民币计价单位职能对注意力配置的脉冲响应显著为正，且震荡幅度较大。从图6-10中第一幅图(左图)可以看出，不同滞后期中国经济主体增加对发展中国家注意力配置对人民币计价单位职能的影响基本为正，表明中国经济主体增加对发展中国家的注意力配置能促进人民币计价单位职能的发展。

从图 6-9 中的第二幅图(右图)可以看出，2011 年作为转折点，人民币计价单位职能对发达国家经济不确定性的脉冲响应由负转为正，直到 2015 年末国际货币基金组织(IMF)将人民币纳入 SDR 货币篮子后，发达国家经济不确定性的增加显著地促进了人民币计价单位职能的发展。从图 6-10 中第二幅图(右图)可以看出，2010~2012 年，人民币计价单位职能对发展中国家经济不确定性的脉冲响应基本为负，2012 年之后人民币计价单位职能对发展中国家经济不确定性的脉冲响应为正。

此外，本章选择不同时点，分别分析了发达国家和发展中国家的注意力配置冲击和经济不确定性冲击对人民币计价单位职能的影响(见图 6-11、图 6-12)。

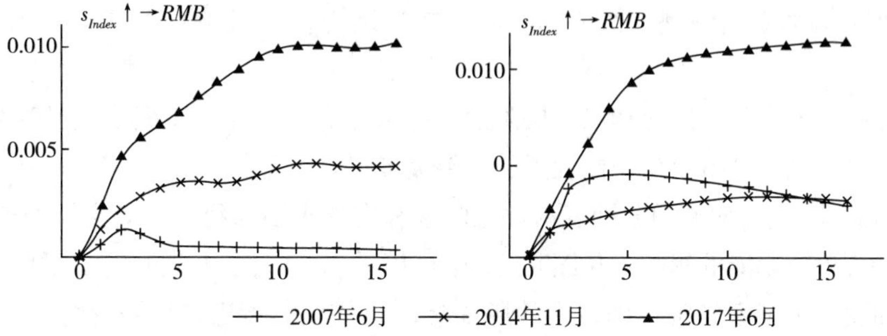

图 6-11　注意力配置不同时点的脉冲响应

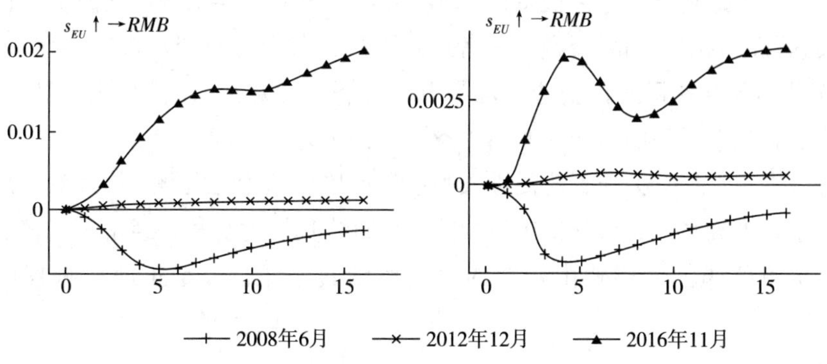

图 6-12　经济不确定性不同时点的脉冲响应

图 6-11 左右两幅图分别表示发达国家和发展中国家的注意力配置冲击对人民币计价单位职能的影响。从图 6-11 中可以看出，三个不同时点人民币计

价单位职能对注意力配置的脉冲响应均为正。其中，2007 年 6 月人民币计价单位职能对发展中国家注意力配置增加的响应程度明显高于发达国家。其原因在于：中国增加对外注意力配置，即相关互联网搜索频率上升有助于克服心理障碍、减少信息不对称等，促进中国经济主体在境外发行人民币计价资产，这为发展中国家经济主体提供了新的融资渠道，有望解决发展中国家普遍存在的“原罪”问题，受到发展中国家经济主体的欢迎与关注，进而促进了人民币计价单位职能的发展。此外，相对于发达国家来说，发展中国家是一个信息高度不对称的市场，中国经济主体增加对发展中国家的注意力配置有助于中国经济主体不断获取该市场环境中对自身发展有利的信息，促使中国经济主体抓住机遇开拓市场，增加跨境交易和投资行为。此外，2017 年 6 月人民币计价单位职能对发展中国家注意力配置冲击的响应更为迅速，并且响应程度也高于发达国家。

因此，人民币国际化初级发展阶段，中国经济主体增加对发展中国家的注意力配置是人民币计价单位职能发展的重要突破口。

图 6-12 左右两幅图分别表示发达国家和发展中国家经济不确定性冲击对人民币计价单位职能的影响。从图 6-12 中可以看出，人民币计价单位职能对发达国家和发展中国家经济不确定性的脉冲响应走势较为接近，均表现为：2008 年 6 月脉冲响应为负，2012 年 12 月脉冲响应为正但响应程度较弱，2016 年 11 月脉冲响应显著为正。其原因在于：2008 年国际金融危机爆发后，国际金融交易者仍偏好持有美元和黄金等传统资产；2012 年美国财政“悬崖”和欧洲主权债务危机持续恶化，刺激了国际金融交易者逐步配置人民币计价资产进行多元化投资；2016 年英国脱欧和特朗普获选加剧了全球经济不确定性，国际金融交易者基于保值增值和分散风险的目的更倾向于投资人民币计价资产。

总体来说，注意力配置能促进人民币计价单位职能的发展，增加对发展中国家的注意力配置对人民币计价单位职能的促进作用更为显著；经济不确定性对人民币计价单位职能的影响由初期的负向逐渐转为正向，且正向影响程度不断增强。

6.2.2.2 根据地理位置分类

从第 4 章图 4-11 中亚洲、非洲和欧洲地区不确定性指数的走势可以看出，2000 年之后这三个地区不确定性程度存在差异。本章根据各国（地区）的地理位置，分为亚洲、非洲和欧洲国家，并收集了中国经济主体对亚洲、非洲和欧洲国

家注意力配置的相关数据，研究了注意力配置冲击和经济不确定性冲击对人民币计价单位职能的影响(见图 6-13、图 6-14、图 6-15)。

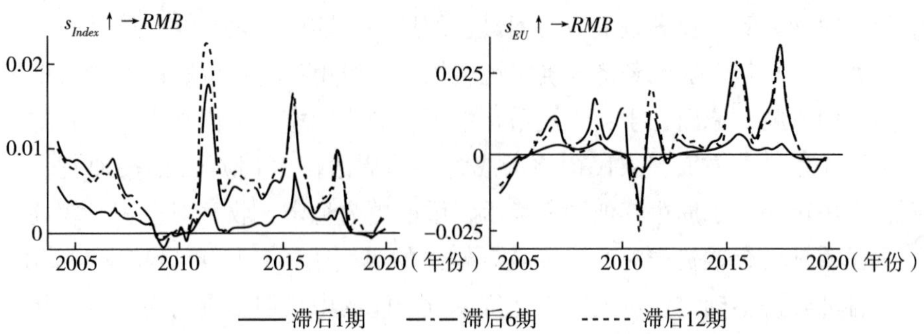

图 6-13　亚洲地区不同滞后期的脉冲响应

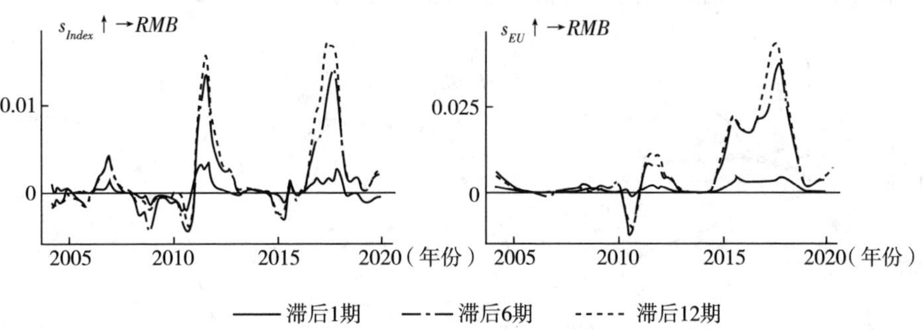

图 6-14　非洲地区不同滞后期的脉冲响应

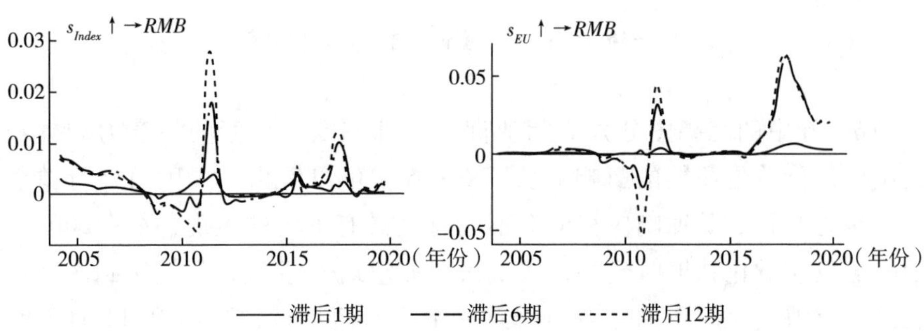

图 6-15　欧洲地区不同滞后期的脉冲响应

从图 6-13、图 6-14、图 6-15 中可以看出，总体而言，对外注意力配置有助于促进人民币计价单位职能的发展，2010 年以前对亚洲地区的注意力配置增加对人民币计价单位职能产生了较为显著的正向影响，欧洲次之，非洲最后。从影响持续时间来看，亚洲是响应时间最长的地区、非洲次之，欧洲最后。

2005~2010 年，亚洲经济不确定性增加对人民币计价单位职能的中长期影响表现为正向影响，原因在于：人民币在中国与周边国家经贸往来中发挥着重要的计价结算作用。一方面，人民币逐渐成为中国周边国家（地区）的硬通货。另一方面，人民币相较于周边其他国家货币，币值更为稳定，收益率也相对较高。因此，人民币计价金融资产对非居民具有较强的吸引力。2011 年后特别是 2015 年之后，各洲经济不确定性对人民币计价单位职能的中长期影响均为正向。从影响程度来说，峰值最高的是欧洲，非洲次之，亚洲最后。

此外，本章选择不同时点，分别分析了亚洲、非洲和欧洲的注意力配置冲击和经济不确定性冲击对人民币计价单位职能的影响（见图 6-16、图 6-17）。

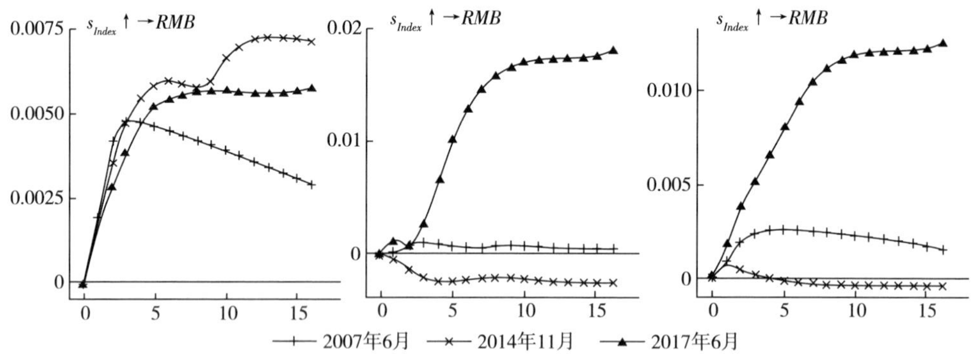

图 6-16　注意力配置不同时点的脉冲响应

图 6-16 中的三幅图分别表示亚洲、非洲和欧洲地区的注意力配置冲击对人民币计价单位职能的影响。从图 6-16 中可以看出，人民币计价单位职能对注意力配置的脉冲响应程度在不同时点具有不同的表现特征：2007 年 6 月的峰值效应量化强度时变特征表现为亚洲>欧洲>非洲，且其达到峰值后迅速收敛，反映出该时点的注意力配置冲击具有短期性；2014 年 11 月的峰值效应量化强度时变特征表现为亚洲>非洲>欧洲；2017 年 6 月的峰值效应量化强度时变特征表现为非洲>欧洲>亚洲，且其达到峰值后并没有明显收敛，

反映出该时点注意力配置的冲击对人民币计价单位职能的正向影响具有长期性。

图 6-17 的三幅图分别表示亚洲、非洲和欧洲地区经济不确定性冲击对人民币计价单位职能的影响。从图 6-17 中可以看出，人民币计价单位职能对经济不确定性的脉冲响应程度在不同时点具有不同的表现特征，其中，2016 年 11 月的峰值效应量化强度时变特征表现如下：非洲>欧洲>亚洲，且其达到峰值后并没有明显收敛，反映出该时点经济不确定性的冲击对人民币计价单位职能的正向影响具有长期性。

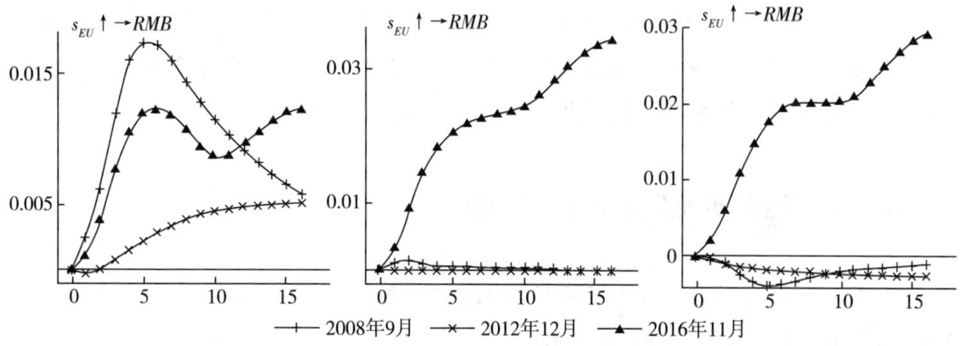

图 6-17　经济不确定性不同时点的脉冲响应

从图 6-17 可以看出，亚洲地区 2008 年 9 月和 2012 年 12 月经济不确定性冲击对人民币计价单位职能均产生显著的正向影响，但非洲和欧洲地区 2008 年 9 月和 2012 年 12 月经济不确定性冲击对人民币计价单位职能的影响较为微弱。其可能的原因在于：一方面，2007 年 6 月，中国人民银行、国家发展和改革委员会发布了《境内金融机构赴香港特别行政区发行人民币债券管理暂行办法》，允许中国内地政策性银行和商业银行经审批后在中国香港发行人民币债券，该方法的颁布拉开了离岸人民币债券市场发展的序幕。2012 年，国家发展和改革委员会发布了《关于境内非金融机构赴香港特别行政区发行人民币债券有关事项的通知》，旨在简化流程和扫清政策障碍，为国内非金融机构提供了一条重要的融资途径。与此同时，商务部发布了《关于跨境人民币直接投资有关问题的通知》，证监会发布了《人民币合格境外投资者境内证券投资试点办法》等，促进了人民币计价单位职能的发展。此外，2011 年 12 月和 2012 年 4 月，人民币合格境外机构投资者（RQFII）在中国香港地区开展试点并不断扩大。中国香港是最大的人民币离岸市场，同时也是境外人民币存款最多的市场，其次，新加坡和中国台湾两大人民币离岸市场也均位于亚洲，人民币离岸金融市场促进了人民币计价单位职能的初期发展。另一方面，2008~2012年，人民币处于单边升值阶段，人民币资产相对于其他外币资产更能满足国际金融交易者保值增值的需求。2012年之前已有国家(地区)央行或货币当局开始储备人民币计价债券，如柬埔寨、菲律宾、新加坡、泰国、印度尼西亚、韩国、巴基斯坦等①，主要分布在亚洲地区。

总而言之，2015年以前人民币计价单位职能快速发展的地区主要是亚洲地区。随着"一带一路"合作的实施和人民币加入SDR货币篮子，人民币整体的国际影响力得以提升，亚洲、非洲和欧洲注意力配置的增加和各洲经济不确定性的加剧均对人民币计价单位职能的发展产生了显著的正向影响。

6.2.3 经济不确定性的调节效应

本书参考胡久凯和王艺明(2020)的做法，使用符号约束的向量自回归(SR-VAR)模型分别分析了全球经济不确定性增加情形下的注意力配置冲击对人民币计价单位职能的影响，以及全球经济不确定性下降情形下的注意力配置冲击对人民币计价单位职能的影响(见图6-18、图6-19)。SRVAR模型的优势在于，识别某个冲击时不需要详细知道变量之间的相互关系，只需要知道变量作用的方向即可。符号约束识别方法是由Uhlig(2005)提出的惩罚函数发展起来的，其优势在于，克服了递归识别假设依附于内生性变量排序的缺陷，即脉冲响应结果不会随着变量排序顺序的变化而变化，并且贝叶斯方法对非平稳序列数据也是同样适用的。

本书将VAR模型的滞后阶数根据五种信息准则设定为5阶，具体如表6-4所示，因此符号约束的期限设定为5个月。根据讨论情形的不同，本书将全球经济不确定性上升情形下的注意力配置冲击定义为使得冲击发生后五个月内注意力配置和全球经济不确定性均上升的冲击，将全球经济不确定性下降情形下的注意力配置冲击定义为使得冲击发生后五个月内注意力配置上升但全球经济不确定性下降的冲击。

---

① 资料来源：Liao和McDowell(2016)。

从图 6-18 第一幅图可知，全球经济不确定性增加情形下的注意力配置冲击使人民币计价资产金额即期减少了 0.007%，下降率在随后四个月内震荡变动并逐渐趋于零，即四个月后人民币计价资产额的反应不显著。可见，在全球经济不确定性增加情形下，注意力配置冲击对人民币计价单位职能产生了显著的负向影响，但该影响持续时间较短，从而验证了**假设 2.3a**。

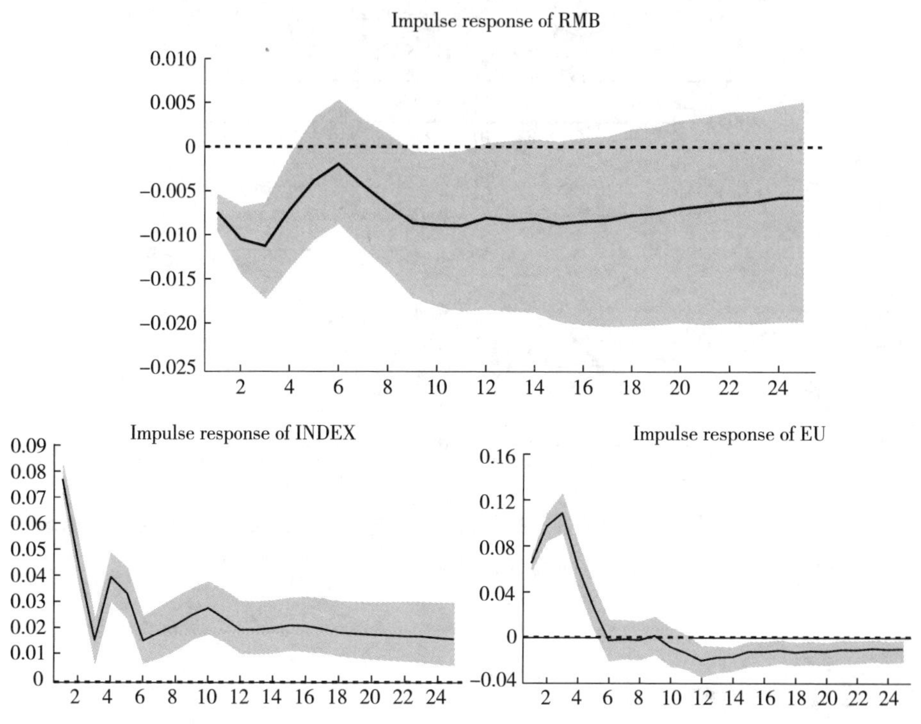

图 6-18　全球不确定性增加情形下的注意力配置冲击对人民币计价单位职能的影响

注：实线表示脉冲响应函数后验抽样的中位数，阴影部分表示 16%~84%的分位点。

从图 6-19 第一幅图可知，全球经济不确定性下降的情形下，注意力配置冲击使人民币计价资产金额即期显著地增长了 0.007%，人民币计价资产金额对该冲击在四个月到八个月之间的反应为正但不显著，直到冲击发生的八个月之后才继续产生显著的正向影响，且持续时间较长。可见，在全球经济不确定性下降情形下，中国注意力配置对人民币计价单位职能产生了显著的正向影响，且正向影响持续时间较长，从而验证了**假设 2.3b**。

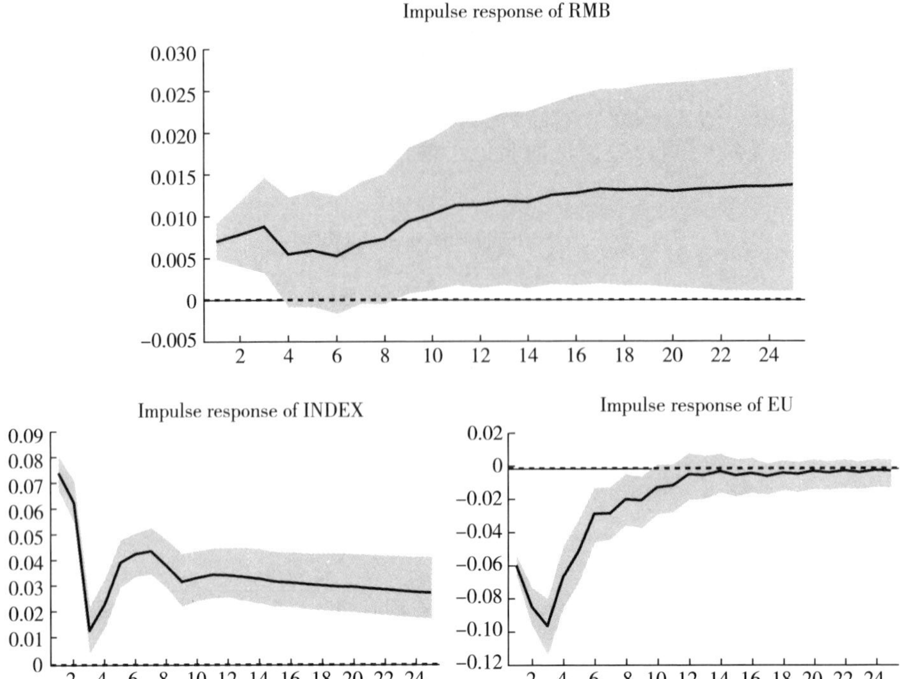

图 6-19　全球不确定性下降情形下的注意力配置冲击对人民币计价单位职能的影响

注：实线表示脉冲响应函数后验抽样的中位数，阴影部分表示 16%~84%的分位点。

6.2.4　稳健性检验

6.2.4.1　替换被解释变量

从前文可知，本章最终获得 26 种货币计价的国际金融资产额，本章采用以人民币计价的国际金融资产额占 26 种货币国际金融资产总额的比值作为衡量人民币计价单位职能的另一指标，重新进行时变参数向量自回归模型(TVP-SV-VAR)分析(见表 6-4、图 6-20)。从表 6-4 和图 6-20 可以看出，使用 MCMC 算法估计是有效的，且抽样结果也是有效的。

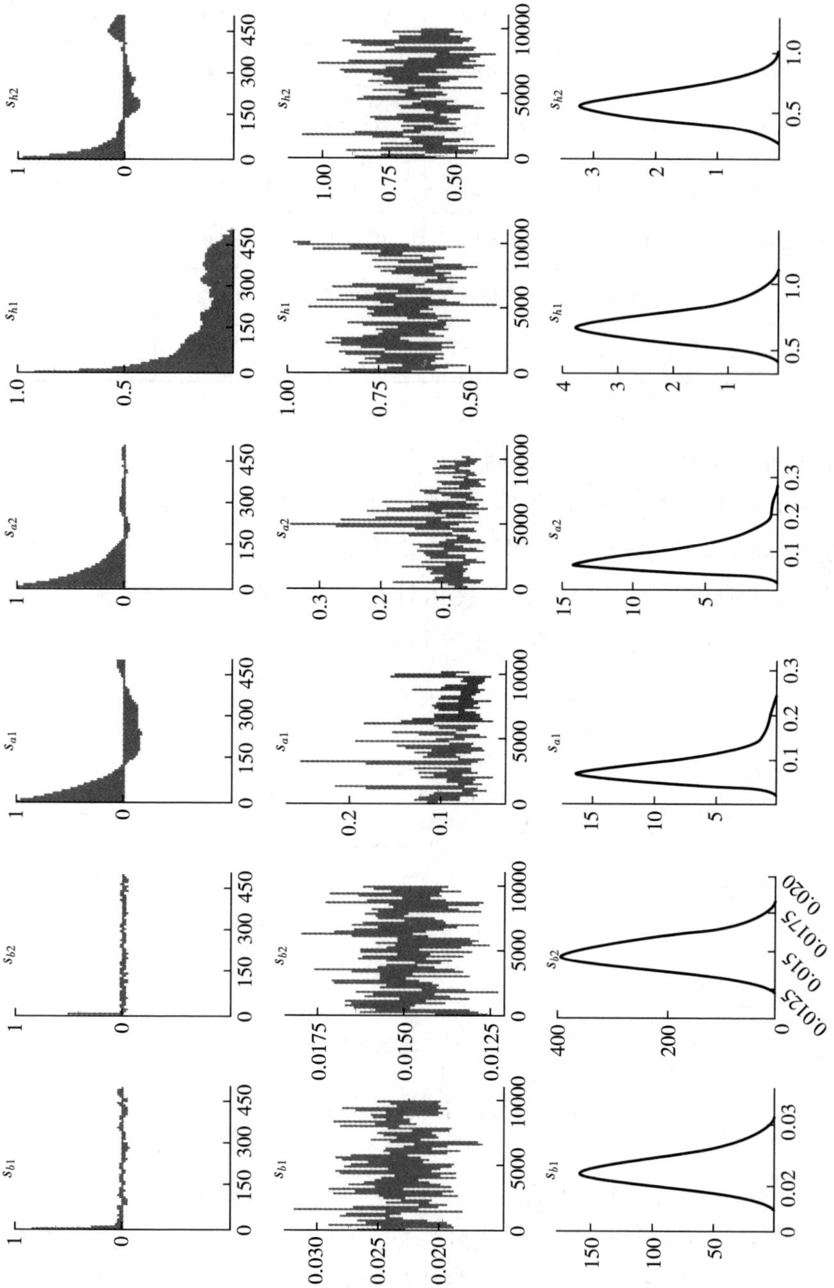

图 6-20 抽样结果

表 6-4　参数估计结果

参数	均值	标准差	95%上界	95%下界	CD 统计量	无效因子
$(\Sigma_\beta)_1$	0.0228	0.0026	0.0184	0.0284	0.797	12.38
$(\Sigma_\beta)_2$	0.0149	0.0010	0.0130	0.0170	0.854	2.99
$(\Sigma_\alpha)_1$	0.0843	0.0346	0.0424	0.1856	0.300	77.79
$(\Sigma_\alpha)_2$	0.0912	0.0412	0.0417	0.2051	0.446	100.96
$(\Sigma_h)_1$	0.6821	0.1137	0.4966	0.9473	0.467	94.65
$(\Sigma_h)_2$	0.5763	0.1274	0.3555	0.8534	0.866	45.26

本章选择滞后 1 期、6 期和 12 期用于研究脉冲响应的动态变化过程，如图 6-21 所示。滞后 6 期和滞后 12 期的人民币计价单位职能对注意力配置的脉冲响应走势较为接近，即 2008 年以前为正，2008～2011 年为负，2011 年之后脉冲响应为正。另外，人民币计价单位职能对全球经济不确定性的脉冲响应在 2012 年之后基本为正。该结论与本章基准回归分析的结论基本一致。

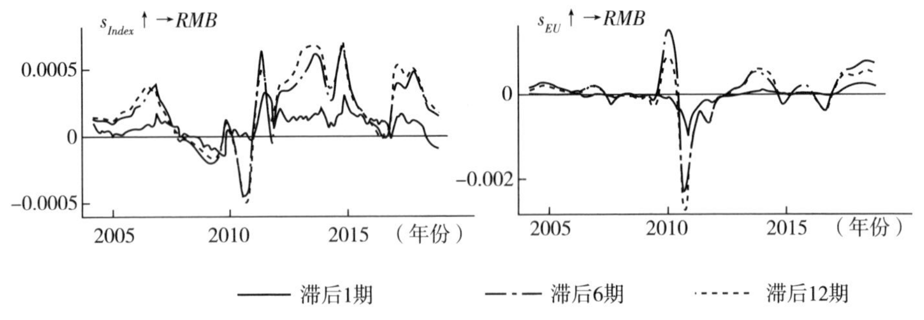

图 6-21　不同滞后期的脉冲响应

图 6-22 左上图表示 2007 年 6 月、2014 年 11 月和 2017 年 6 月这三个时点的注意力配置冲击对人民币计价单位职能的影响。图 6-22 右下图表示 2008 年 9 月、2012 年 12 月和 2016 年 11 月这三个时点的全球经济不确定性冲击对人民币计价单位职能的影响。从图 6-22 左上图可以看出，不同时点的注意力配置冲击对人民币计价单位职能产生了正向影响，与基准回归结论一致。从图 6-22 右

下图可以看出，人民币计价单位职能对全球经济不确定性冲击的脉冲响应基本为正，可知本章结论具有一定的稳健性。

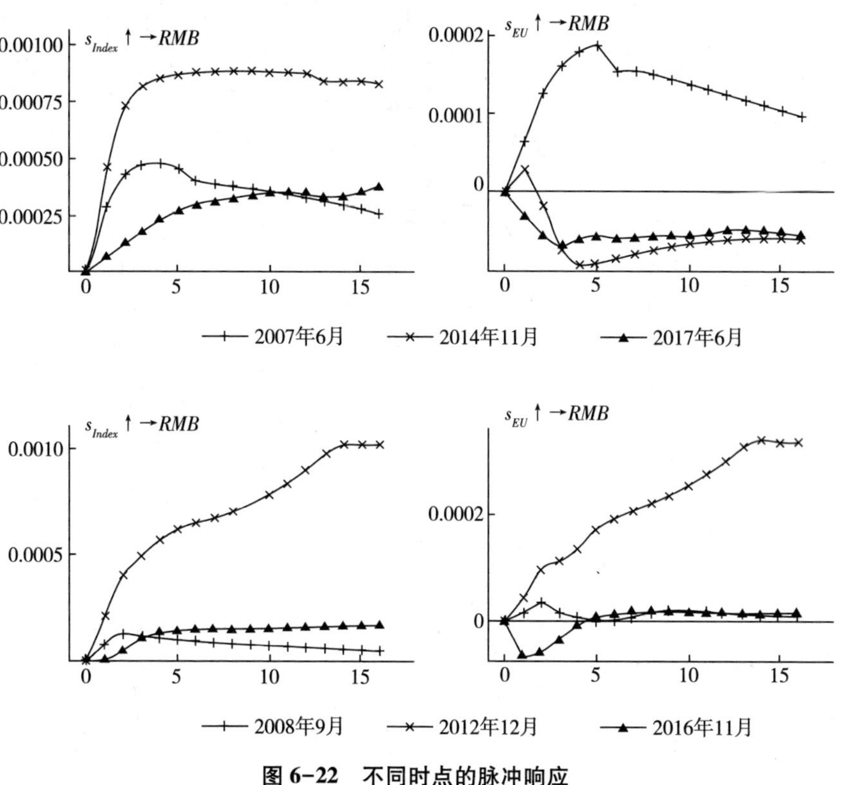

图 6-22 不同时点的脉冲响应

6.2.4.2 基于动态异质性面板模型的实证检验

为了探究各传统因素对人民币计价单位职能长短期不同的影响，本章使用混合组均值法(PMG)估计的动态异质性面板模型进一步分析人民币计价单位职能的长短期驱动因素，实证分析结果如表 6-5 所示。其中，*gdp* 表示对各国(地区)经济规模取对数，*spstock* 表示标准普尔全球股票指数，*exn* 表示货币升值率，*real* 表示各国(地区)实际利率，*cpi* 表示各国(地区)通胀率，以上数据均来源于 World Bank WDI 数据库；*vol* 表示各货币实际有效汇率波动率，数据来源于 BIS 数据库。

表 6-5 动态异质性面板模型

变量	(1)		(2)		(3)	
	全样本		小币种包含人民币		小币种不包含人民币	
	短期影响	长期影响	短期影响	长期影响	短期影响	长期影响
误差调整系数	-0.197*** (-4.39)	—	-0.303*** (-5.03)	—	-0.314*** (-4.94)	—
gdp	1.233 (0.66)	1.218*** (14.87)	1.719 (0.65)	1.184*** (22.13)	-0.081 (-0.04)	1.183*** (22.11)
spstock	-0.0003 (-0.59)	0.017*** (5.05)	-0.0001 (-0.08)	0.0090*** (3.95)	0.0004 (0.59)	0.0090*** (3.95)
exn	0.179 (0.33)	0.001*** (5.21)	0.267 (0.36)	0.001*** (4.95)	-0.235 (-0.40)	0.001*** (4.94)
real	0.011 (0.18)	0.003 (0.15)	0.011 (0.14)	-0.017 (-1.35)	0.009 (0.10)	-0.017 (-1.36)
vol	0.054** (2.08)	-0.092*** (-3.03)	0.062* (1.82)	-0.054** (-2.52)	0.071** (2.02)	-0.054** (-2.52)
cpi	-0.003 (-0.05)	-0.031* (-1.90)	0.001 (0.02)	-0.052*** (-4.65)	0.004 (0.05)	-0.052*** (-4.65)
截距	-4.214*** (-3.81)	—	-6.134*** (-4.47)	—	-6.155*** (-4.18)	—
组数	21		15		14	
观测值	433		310		288	
Hausman 检验	4.60		3.51		2.36	

注：①***、**和*分别表示在1%、5%、10%的置信水平下显著，括号内为 t 值。

②对混合组均值法(PMG)模型和组均值法(MG)模型进行 Hausman 检验，检验结果均表明应选择 PMG 模型。

本章对 26 种货币计价的国际金融资产额按大小排序，选取 1993~2013 年国际金融资产额平均值排名前七位的货币作为主要国际货币，这七种货币分别是：美元、欧元、英镑、日元、瑞士法郎、澳元和加元[①]，其他货币则归为小币种货

① 本书这样选取的原因在于：一是这七种货币在整个样本期间维持着较为稳定的国际地位，而人民币作为新兴市场货币在样本时间段前期处于相对靠后的国际地位。二是这七种货币在 2016 年以前已经作为国际货币基金组织(IMF)的官方外汇储备货币，特别是美元、欧元(德国马克)、英镑、日元和瑞士法郎这五种货币在整个样本期均是 IMF 统计的官方外汇储备货币，具有代表性。

币。因此，人民币应当归属于小币种货币。为了更为准确地研究人民币作为计价单位货币的驱动因素，本章不仅研究小币种，还进一步将人民币从小币种货币中区分开，原因在于：第一，人民币的发行国——中国是世界第二大经济体，中国债券市场规模世界第二；第二，人民币在 2015 年被 IMF 纳入 SDR 货币篮子，2016 年人民币与美元、欧元、英镑、日元、瑞士法郎、加元和澳元一起组成主要的国际外汇储备货币。具体的实证分析结果如表 6-5 所示①。

首先，本章对全样本进行了分析。国际金融交易者在短期内的投资更看重汇率波动的变化，他们对经济规模短期变化的敏感度较低。从长期来看，经济规模的长期回归系数为正且显著，表明经济规模能显著地促进货币计价单位职能的长期发展。从收益率方面来看，收益率回归系数在短期均不显著，表明国际金融交易者对各币种收益的短期变化缺乏灵活的反应。从长期来看，股票收益率（*spstock*）的增加和货币升值率（*exn*）会显著地促进国际金融交易主体投资该币种。从币值稳定方面来看，通货膨胀率（*cpi*）的系数在长期显著为负，表明较高的通胀导致交易主体降低对该币种的投资。汇率波动（*vol*）在短期内回归系数显著为正，表明当期汇率波动的增加使交易主体显著地增持以该币种计价的金融资产金额，可能的原因在于：汇率波动的增加有利于国际金融交易者利用汇率波动特性进行高抛低吸做波段操作，从汇率波动中获益。从长期来看，汇率波动的影响显著为负，表明较高的汇率波动给国际金融交易者带来较高的风险和汇兑成本，影响货币计价单位职能的发展。

其次，本章对包含人民币的小币种进行了分析。汇率波动的短期系数增加，表明国际金融交易者在短期内更倾向于利用小币种汇率波动进行高抛低吸操作从而获得套汇投机收益。从长期来看，相较于全样本货币，国际金融交易者对小币种货币的收益率期望下降较为明显。

最后，本章对不包含人民币的小币种进行了分析。在短期，汇率波动回归系数增加，原因在于：中国资本账户尚未完全开放，国际金融交易者针对汇率波动变化发起的跨境金融交易会受到相应的管制。因此，国际金融交易者对人民币汇率波动变化的敏感性相对较低。从长期影响因素来看，与包含人民币在内的小币种相比，除经济规模的回归系数略微降低之外，其他驱动因素的系数大小、系数符号方向和显著性均没有发生变化。

---

① 本章在进行动态异质性面板模型的实证检验时，将金融市场发展规模归为经济规模一类，这是因为若将金融市场规模变量单独列出，会导致动态异质性面板模型出现 Hessian 不对称的问题。

6.2.5 进一步分析

6.2.5.1 “一带一路”倡议的政策冲击

中国政府在 2013 年 9 月和 10 月先后提出了共建“丝绸之路经济带”和“21 世纪海上丝绸之路”的倡议(简称“一带一路”倡议)。2015 年,“一带一路”倡议正式实施,标志性事件为 2015 年 3 月中国国家发展和改革委员会、外交部、商务部联合发布了《推动共建丝绸之路经济带和 21 世纪海上丝绸之路的愿景与行动》,促进了“一带一路”倡议合作的正式开展。因此,本书选择 2013 年 9 月、2013 年 10 月和 2015 年 3 月这三个时点,分析了“一带一路”倡议的政策冲击对人民币计价单位职能的影响(见图 6-23)。

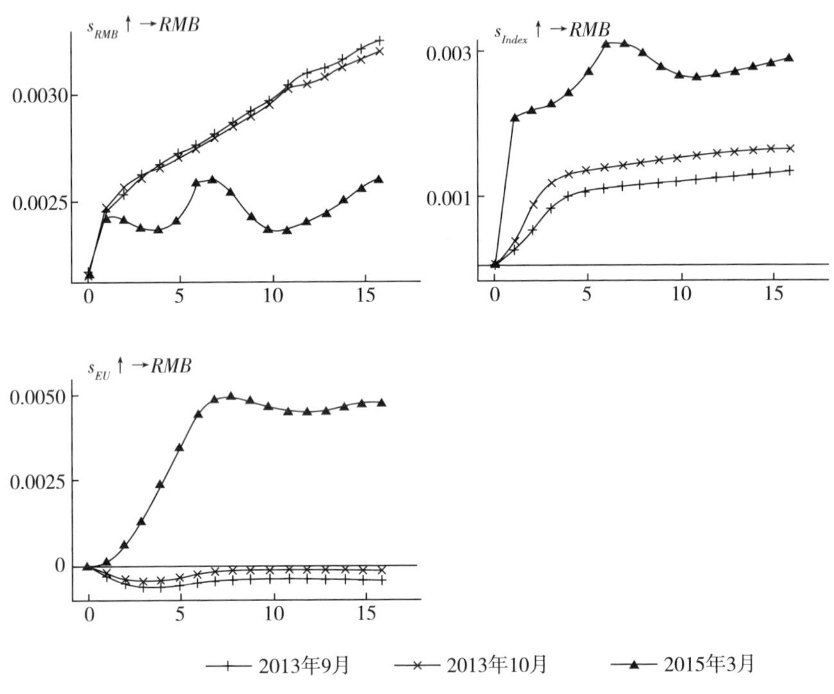

图 6-23 “一带一路”倡议不同时点的脉冲响应

从图 6-23 左上图可以看出,2013 年 9 月和 2013 年 10 月这两个时点,人

民币计价单位职能对自身的脉冲响应呈现抛物线特征。2015 年 3 月，人民币计价单位职能对自身的脉冲响应显著为正，但影响强度要弱于另外两个时点。从图 6-23 右上图可以看出，2013 年 9 月、2013 年 10 月和 2015 年 3 月这三个时点脉冲响应函数的变化方向基本一致，且脉冲响应程度逐步增强，表明在“一带一路”倡议背景推动下，注意力配置对人民币计价单位职能的促进作用是一个循序渐进的过程。从图 6-23 左下图可以看出，2013 年 9 月和 2013 年 10 月这两个时点的全球经济不确定性对人民币计价单位职能的影响为负但不显著，滞后 7 期后在 0 值附近波动；2015 年 3 月，人民币计价单位职能对全球经济不确定性的脉冲响应显著为正，且在滞后 7 期出现峰值，此后响应程度保持相对平稳。

总体来看，“一带一路”倡议的政策冲击对人民币计价单位职能的发展能产生正向影响，究其原因在于：第一，“一带一路”沿线国家大多是发展中国家，处于工业化的起步阶段或加速阶段，面临着基础设施建设资金短缺、基础设施亟待建设、技术经验缺乏等困难。因此，“一带一路”合作需要大规模、可持续的资金融通作为支撑。发行以人民币计价的金融资产尤其是以人民币计价的国际债券不仅有利于“一带一路”建设融资，还有助于满足国际金融交易者分散风险和多元化资产配置的需求。第二，“一带一路”沿线国家自然资源较为丰富，能源、农业原材料和金属等大宗商品也相对较多。通过“一带一路”合作，中国逐步建立起大宗商品人民币期货市场，不仅有利于扩大人民币对大宗商品的定价权，还有利于“一带一路”沿线国家与中国双边经贸往来的便利化发展。第三，中国可以通过对外直接投资等方法帮助人民币“走出去”，“一带一路”沿线国家可以通过购买中国的先进技术、长期债券等渠道促进人民币“流回来”，从而形成完整的人民币国际化循环渠道，促进人民币国际化的深层次发展。

6.2.5.2　长期均衡关系

时间序列数据的单位根检验是时间序列分析的基本要求，若时间序列均不存在单位根，则该时间序列为平稳时间序列。对于存在单位根的时间序列，我们称为非平稳时间序列，一般有两种处理方法：一是对一阶差分后得到的平稳序列进行向量自回归模型（VAR）研究，二是建立向量误差修正模型（VECM）进行研究。后者的优势主要体现在两方面：一方面，若对一阶差分后的平稳时间序列进行研究，一阶差分后变量的经济含义与原序列的经济含义不同，VECM 模型则可以直接使用原序列进行研究；另一方面，多个单位根变量之间可能因为某种经济力量而存在“长期均衡关系”。VECM 模型通过对多个拥有“共同随机趋势”的变量进行线性组合从而消去随机趋势，有助于探寻变量之间的长期均衡关系（陈强，2013）。本章试图探究注意力配置、经济不确定性与人民币计价单位职能之间的长期关系，故根据协整思想建立了 VECM 模型。

第一，单位根检验。为了防止时间序列出现伪回归问题，本章对模型中的所有变量进行了单位根检验。本章分别采用 ADF、PP 和 DF-GLS 单位根检验方法对上述所有变量进行了平稳性检验，检验结果如表 6-6 所示。

表 6-6 各变量的单位根检验

变量	ADF 检验统计值	*P* 值	PP 检验统计值	*P* 值	DF-GLS 检验统计值	5%的置信水平值	结果
RMB	-0.8895	0.7899	-1.8070	0.3764	-1.0169	-3.0280	不平稳
index	-2.0227	0.2770	-2.2108	0.2032	1.2524	-1.9425	不平稳
EU	-2.2315	0.1959	-1.6054	0.4778	-1.8429	-1.9426	不平稳

注：ADF 和 PP 单位根检验均给出相应的 *P* 值，DF-GLS 单位根检验结果没有报告相应的 *P* 值。因此，本章根据 DF-GLS 检验结果在 5%的置信水平下是否拒绝原假设来判断变量是否存在单位根，若在 5%的置信水平下拒绝原假设，则表明该变量不存在单位根，反之亦然。

从表 6-6 中可以看出，变量 *RMB*、*index* 和 *EU* 在 ADF 检验、PP 检验和 DF-GLS 检验下，均接受原假设，表明这些变量存在单位根，是不平稳的。鉴于此，本章对各变量进行一阶差分后，再对其进行单位根检验，检验结果如表 6-7 所示，各变量的一阶差分在 ADF、PP 和 DF-GLS 这三种单位根检验中均在 5%的显著性水平下拒绝原假设，表明模型选取的所有变量在一阶差分条件下都不存在单位根，即一阶差分为平稳的时间序列。

表 6-7 各变量一阶差分后的单位根检验

变量	ADF 检验统计值	*P* 值	PP 检验统计值	*P* 值	DF-GLS 检验统计值	5%的置信水平值	结果
d*RMB*	-6.6518	0.0000	-10.7658	0.0000	-3.0891	-2.9400	平稳
d*index*	-17.3772	0.0000	-21.9135	0.0000	-17.3399	-1.9425	平稳
d*EU*	-7.1202	0.0000	-8.1727	0.0000	-6.6764	-1.9425	平稳

注：ADF 和 PP 单位根检验均给出了相应的 *P* 值，DF-GLS 单位根检验结果没有报告相应的 *P* 值。因此，本章根据 DF-GLS 检验结果在 5%的置信水平下是否拒绝原假设来判断变量是否存在单位根，若在 5%的置信水平下拒绝原假设，则表明该变量不存在单位根，反之亦然。

从表 6-6 和表 6-7 中可以看出，*RMB*、*index* 和 *EU* 均是一阶单整 *I*(1)，故满足协整检验要求同阶单整的前提条件。

第二，基于协整思想的 VECM 模型。为验证模型各变量之间是否存在长期稳定的协整关系，本章进行了 Johansen 协整关系检验(见表 6-8)。从表 6-8 可知，迹检验结果和最大特征根检验结果均表明在 5%的置信区间下，三个变量之间存在一个协整关系，符合建立 VECM 模型的条件。

表 6-8 Johansen 迹检验和最大特征根检验

假设协整向量个数	特征值	迹统计量	*P* 值	最大特征根统计量	*P* 值
没有协整*	0.1243	32.950	0.0210	24.296	0.0173
最多一个协整	0.0453	8.6537	0.3984	8.4776	0.3322
最多两个协整	0.0010	0.1762	0.6747	0.1762	0.6747

注：* 表示在 5%的置信水平下拒绝原假设。

然后，本章确定了该模型对应的 VAR 表示法(VAR representation)的滞后阶数。本章采用序列似然比检验(LR)、最终预测误差(FPE)、赤池准则(AIC)、施瓦茨准则(SC)和汉纳奎因准则(HQ)这五种评价方法综合确定了最优滞后期(见表 6-9)。从表 6-9 可知，滞后 5 期得到 4 个评价方法支持，因此确定滞后期为 5 期。

表 6-9 滞后阶数的选取

滞后期	LogL	LR	FPE	AIC	SC	HQ
0	-228.6982	—	0.0024	2.4914	2.5434	2.5125
1	641.5951	1703.155	2.30e-07	-6.7698	-6.5617	-6.6855
2	697.9700	108.5065	1.38e-07	-7.2792	-6.9151	-7.1317
3	726.6606	54.2963	1.12e-07	-7.4910	-6.9707	-7.2801
4	758.9595	60.0829	8.73e-08	-7.7415	-7.0651*	-7.4674
5	782.3017	42.6685*	7.48e-08*	-7.8957*	-7.0633	-7.5584*
6	789.2355	12.4510	7.66e-08	-7.8735	-6.8850	-7.4729

注：* 表示获得该评价方法支持。

通过上述分析，本书发现，变量 *RMB*、*index* 和 *EU* 适用 Johansen 的 MLE 方法估计的 VECM 模型。由表 6-8 可知，变量之间存在一个协整关系。根据 VECM

模型回归结果，本章得到如下长期均衡方程：

$$RMB_t = 0.5179index_{t-1} + 1.6314EU_{t-1} - 8.0060 + \varepsilon_t \quad (6-10)$$

$$(-3.6859) \qquad (-4.7488)$$

式(6-10)当中括号内数值为 t 统计量值。

从式(6-10)可以看出，注意力配置、经济不确定性与人民币计价单位职能之间存在长期正向联动性。

第三，VECM 模型的稳定性检验。本章对 VECM 模型的稳定性进行了检验（见图 6-24）。从图 6-24 可以看出，除 VECM 模型本身假设的单位根正好落在单位圆的圆周上以外，伴随矩阵所有的单位根均落在单位圆以内，即所有特征根模的倒数均小于 1。由此可以判定，VECM 模型是稳定的，表明变量之间存在的长期均衡关系是稳定的。

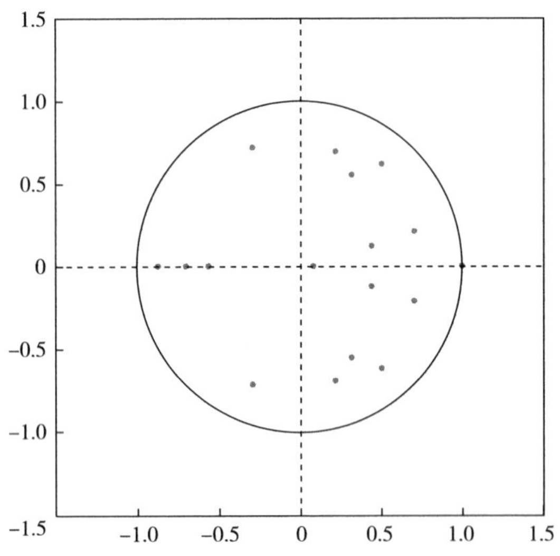

图 6-24　VECM 系统稳定性的判断图

6.3　本章小结

人民币计价单位职能的官方用途主要是作为其他经济体货币汇率钉住的显性

锚货币，显性锚货币主要受各国(地区)政府政策和决策等因素影响，且多数国家(地区)没有公开报道。鉴于此，本章从人民币计价单位职能的私人用途角度出发，选取2004~2019年以人民币计价的国际金融资产额作为人民币计价单位职能的衡量指标，实证考察了注意力配置、全球经济不确定性对人民币计价单位职能的影响。

首先，本章运用TVP-SV-VAR模型实证检验了2004~2019年注意力配置、全球经济不确定性对人民币计价单位职能的影响以及影响的时变性，研究发现：中国经济主体对外注意力配置水平越高，越有利于促进人民币计价单位职能的发展；全球经济不确定性冲击对人民币计价单位职能的发展产生正向影响。

其次，本章探究了注意力配置与全球经济不确定性对人民币计价单位职能的影响是否会因不同的样本分类标准而存在异质性，研究结果表明，注意力配置对人民币计价单位职能的促进作用存在一定的异质性，具体表现：人民币计价单位职能对发展中国家注意力配置增加的响应程度明显高于发达国家；人民币计价单位职能对亚洲地区国家的注意力配置响应时间最长，非洲次之，欧洲最后。

再次，本章运用SRVAR模型考察了全球经济不确定性对人民币计价单位职能产生的调节效应，研究发现：在全球经济不确定性增加的情形下，注意力配置冲击对人民币计价单位职能产生显著的负向影响，但该影响持续时间较短；在全球不确定性下降的情形下，注意力配置冲击对人民币计价单位职能产生显著的正向影响，且正向影响持续时间较长。

最后，本章分析了“一带一路”倡议的政策效应对人民币计价单位职能的影响，以及注意力配置、经济不确定性与人民币计价单位职能之间的长期均衡关系，研究结果表明：“一带一路”倡议对人民币计价单位职能的发展产生正向影响；长期来看，注意力配置、全球经济不确定性与人民币计价单位职能存在长期正向联动性。

7

注意力配置、经济不确定性与人民币价值储藏职能

2015 年 11 月，国际货币基金组织（IMF）决定将人民币纳入特别提款权（SDR）货币篮子，这是人民币国际化过程中的里程碑事件。IMF 将人民币纳入 SDR 意味着自 20 世纪 80 年代以来第一次有新兴市场货币进入 SDR 货币篮子，体现出国际社会对中国综合国力和改革开放成效的认可，特别是对人民币国际化的认可。这有助于增强 SDR 作为国际储备货币的代表性和吸引力，改善国际货币体系格局。

2016 年，人民币在 IMF 成员国“外汇储备币种构成”季度报告中单独列出，人民币是第一个作为全球外汇储备货币的新兴市场货币和发展中国家货币，对国际货币体系改革①和人民币国际化均具有重要意义。《人民币国际化报告（2020）》指出，已有 70 多个国家和地区将人民币作为官方外汇储备货币。人民币国际化十余年时间里，人民币的价值储藏职能不仅实现了从无到有的突破，还实现了从小到大的提升。如图 7-1 所示，截至 2019 年末，境外央行或货币当局持有的人民币储备规模为 2176.7 亿美元，占国际外汇储备份额的比例为 1.95%，为第五大国际外汇储备货币②。

可见，人民币作为新兴市场货币发展迅猛，但距离成为像美元和欧元这样的国际核心储备货币还有很大的提升空间③。本章立足于人民币国际化初级发展阶段这一现实情况，从人民币价值储藏职能视角探讨注意力配置对人民币国际化的

① 这主要改善了以往单一的以发达经济体货币作为国际外汇储备货币的格局。

② 资料来源：《人民币国际化报告（2020）》。

③ 美元始终是最主要的国际外汇储备货币，美元和欧元占全球外汇储备的份额超过 80%（IMF COFER 数据库）。

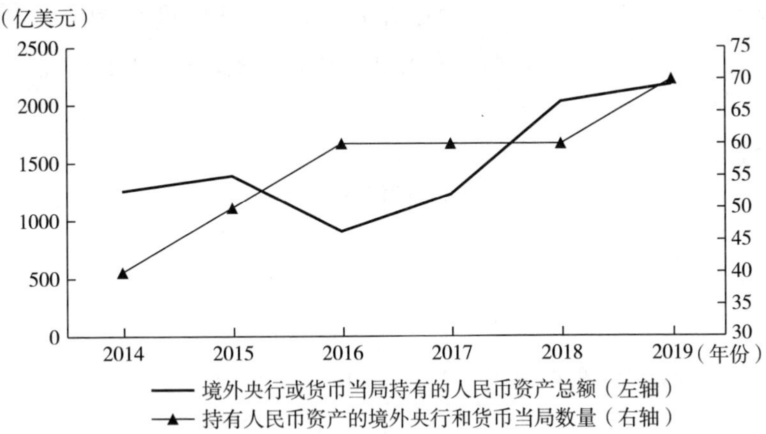

图 7-1 境外央行或货币当局持有的人民币资产总额及其数量①

影响，并且紧密围绕第 3 章提出的注意力配置对人民币价值储藏职能的理论机制，基于 2003~2018 年全球 174 个国家（地区）央行或货币当局是否持有人民币储备资产的面板数据，实证检验了注意力配置对人民币价值储藏职能的影响。在此基础上，本章还探究了注意力配置对人民币价值储藏职能的影响是否会因不同的样本分类标准而存在异质性，并进一步探究了各国（地区）经济不确定性对人民币价值储藏职能产生的调节效应是否通过人民币交易媒介职能充当中介来实现。除此之外，本章还运用双重差分法（DID）分析了“一带一路”倡议的政策效应对人民币价值储藏职能的影响以及影响渠道，以期为人民币价值储藏职能的进一

① 资料来源于《人民币国际化报告（2015）》《人民币国际化报告（2016）》《人民币国际化报告（2017）》《人民币国际化报告（2018）》《人民币国际化报告（2019）》《人民币国际化报告（2020）》，Liao 和 McDowell（2016）和 IMF COFER 数据库。从图 7-1 可以看出，2016 年，境外央行或货币当局持有的人民币资产总额略有下降，主要有以下四方面原因：第一，人民币汇率政策的变动。2015 年“8·11”汇改完善了人民币汇率中间价报价机制，推动了人民币汇率市场化。此次汇改结束了人民币长达十年的单边升值趋势，汇改后人民币汇率双向浮动特征明显。人民币汇率政策变动导致各国（地区）央行或货币当局改变投资组合产生的调整过渡期。第二，人民币汇率贬值。2016 年末，人民币汇率相对于 2015 年末贬值 6.7%（World Bank WDI 数据库），人民币汇率贬值导致持有人民币资产的各国（地区）官方外汇储备规模发生变动。第三，境外央行或货币当局在外汇市场操作的结果。第四，统计口径的变化。2016 年之前，境外央行或货币当局持有的人民币储备资产规模是由中国人民银行统计的。2016 年，IMF 将人民币正式纳入国际外汇储备后，人民币储备资产规模数据由 IMF 统计并公布。此外，根据历年的《人民币国际化报告》，持有人民币资产的境外央行或货币当局数量在 2016~2018 年每年均为 60 多个。因此，2016~2018 年，持有人民币资产的境外央行或货币当局数量变化不大，但境外央行或货币当局持有的人民币资产总额在不断增加。总体来看，境外央行或货币当局持有的人民币资产总额与持有人民币资产的境外央行或货币当局数量成正相关关系。

步发展提供具有针对性的建议。另外，本章建立联立方程模型检验了人民币三大国际职能之间的互动机制，以期为人民币国际化的全面稳步推进提供参考建议。

7.1 研究设计

7.1.1 变量与数据说明

本书中的研究变量与数据说明如表 7-1 所示，人民币价值储藏职能衡量指标选取境外央行或货币当局在给定年份是否持有人民币储备资产的二值虚拟变量[①]，原因在于：第一，从国际货币的价值储藏职能来讲，国际货币基金组织(IMF)官方外汇储备货币构成(COFER)数据库中的国际货币储备份额是以往学者使用最为频繁的衡量指标。但人民币在 2016 年第四季度才首次在 IMF 发布的 IMF 成员国“外汇储备货币构成”季度报告中单独列出。可见，人民币在 IMF COFER 数据库中单独列出的时间较短，使用人民币在国际外汇储备中的份额衡量人民币价值储藏职能并不合适。另外，由于各国(地区)央行或货币当局持有人民币资产金额的数据属于各国(地区)机密，IMF COFER 数据库没有提供具体的某个国家(地区)官方外汇储备币种的配置数据。第二，由于汇率波动导致的估值效应，即使某种货币的国际化程度不变，其国际外汇储备份额也可能发生变化。第三，从图 7-1 可知，随着持有人民币资产的各国(地区)央行或货币当局数量的增加，人民币官方储备资产金额攀升较快。整体而言，境外央行或货币当局持有的人民币资产总额与持有人民币资产的境外央行或货币当局数量成正相关关系。人民币国际化初级发展阶段，让更多的国家(地区)央行或货币当局选择人民币作为官方外汇储备货币更为重要，同时也更具现实意义。同时，随着中国经贸实力的增强，各国(地区)随之增加人民币在其官方外汇储备中的份额也是水到渠成的事情。鉴于此，本章退而求其次，用各国(地区)央行或货币当局是否愿意投资人民币储备资产作为人民币价值储藏职能的衡量指标。人民币价值储

① 此处假设：一旦证实某国(地区)央行或货币当局在某一年投资人民币资产，该国(地区)中央或货币当局就会在其投资组合中继续持有人民币计价资产。

藏职能衡量指标的数据来源于 Liao 和 McDowell(2016)的研究、媒体的公开报道和各国(地区)央行的官方网站信息等。本章最终选择的持有人民币官方外汇储备资产的国家(地区):挪威、马来西亚、中国香港、白俄罗斯、冰岛、蒙古、哈萨克斯坦、乌兹别克斯坦、委内瑞拉、肯尼亚、智利、尼日利亚、菲律宾、俄罗斯、新加坡、泰国、奥地利、日本、乌拉圭、中国澳门、玻利维亚、印度尼西亚、韩国、沙特阿拉伯、坦桑尼亚、巴基斯坦、阿拉伯联合酋长国、乌克兰、安哥拉、澳大利亚、尼泊尔、南非、立陶宛、纳米比亚、巴西、加纳、法国、瑞士、斯里兰卡、阿根廷、英国、津巴布韦、卡塔尔、阿塞拜疆、哥伦比亚、卢森堡、巴林、匈牙利、伊朗、土耳其、塔吉克斯坦、毛里求斯、阿尔及利亚、波兰、葡萄牙、埃及、卢旺达、摩洛哥、比利时、斯洛伐克、德国、越南、意大利、突尼斯、西班牙、莫桑比克。其中，中国香港和中国澳门这两个地区作为中国特别行政区，均属于发达地区且拥有自己独立的货币。特别是中国香港作为人民币国际化的试验田和推行地，对人民币国际化起着至关重要的作用。因此，中国香港和中国澳门作为地区均包含在本章样本里。

表 7-1 变量说明和数据来源

变量分类	变量符号	变量名称	变量说明	数据来源
被解释变量	*rmb*	人民币价值储藏职能	各国(地区)央行或货币当局在给定年份是否持有人民币储备资产的二值虚拟变量	Liao 和 McDowell(2016)的研究、媒体的公开报道和各国(地区)央行的官方网站信息
核心解释变量	*index*	注意力配置	基于百度指数的测算①	
	EU	经济不确定性	各国(地区)经济不确定性指数	笔者计算
控制变量	*cgdp*	中国经济规模	中国 GDP 规模，取对数	World Bank WDI 数据库
	gdp	各国(地区)经济规模	各国(地区)GDP 规模，取对数	World Bank WDI 数据库
	stock	金融市场规模	中国股票市场交易规模，取对数	World Bank WDI 数据库
	dis	地理距离	中国首都到各国(地区)首都(首府)的地理距离，取对数	CEPII 数据库
	ncny	有效汇率指数	人民币名义有效汇率指数年度均值	IMF IFS 数据库

① 本书参考施炳展和金祥义(2019)的做法，用百度指数作为注意力配置的衡量指标。百度指数表示为百度网页搜索中一国(地区)中文名称的 PC 搜索指数和移动搜索指数总和的年度均值。详细说明请参考第 5 章相关小节内容，此处不再赘述。

本章选择 174 个国家(地区)在 2003~2018 年的面板数据作为样本①。为了较为准确地探究注意力配置、经济不确定性对人民币价值储藏职能的影响，本章立足全球范围，根据国际货币基金组织(IMF)公布的全球 221 个国家(地区)进行如下筛选和处理：首先，剔除美属国家和法属国家等属地国家(地区)，如美属萨摩亚、法属波利尼西亚、荷属安的列斯群岛等。其次，剔除部分岛屿国家，如马绍尔群岛、法罗群岛等。最后，再剔除一些数据缺失较为严重的赤道几内亚、埃斯沃特尼王国等国家(地区)。在此基础上，为了避免极端值的影响，本章对各连续变量进行了 1%和 99%水平上的缩尾处理。

为了控制被解释变量与解释变量的双向因果关系产生的内生性问题所导致的估计偏误，本章将所有的解释变量均滞后一期，主要变量的描述性统计如表 7-2 所示。

表 7-2 主要变量的描述性统计

变量	均值	标准差	最小值	中位数	最大值	观测值
rmb	0.136	0.343	0	0	1	2784
index	6.591	1.229	2.119	6.516	10.15	2625
EU	100.50	25.03	-15.91	100.30	276.00	2784
cgdp	29.24	0.716	28.02	29.35	30.13	2784
gdp	24.08	2.413	16.55	23.97	30.60	2767
stock	29.18	1.363	26.68	29.60	31.17	2784
dis	8.993	0.541	6.862	9.029	9.868	2720
ncny	103.50	12.20	87.23	101.20	124.80	2784

7.1.2 计量模型设定

参考 Liao 和 McDowell(2016)、朱孟楠和曹春玉(2019)的方法，本章建立了如下实证模型：

$$RMB=\beta_0+\beta_1 index+\beta_2 cgdp+\beta_3 gdp+\beta_4 stock+\beta_5 dis+\beta_6 ncny+\varepsilon_{ij} \tag{7-1}$$

① 中华人民共和国商务部对外投资和经济合作司公布的中国对外直接投资统计公报数据最早是从 2003 年开始的。

其中，*index* 为本章的核心解释变量，即注意力配置，以中国对各国（地区）市场的互联网年均搜索频率取对数表示，本章中该系数预期符号为正。同时，为了降低互联网搜索频数极端值对回归结果的影响，本章还使用互联网搜索频数的年度中位值的对数形式（*mindex*）[①]，作为注意力配置的另一衡量指标。本章中的主要控制变量包括：①中国国内生产总值（*cgdp*），经济实力崛起是人民币价值储藏职能发展的原动力[②]，中国经济实力崛起可以发挥市场信心效应[③]和货币替代效应[④]，促进人民币价值储藏职能的发展，因此预期符号为正。②中国金融市场规模（*stock*），一般来说，金融市场规模越大越有利于减少交易成本、确保金融资产的安全、发挥危机维稳功能等作用，因此预期符号为正。③人民币名义有效汇率指数（*ncny*），*ncny* 增加表示人民币升值，人民币官方外汇储备资产保值增值可以增强各国（地区）央行或货币当局储备人民币资产的意愿，因此预期符号为正。其他相关变量说明可参考第 5 章中的相关介绍，此处不再赘述。

7.2 实证分析

7.2.1 基准回归分析

本章的被解释变量为二值虚拟变量，本章基准回归的分析过程包括：首先，根据面板 Logit 固定效应与面板 Logit 混合效应模型的 Hausman 检验结果，选择面板 Logit 固定效应模型。其次，根据面板 Logit 随机效应与面板 Logit 混合效应模型的 LR 检验结果，选择面板 Logit 随机效应模型。最后，再根据面板 Logit 固定

① 本书收集到的各国（地区）互联网搜索频数是月度数据，为了消除极端值对回归结果的可能影响，本书在分析中还考虑了互联网搜索频数的年度中位值（*mindex*）。

② 中国经济实力的崛起有利于境外央行或货币当局对人民币资产形成稳定预期，满足境外央行或货币当局分散风险或保值增值的目的，进而有利于人民币在全球范围内行使价值储藏职能。

③ 人民币作为国际储备货币，要具有足够的流动性，并且保持币值稳定，这需要中国雄厚的经济实力作为后盾。同时，中国经济实力增强，表明中国具有较强的信用担保能力，这有助于维持中国主权信用货币——人民币良好的国际信用，增强境外央行或货币当局持有人民币资产的信心。

④ 国际货币替代具有“倾覆效应”，即实现国际货币替代需要经历一个从量变到质变的长期积累的过程，只有受到足够大的外部冲击才会引起国际货币地位的转换。中国经济实力的崛起逐渐引导人民币与美元、欧元、日元等国际储备货币展开竞争，并实现货币替代。

效应与随机效应模型的 Hausman 检验结果，选择建立面板 Logit 随机效应模型[①]。具体的实证检验结果如表 7-3 所示。

表 7-3 各模型的基准回归

变量	(1)	(2)	(3)	(4)
index	8.008*** (12.99)	1.996* (1.82)		
mindex			12.809*** (15.84)	3.598*** (3.29)
cgdp		33.386*** (11.63)		37.981*** (10.54)
gdp		3.076*** (6.03)		3.153*** (5.69)
stock		2.282* (1.65)		2.012 (1.26)
dis		-6.638*** (-4.16)		-7.068*** (-3.56)
ncny		-0.377** (-2.40)		-0.413** (-2.28)
常数项	-68.387*** (-13.37)	-1.1e+03*** (-11.55)	-106.068*** (-16.31)	-1.2e+03*** (-10.51)
样本数	2625	2551	2625	2551
Log-Likelihood	-351.350	-233.380	-319.684	-231.796

注：***、**和*分别表示在 1%、5%、10%的置信水平下显著，括号内为 *t* 值。

表 7-3 第(1)列和第(2)列是以核心解释变量 *index* 进行回归的结果，同时为了减少极端值对回归结果的干扰，本章在表 7-3 第(3)列和第(4)列用 *mindex* 作为稳健性指标进行回归分析。从表 7-3 第(1)列和第(2)列的结果可知，在加入

① 一方面，本章 Hausman 检验结果与朱孟楠和曹春玉(2019)的检验结果一致。朱孟楠和曹春玉(2019)同样是使用给定国家(地区)的央行或货币当局在给定年份是否投资人民币官方储备资产的二值虚拟变量作为被解释变量，他们进行 Hausman 检验时同样也选择建立面板 Logit 随机效应模型。另一方面，为了尽量减少面板 Logit 随机效应模型可能产生的遗漏变量引发内生性问题，本章在稳健性检验时尽可能多地纳入潜在的遗漏变量。

相关变量后，注意力配置显著地提高了各国（地区）央行投资人民币储备资产的可能性，表明注意力配置对人民币价值储藏职能的发展具有显著的促进作用。同时，从表 7-3 第（3）列和第（4）列的回归结果可知，在考虑核心解释变量极端值对结果的干扰后，注意力配置仍显著地提升了境外央行投资人民币资产的概率，表明注意力配置对人民币价值储藏职能发展的促进作用具有较强的稳健性，从而验证假设 3.1。

控制变量方面，中国经济规模（*cgdp*）和金融市场规模（*stock*）的回归系数均显著为正，表明中国经济实力的崛起和金融市场规模的增加显著地提升了境外央行投资人民币资产的概率。

ncny 回归系数显著为负，与本章预期不一致，可能的原因在于：中国经济实力的崛起弱化了境外央行或货币当局对人民币资产的升值要求。具体而言：2008 年国际金融危机爆发，且近年来全球经济金融形势日益严峻，导致国际市场的避险情绪上升。境外央行持有人民币资产主要是为了分散风险而进行多元化投资，这样的资产配置主要受人民币汇率中长期走势的影响，且影响人民币汇率中长期走势的最重要因素是中国宏观经济基本面因素和货币政策。一方面，从宏观经济基本面来看，目前中国经济运行平稳，正处于经济结构转型和产业机构升级的关键时期。随着“一带一路”合作的深入开展，中国能够找到新的经济增长点，更好地发挥世界经济增长“助推器”的作用。另一方面，中国作为负责任的大国在国际上享有较高的声誉，中国坚持汇率市场化改革，绝不将汇率用于竞争性目的，这增强了境外央行或货币当局投资或持有人民币资产的信心。即使 2015 年“8·11”汇改以来，人民币汇率双向浮动特征明显，汇率弹性增加，汇率波动增大，再加上受国际经济金融形势和国际贸易摩擦局势变动的影响，导致 2019 年 8 月以来人民币汇率多次“破 7”，但境外央行仍然选择投资或增持人民币资产①。

7.2.2 异质性分析

虽然对外注意力配置能显著地提升境外央行持有人民币资产的可能性，但这种影响是否会因不同的样本分类标准而存在差异？对该问题进行回答，将有利于从更深层次上理解注意力配置与人民币价值储藏职能之间的潜在关联。因此，本章根据不同的异质性划分标准，对相应样本进行了分类回归（见表 7-4）。

① 从 IMF 2020 年公布的数据来看，境外央行或货币当局储备人民币资产的金额相应地增加了。

表 7-4 异质性回归结果

变量	(1)	(2)	(3)	(4)	(5)	(6)	(7)	(8)
	对中国的出口依存度		外汇储备规模		资本账户开放程度		货币自由度	
index	1.569* (1.90)	—	1.386* (1.59)	—	1.587* (1.85)	—	2.125* (1.64)	—
index·*Var*	0.460** (1.98)	—	0.391* (1.84)	—	0.612*** (2.92)	—	0.406** (2.25)	—
mindex	—	2.502** (2.12)	—	2.431** (2.10)	—	2.611* (1.91)	—	3.613*** (3.71)
mindex·*Var*	—	0.459* (1.94)	—	0.384* (1.75)	—	0.625*** (3.07)	—	0.440** (2.23)
cgdp	32.611*** (9.86)	32.377*** (9.59)	32.862*** (9.89)	32.575*** (9.53)	25.834*** (11.57)	25.414*** (11.03)	39.059*** (11.03)	37.593*** (9.17)
gdp	1.582*** (3.22)	1.420*** (2.81)	1.727*** (4.12)	1.534*** (3.25)	2.490*** (5.66)	2.207*** (4.17)	3.587*** (6.82)	3.002*** (5.08)
stock	2.339* (1.77)	1.910 (1.42)	2.287* (1.72)	1.864 (1.38)	1.504 (1.35)	1.098 (0.96)	2.367 (1.47)	1.755 (1.12)
dis	-6.319*** (-4.15)	-5.551*** (-3.29)	-6.914*** (-4.98)	-5.996*** (-3.58)	-4.429*** (-2.74)	-3.652** (-2.24)	-7.848*** (-4.41)	-5.494** (-2.39)
ncny	-0.371** (-2.45)	-0.360** (-2.34)	-0.358** (-2.36)	-0.349** (-2.25)	-0.273** (-2.15)	-0.260** (-2.01)	-0.399** (-2.22)	-0.376** (-2.14)
常数项	-1.0e+03*** (-9.63)	-999.830*** (-9.37)	-1.0e+03*** (-9.69)	-1.0e+03*** (-9.24)	-830.100*** (-11.80)	-813.993*** (-11.15)	-1.2e+03*** (-10.96)	-1.2e+03*** (-9.68)
样本数	2551	2551	2551	2551	2551	2551	2551	2551
Log-Likelihood	-231.333	-231.384	-231.536	-231.702	-234.134	-234.148	-229.157	-229.093

注：***、**和*分别表示在1%、5%和10%的水平下显著，括号内为 t 值。

7.2.2.1 根据各国(地区)对中国的出口依存度分类

中国作为全球生产链的重要枢纽，贸易伙伴国通常选择持有一定的人民币储备资产用于交易支付、偿还外债等，以稳定国内企业的贸易和投资环境。本章根据各样本国(地区)对中国的出口依存度进行分类，数据来源于 Word Bank WDI 数据库：当一国出口到中国的金额大于各样本国(地区)出口到中国的金额均值时对 *Var* 赋值为 1，表明该国对中国的出口依存度较高；反之，对 *Var* 赋值为 0。

从表 7-4 第(1)列和第(2)列可以看出，注意力配置更有利于促进对中国出口依存度较高的国家央行或货币当局投资人民币储备资产。究其原因在于：首先，本章通过整理中华人民共和国海关总署公布的近十年来中国进口商品主要国别(地区)总值表，发现出口到中国的发达国家主要是德国、荷兰、法国、意大利、美国、新加坡、日本、澳大利亚等国家①，这些国家在国际贸易中一般倾向于使用美元或本币进行计价结算。其次，发展中国家主要是越南、印度、马来西亚、印度尼西亚、泰国、菲律宾等国家，这些国家“美元化”情况较为严重，中国与越南、菲律宾等“美元化”较为严重的国家进行贸易往来可能也使用美元计价结算。最后，根据 BIS 三年一度的调查报告公布的中国在跨境交易中支付结算货币的使用方面的数据②，在 2010 年、2013 年、2016 年和 2019 年美元一直保持着中国跨境贸易第一大支付结算货币的地位。随着人民币国际化的深入开展，自 2013 年起人民币成为仅次于美元的中国跨境贸易第二大支付结算货币，并且 2014 年之前中华人民共和国海关总署发布的海关统计数据均以美元计价，2014 年起同时发布以人民币和美元计价的各类海关统计数据。可见，中国在跨境贸易方面使用美元结算金额较为庞大且美元在中国跨境贸易支付结算中一直处于重要地位。

另外，随着中国对外注意力配置的增加，中国经济主体能够获取更多有效信息和有价值的信息，减少信息偏差导致的决策损失，并通过对境外企业及产品信息进行比较和筛选，在全球范围内更优地选择合作伙伴国、伙伴企业以及贸易商品和服务，这对出口中国依赖程度较高的境外企业将形成可信的威胁，进而提升中国经济主体在国际交易谈判中的话语权。对中国依赖程度较高的境外企业为了维持出口份额和占据国际贸易中的有利地位，不得不提高使用人民币进行国际支付结算的概率，进而促使该国央行或货币当局基于平衡国际收支需求而储备人民币资产。

---

① 资料来源：中华人民共和国海关总署网站。

② 资料来源：https://www.bis.org/list/triennial/index.htm。

7.2.2.2 根据外汇储备规模分类

随着传统储备货币资产（如美元）收益水平的降低，境外央行基于多元化投资和分散风险的目的更有可能投资非传统的储备货币，构建最优投资组合来实现风险约束下的收益最大化，这对拥有大量官方外汇储备、有能力进行长期投资的国家而言尤为重要。因此，本章根据一国官方外汇储备规模进行分类，数据来源于 Word Bank WDI 数据库：若一国（地区）外汇储备规模大于样本国（地区）中位值对 *Var* 赋值为 1，表明该国属于外汇储备较为充足的国家（地区）；反之，对 *Var* 赋值为 0。

从表 7-4 第（3）列和第（4）列可以看出，注意力配置能显著地提升官方外汇储备较为充足的国家（地区）央行或货币当局投资人民币资产的概率。其原因在于：一方面，从官方外汇储备的用途来讲，官方外汇储备主要用于国际收支平衡需求和预防性货币需求这两方面，各国（地区）央行或货币当局需要根据这两方面的需求进行投资决策，否则不仅会因国际货币交易需求和原始储备币种分布的差异导致不同货币之间转换的转换成本增加，还会因为持有的超过国际收支平衡需求和预防性货币需求的外汇储备过多而产生隐形成本，如机会成本。另一方面，中国增加对外注意力配置，促使人民币在国际贸易和金融交易中结算的金额增加，各国（地区）央行会基于国际收支平衡需求而储备人民币资产。在此基础上，人民币作为重要的国际交易结算货币，必将带来大额的外汇交易量，人民币相关信息也随之充分暴露。这有助于降低未来信息的不确定性和交易成本，提高人民币交易的匹配率，减少相应的搜寻成本和匹配成本，并产生自我强化机制，人民币可以凭借交易量优势成为国际外汇市场交易中的重要货币，促使各国（地区）央行基于预防性货币需求而储备人民币资产。

7.2.2.3 根据资本账户开放程度和货币自由度分类

随着人民币国际化程度的加深，中国资本账户尚未完全开放这一制度约束限制了境外央行选择人民币作为官方外汇储备货币的意愿。在资本账户开放和货币政策独立性等现实制度约束的背景下，本章分别考虑了中国与样本国（地区）在资本账户开放程度和货币自由度存在差异的情况下注意力配置对人民币价值储藏职能的不同影响。本章中的变量及数据说明具体如下：资本账户开放采用 Chinn-Ito 数据库的 Kaopen 指数来度量，数值越大，意味着资本账户开放度越高，当一国（地区）资本账户开放程度低于中国时对 *Var* 赋值为 1，反之对 *Var* 赋值为 0；货币自由度，数据来源于美国传统基金会和《华尔街日报》联合发布的经济自由度指数，数值范围从0~100，当一国(地区)货币自由度指数小于中国时对 *Var* 赋值为1，反之对 *Var* 赋值为0。

表7-4第(5)列和第(6)列表示资本账户开放程度差异，表7-4第(7)列和第(8)列表示货币自由度差异。从表7-4第(5)列和第(6)列可以看出，相较于资本账户开放程度较高的国家(地区)，对资本账户开放程度较低的国家(地区)配置更多的注意力对人民币价值储藏职能的积极影响更显著，原因在于：资本账户开放程度较低的市场存在的信息不对称问题较为严重，中国经济主体与资本账户开放程度较低的市场主体进行交易可能面临更多的不确定性。由于注意力分配具有向不确定方向漂移的特征，中国经济主体更倾向于对资本账户开放程度较低的海外市场分配更多注意力，有助于增加对跨境交易产品和交易环境的了解，减少不确定性，促使国际交易的顺利开展。同时，随着双边经贸往来的逐渐增多，资本账户开放程度较低的国家(地区)需要储备一定的人民币资产来满足国际支付需求和干预外汇市场需求。此外，不同于美国、欧元区、澳大利亚等资本账户开放程度较高的国家(地区)的货币，如美元、欧元、澳元等本身就是官方外汇储备币种，资本账户开放程度较低的国家一般是发展中国家，这些国家央行更倾向于基于国际收支平衡需求和预防性货币需求来储备货币资产。

从表7-4第(7)列和第(8)列可以看出，相较货币自由度较高的国家(地区)，对货币自由度较低的国家(地区)配置更多的注意力对人民币价值储藏职能的积极影响更显著，原因在于：一方面，货币自由度较低的国家(地区)央行缺乏货币政策独立性，很难通过货币政策介入短期资本流动领域。因此，货币自由度较低的国家(地区)的官方外汇储备更倾向用于跨境贸易往来的货币支付和偿还到期的外债等，以此维持国际收支平衡，同时，这也加深了该国(地区)对其他货币的依赖性以及受到其他国家(地区)货币政策溢出效应的影响。另一方面，货币自由度较低的国家(地区)往往具有更高的信息成本和更复杂的交易环境，交易过程中不确定性更大。中国增加对货币自由度较低的国家(地区)的注意力配置，对不确定性降低的作用会更大，更有利于促使双边经贸往来的日益扩大。一旦双方建立起长期且稳定的交易合作关系，这种关系将延续较长时间，促使货币自由度较低的国家(地区)央行基于平衡国际收支需求而储备一定的人民币资产，进而间接地提高其储备人民币资产的可能性。

7.2.2.4 根据各国(地区)地理位置分类

本章选择的样本国(地区)共有174个。其中，43个国家(地区)位于亚洲，

47 个国家（地区）位于非洲，38 个国家（地区）位于欧洲，46 个国家（地区）位于其他洲。本章最终选择的持有人民币储备资产的国家（地区）有 66 个。其中，24 个国家（地区）位于亚洲，15 个国家（地区）位于非洲，19 个国家（地区）位于欧洲，8 个国家（地区）位于其他洲。可见，亚洲和欧洲选择持有人民币储备资产的国家（地区）占该洲国家（地区）总数的 50%左右，而其他洲选择持有人民币储备资产的国家（地区）仅占该洲国家（地区）总数的 17%左右。鉴于此，本章根据样本国（地区）所处地理位置分为亚洲、欧洲、非洲和其他洲，探究注意力配置对人民币价值储藏职能的发展是否受地理位置因素的影响，具体研究结果如表 7-5 所示。若一国地理位置位于亚洲对 *Var* 赋值为 1，反之对 *Var* 赋值为 0，实证结果如表 7-5 第（1）列和第（2）列所示；若一国地理位置位于非洲对 *Var* 赋值为 1，反之对 *Var* 赋值为 0，实证结果如表 7-5 第（3）列和第（4）列所示；若一国地理位置位于欧洲对 *Var* 赋值为 1，反之对 *Var* 赋值为 0，实证结果如表 7-5 第（5）列和第（6）列所示；若一国地理位置位于其他洲对 *Var* 赋值为 1，反之对 *Var* 赋值为 0，实证结果如表 7-5 第（7）列和第（8）列所示。

如表 7-5 所示，中国对非洲国家（地区）增加注意力配置能显著地提高非洲各国（地区）央行储备人民币资产的概率，原因在于：非洲位于“一带一路”沿线，“一带一路”合作旨在通过贸易和投资平台加强沿线各国（地区）经济合作。一方面，从贸易的角度来讲，非洲国家大多是发展中国家，与中国经济发展的互补性较强。中国增加对外注意力配置可以加深对非洲地区经贸信息的了解，有助于降低交易不确定性，深化双方经贸合作。贸易的流通必然伴随着人民币流出的增加，从而增加人民币的境外存量。同时，非洲相较于其余各洲国家（地区）基础设施需求更大，基础设施建设项目工期时间较长、涉及面较广，中国增加对外注意力配置有助于与非洲国家（地区）形成长期且稳定的经贸合作关系。因此，非洲各国（地区）央行或货币当局基于平衡国际支付需求更倾向于持有人民币储备资产。另一方面，从投资角度来看，非洲各国（地区）进行人民币投资或发行人民币债券等活动不仅能促进本国经济发展，还能促使境外人民币流回国内，且流通速度将随着跨境贸易和金融交易活跃程度的提高而不断提高，有利于形成完整的人民币国际化循环渠道，最终促进人民币价值储藏职能的发展。因此，中非经贸合作为人民币国际化提供了一条新的路径，即“对外贸易与投资—经济互动效应—资本项目的开放—人民币国际化”的实现路径。

表 7-5 分地区检验

变量	(1)	(2)	(3)	(4)	(5)	(6)	(7)	(8)
	亚洲		非洲		欧洲		其他洲	
index	2.236** (2.02)	—	1.866 (1.45)	—	1.893** (2.11)	—	2.369** (2.27)	—
index · Var	0.160 (0.38)	—	1.039* (1.94)	—	-0.033 (-0.07)	—	-0.669* (-1.75)	—
mindex	—	3.341*** (3.73)	—	3.051*** (2.84)	—	2.790** (2.16)	—	3.677*** (3.67)
mindex · Var	—	0.183 (0.44)	—	0.944*** (2.78)	—	0.104 (0.31)	—	-0.770* (-1.90)
cgdp	36.724*** (10.43)	36.351*** (10.75)	38.719*** (10.57)	30.635*** (10.74)	31.091*** (10.65)	30.674*** (10.77)	32.906*** (9.60)	32.147*** (10.09)
gdp	3.405*** (7.24)	3.164*** (6.94)	3.892*** (6.69)	2.678*** (5.26)	2.699*** (3.50)	2.259*** (3.77)	2.804*** (5.31)	2.565*** (5.46)
stock	2.593* (1.71)	2.035 (1.35)	2.777* (1.72)	1.630 (1.21)	2.035 (1.54)	1.661 (1.27)	2.420* (1.76)	1.897 (1.40)
dis	-6.603*** (-2.74)	-5.491** (-2.27)	-9.263*** (-5.35)	-6.780*** (-4.09)	-7.177*** (-4.10)	-6.179*** (-3.88)	-4.781** (-2.57)	-3.494* (-1.95)
ncny	-0.422** (-2.46)	-0.404** (-2.35)	-0.448** (-2.46)	-0.337** (-2.19)	-0.341** (-2.27)	-0.333** (-2.23)	-0.391** (-2.49)	-0.376** (-2.41)
常数项	-1.2e+03*** (-10.84)	-1.2e+03*** (-11.06)	-1.2e+03*** (-10.53)	-966.432*** (-10.37)	-978.651*** (-10.86)	-960.057*** (-10.85)	-1.1e+03*** (-9.99)	-1.0e+03*** (-10.49)
样本数	2551	2551	2551	2551	2551	2551	2551	2551
Log-Likelihood	-232.481	-232.492	-230.623	-232.188	-234.307	-234.370	-231.992	-231.766

注：***、**和*分别表示在 1%、5%、10%的置信水平下显著，括号内为 t 值。

从表 7-5 可以看出，注意力配置与其他洲虚拟变量的交互项回归系数显著为负，表明地理位置位于其他洲的国家（地区）抑制了注意力配置对人民币价值储藏职能的促进作用。究其原因在于：在其他洲，美元、欧元、英镑、澳元和加元等主要国际货币已经形成较为强大的网络外部性和在位优势，不仅币值较为稳定、流通性高，交易成本还相对较低，人民币很难突破。因此，由于美元和欧元等主导国际货币的存在，人民币国际化更为实际的选择是随着“一带一路”合作的深入开展，加强区域经济金融合作，促使人民币成为关键的区域性货币。

7.2.3 经济不确定性的调节效应

前文就注意力配置对人民币价值储藏职能的影响进行了初步分析，但至此尚未回答注意力配置是通过何种渠道来影响人民币价值储藏职能的，对此进行研究有助于本章更深入地理解注意力配置对人民币价值储藏职能的影响机制。

为了检验**假设 3.2** 的影响机制是否存在，本章构建有中介的调节效应模型进行了实证分析。具体而言，主要涉及三个步骤：首先，用因变量对基本自变量进行回归分析；其次，用中介变量（Mediation Variable）对基本自变量进行回归分析；最后，用因变量对中介变量和基本自变量进行回归。具体构造的模型方程如式（7-2）、式（7-3）、式（7-4）所示。从该模型可以看出，各国（地区）经济不确定性作为调节变量，人民币交易媒介职能作为中介变量，该模型被称为有中介的调节模型，实证结果如表 7-6 所示。

$$RMB=\gamma_0+\gamma_1 index\cdot EU+\gamma_2 gdp+\gamma_3 stock+\gamma_4 dis+\gamma_5 ncny+\varepsilon_{ij} \tag{7-2}$$

$$share=\delta_0+\delta_1 index\cdot EU+\delta_2 cgdp+\delta_3 gdp+\delta_4 stock+\delta_5 dis+\varepsilon_{ij} \tag{7-3}$$

$$RMB=\vartheta_0+\vartheta_1 index\cdot EU+\vartheta_2 share+\vartheta_3 cgdp+\vartheta_4 gdp+\vartheta_5 stock+\vartheta_6 dis+\vartheta_7 ncny+\varepsilon_{ij} \tag{7-4}$$

其中，*RMB* 表示人民币价值储藏职能，*share* 表示人民币交易媒介职能。

表 7-6 第（1）列至第（3）列为 *index* 指标下的有中介的调节效应模型。根据表 7-6 第（1）列的结果可以看出，注意力配置与经济不确定性的交互项对人民币价值储藏职能产生显著的正向影响，表明经济不确定性对注意力配置和人民币价值储藏职能的调节效应显著。表 7-6 第（2）列的结果表明，注意力配置与经济不确定性的交互项对人民币交易媒介职能产生显著正向影响。表 7-6 第（3）列的结果表明，人民币交易媒介职能对价值储藏职能的影响显著为正，但注意力配置与经济不确定性的交互项对人民币价值储藏职能的影响为正且不显著。这表明经济

不确定性的调节效应完全通过中介变量——人民币交易媒介职能起作用，即经济不确定性强化了注意力配置对人民币价值储藏职能的正向影响，且经济不确定性与注意力配置通过促进人民币交易媒介职能的发展间接地促进人民币价值储藏职能的发展。因此，人民币交易媒介职能成为完全中介或者部分中介①。此外，为了降低核心指标极端值对结果的可能影响，本书在表 7-6 第(4)列至第(6)列

表 7-6 经济不确定性的调节效应

变量	(1) *rmb*	(2) *share*	(3) *rmb*	(4) *rmb*	(5) *share*	(6) *rmb*
EU·index	0.011*** (2.92)	0.006** (2.01)	0.014 (0.56)	—	—	—
EU·mindex	—	—	—	0.010*** (2.67)	0.006** (2.00)	0.009 (0.25)
share	—	—	0.779** (2.33)	—	—	0.921* (1.62)
cgdp	—	3.547*** (11.08)	56.431*** (7.14)	—	3.556*** (11.10)	68.268*** (7.40)
gdp	3.442*** (7.41)	1.280*** (4.21)	1.115 (1.11)	3.485*** (7.52)	1.278*** (4.24)	1.444 (0.98)
stock	3.462*** (11.21)	—	5.271 (1.61)	3.464*** (11.22)	—	6.173 (1.53)
dis	-1.599 (-1.41)	-1.904*** (-3.06)	-11.882*** (-4.54)	-1.605 (-1.41)	-1.894*** (-3.08)	-13.589*** (-4.32)
ncny	—	—	-0.878** (-2.23)	—	—	-1.066** (-2.18)
fin	—	0.011*** (3.82)	—	—	0.011*** (3.86)	—
常数项	-186.296*** (-9.53)	-122.679*** (-9.64)	-1.7e+03*** (-6.20)	-187.299*** (-9.55)	-122.991*** (-9.70)	-2.0e+03*** (-6.47)
样本数	2551	286	360	2551	286	360
R^2		0.467			0.469	
Log-Likelihood	-416.408		-86.159	-417.227		-85.671

注：①***、**和*分别表示在1%、5%和10%的水平下显著，括号内为 *t* 值。

②在实证研究人民币价值储藏职能时，使用中国股票市场交易规模取对数(*stock*)作为控制变量；在实证研究人民币交易媒介职能时，使用各国(地区)股票市值占 GDP 比值(*fin*)作为控制变量。为了实证研究的严谨性，此处将两者区分开。

① Preacher 和 Hayes(2008)、温忠麟和叶宝娟(2014)认为，可以放弃完全中介的概念，将所有中介都看作部分中介。

采用 *mindex* 进行回归，相应结果并没有发生实质性改变，证明人民币交易媒介职能是注意力配置与经济不确定性作用于人民币价值储藏职能的中介，从而验证**假设 3.2**。

7.2.4 稳健性分析

7.2.4.1 考虑人民币国际化推进路径

人民币国际化初期，中国政府主要通过“鼓励跨境贸易人民币结算+离岸人民币市场发展+双边本币互换”的策略推行人民币国际化，即“三位一体”的人民币国际化推进策略。此部分的研究主要涉及三个变量：第一，与中国人民银行是否签署双边货币互换协议（*BSA*），数据来源于《人民币国际化报告（2019）》；第二，是否建立了离岸人民币金融中心（*center*），数据来源于 SWIFT 数据库；第三，跨境贸易人民币结算金额（*trade*），数据来源于 Wind 数据库。本节研究了人民币国际化推进策略对人民币价值储藏职能的影响，实证结果如表 7-7 所示。

从表 7-7 可知，与中国央行签署了双边货币互换协议、建立了离岸人民币金融中心的国家（地区）央行会显著增加投资人民币资产的可能性。究其原因在于：一方面，离岸金融中心对跨境资本流动的限制较少，并为境外央行提供种类相对丰富的金融产品，增强了各国（地区）央行投资人民币资产的意愿；另一方面，双边本币互换协议的签署会显著地增加协议国央行投资人民币储备资产的可能性。首先，双边货币互换协议的签署相当于中国与协议国各自以对方货币储存了一定数量的官方外汇储备，这是对人民币成为国际货币的一种政治支持。其次，中国与协议国签署双边货币互换协议使协议国企业能较为方便地将本币兑换成人民币用于国际贸易支付结算和投资，从而间接地促进了人民币价值储藏职能的发展。此外，核心解释变量注意力配置的回归系数仍然显著为正，其他控制变量的系数符号与基准回归保持一致，证明本章的实证结果具有较强的稳健性。

7.2.4.2 考虑其他影响不确定性的变量

对外注意力配置能增强中国经济主体对海外市场的了解，有助于降低中国与伙伴国之间的信息不对称程度，改善交易环境。但是除注意力配置外，还存在其

表 7-7 人民币国际化推进路径

变量	(1)	(2)	(3)	(4)	(5)	(6)
index	13.174* (1.69)	2.041* (1.76)	1.856* (1.88)			
mindex				12.794* (1.80)	3.097*** (3.02)	2.689** (1.98)
cgdp	38.342*** (10.09)	31.576*** (4.72)	31.161*** (11.35)	33.319*** (10.40)	31.376*** (4.57)	30.998*** (11.00)
gdp	2.326*** (4.93)	3.179*** (5.58)	2.343*** (4.27)	2.255*** (5.00)	2.874*** (5.28)	2.182*** (3.52)
stock	2.128 (1.36)	2.562 (1.50)	2.071 (1.60)	1.483 (1.04)	2.036 (1.17)	1.665 (1.27)
dis	-1.834 (-1.11)	-7.882*** (-4.72)	-3.737** (-2.40)	-2.432 (-1.34)	-7.144*** (-4.09)	-3.135* (-1.82)
ncny	-0.372** (-2.11)	-0.399** (-2.02)	-0.343** (-2.33)	-0.307* (-1.91)	-0.382* (-1.88)	-0.332** (-2.22)
BSA	18.282*** (8.02)			15.118*** (6.38)		
trade		1.006 (1.33)			0.957 (1.29)	
center			9.304*** (3.59)			9.017*** (3.47)
常数项	-1.3e+03*** (-10.21)	-1.0e+03*** (-4.90)	-1.0e+03*** (-11.00)	-1.1e+03*** (-10.53)	-1.0e+03*** (-4.72)	-995.799*** (-10.58)
样本数	2551	1598	2551	2551	1598	2551
Log-Likelihood	-221.806	-226.122	-230.969	-223.244	-226.369	-231.285

注：***、**和*分别表示在1%、5%和10%的水平下显著，括号内为 *t* 值。

他传递信息和改善交易不确定性的方式，如固定电话沟通(*telephone*)、基础交通运输服务(*transport*)和国际移民(*migrant*)等①。为了检验考虑这些信息传递方式对人民币价值储藏职能的可能影响后，对外注意力配置是否仍显著地促进人民币价值储藏职能的发展，即排除相关遗漏变量对本章实证结果的可能影响，本章将

① 资料来源于 World Bank WDI 数据库。

上述变量进行对数处理并逐步纳入基准方程，实证结果如表 7-8 所示。

表 7-8 其他信息获取渠道的稳健性检验

变量	(1)	(2)	(3)	(4)	(5)	(6)
index	2.268 ** (2.04)	2.251 *** (2.60)	2.242 ** (2.54)			
mindex				4.259 ** (2.40)	4.392 *** (3.68)	3.912 *** (3.34)
cgdp	38.517 *** (8.94)	39.350 *** (4.29)	39.894 *** (4.38)	32.655 *** (5.95)	43.020 *** (4.84)	41.568 *** (3.97)
gdp	2.630 *** (2.96)	0.410 (0.62)	0.324 (0.32)	1.370 (1.59)	−0.766 (−1.09)	−0.095 (−0.09)
stock	3.730 ** (2.20)	3.825 * (1.87)	3.867 * (1.88)	2.115 (1.36)	3.638 * (1.72)	4.025 * (1.85)
dis	−8.188 *** (−3.94)	−5.350 *** (−3.82)	−5.386 *** (−3.84)	−5.537 ** (−2.39)	−3.681 ** (−2.43)	−4.425 *** (−2.99)
ncny	−0.539 *** (−2.81)	−0.645 ** (−2.34)	−0.652 ** (−2.36)	−0.408 ** (−2.23)	−0.747 *** (−2.60)	−0.743 ** (−2.45)
transport	0.083 (0.36)	−0.152 (−0.82)	−0.156 (−0.83)	0.102 (0.29)	−0.054 (−0.25)	−0.174 (−0.91)
migrant		0.972 * (1.75)	0.978 * (1.72)		1.311 ** (2.26)	1.116 * (1.91)
telephone			0.102 (0.13)			0.031 (0.04)
常数项	−1.2e+03 *** (−8.33)	−1.2e+03 *** (−4.20)	−1.2e+03 *** (−4.29)	−1.0e+03 *** (−6.17)	−1.3e+03 *** (−4.71)	−1.3e+03 *** (−3.90)
样本数	2044	1399	1380	1938	1335	1380
Log-Likelihood	−215.496	−160.296	−160.088	−203.807	−153.180	−158.829

注：***、** 和 * 分别表示在 1%、5%和 10%的水平下显著，括号内为 t 值。

表 7-8 第(1)列至第(3)列是在 *index* 变量下的回归结果。可见，在逐步加入固定电话沟通、国际移民和基础交通运输服务这些变量后，注意力配置对人民币

价值储藏职能的影响仍显著为正，同时国际移民和固定电话沟通也对人民币价值储藏职能产生积极的影响。此外，考虑注意力配置的极端值对回归结果的可能干扰，表 7-8 第(4)列至第(6)列列示出在 *mindex* 变量下的回归结果，与前三列结论一致。这表明注意力配置对人民币价值储藏职能的正向促进作用，并未随着相关信息传递方式的加入而发生明显变化，从而证明本章的核心结论具有较强的稳健性。

7.2.4.3 内生性检验

本章采用三种方法判断本章的模型是否存在内生性问题：第一，本章采用豪斯曼检验判断是否存在内生性变量，其原假设为“所有解释变量均为外生”，若豪斯曼检验结果在 1%的显著性水平上拒绝“所有解释变量均为外生”这一原假设，则认为回归方程中存在内生变量，否则认为不存在内生变量。第二，由于传统的豪斯曼检验在异方差存在的情形下是不成立的，本章接下来进行异方差稳健的杜宾-吴-豪斯曼检验(DWH 检验)，若 DWH 检验结果显著地拒绝原假设，则认为模型存在内生性变量。第三，本章根据 Wooldridge(2010)对 Logit 或 Probit 模型的内生性检验与克服的说明，采用 Logit 两步法检验该模型可能存在的内生性问题。类似于 Probit 两步法，Logit 两步法的操作流程分为：第一步，内生变量对工具变量进行普通最小二乘回归得到残差估计量；第二步，被解释变量对外生变量、内生变量和第一步得到的残差估计量进行 Logit 回归。如果残差项的回归系数显著，则说明该解释变量确实是内生变量，反之则为外生变量。本章采用过上述三种内生性检验方法进行检验后，没有发现内生性变量，可能的原因是，本章在进行实证研究时，为了避免内生性问题导致的估计偏误，已经对解释变量进行了滞后一期处理。

本章分别采用面板 Probit 随机效应模型和混合 Logit 模型进行稳健性检验，实证回归结果如表 7-9 所示。面板 Probit 随机效应模型和混合 Logit 模型回归结果表明，注意力配置的系数符号方向和显著性均未发生改变。在考虑核心解释变量极端值对结果的干扰后，该结论仍然成立。除 *ncny* 在表 7-9 第(1)列和第(2)列的回归系数不显著，以及 *stock* 在表 7-9 第(2)列的回归系数为负不显著外，其余控制变量的系数符号方向和显著性均未发生改变，证实本章的回归结果具有较强的稳健性。

表 7-9　内生性检验

变量	(1) 面板 Probit	(2) 面板 Probit	(3) 混合 Logit	(4) 混合 Logit
index	3.237*** (9.25)		1.996* (1.82)	
mindex		4.508*** (9.62)		3.598*** (3.29)
cgdp	24.480*** (9.85)	22.306*** (6.53)	33.386*** (11.63)	37.981*** (10.54)
gdp	2.278*** (5.69)	2.332*** (6.15)	3.076*** (6.03)	3.153*** (5.69)
stock	0.994 (0.85)	-0.165 (-0.14)	2.282* (1.65)	2.012 (1.26)
dis	-4.757*** (-3.80)	-4.598*** (-3.46)	-6.638*** (-4.16)	-7.068*** (-3.56)
ncny	-0.207 (-1.63)	-0.141 (-1.14)	-0.377** (-2.40)	-0.413** (-2.28)
常数项	-787.489*** (-9.44)	-703.097*** (-6.61)	-1.1e+03*** (-11.55)	-1.2e+03*** (-10.51)
样本数	2551	2551	2551	2551
Log-Likelihood	-236.068	-231.968	-233.380	-231.796

注：***、**和*分别表示在1%、5%、10%的置信水平下显著，括号内为 t 值。

7.2.4.4　替换注意力配置的衡量指标

本书在基准回归中仅使用各样本国(地区)的中文名称在百度网页的 PC 搜索指数和移动搜索指数之和来衡量注意力配置，本章进一步使用各样本国(地区)的 PC 搜索指数、移动搜索指数和媒体搜索指数总和，以及各样本国(地区)相应的中文名称和英文名称在百度网页的搜索频数之和来衡量注意力配置，实证检验结果如表 7-10 所示。根据表 7-10 可知，注意力配置回归系数仍显著为正，且控制变量的系数符号方向均没有发生改变。因此，本章模型的实证结果具有较强的稳健性。

表 7-10　替换注意力配置的衡量指标

变量	(1)	(2)	(3)
*bai*1	1.568*		
	(1.86)		
*bai*2		2.170*	
		(1.68)	
*bai*3			1.416*
			(1.70)
cgdp	32.359***	32.227***	31.737***
	(11.26)	(11.39)	(11.38)
gdp	3.263***	2.975***	3.061***
	(6.45)	(4.81)	(6.29)
stock	2.115	1.804	2.367*
	(1.55)	(1.32)	(1.83)
dis	-9.023***	-6.582***	-8.176***
	(-5.72)	(-3.76)	(-5.74)
ncny	-0.354**	-0.347**	-0.374**
	(-2.28)	(-2.24)	(-2.52)
常数项	-1.0e+03***	-1.0e+03***	-1.0e+03***
	(-11.03)	(-11.20)	(-11.18)
样本数	2551	2551	2598
Log-Likelihood	-235.241	-234.810	-241.455

注：①***、**和*分别表示在1%、5%和10%的水平下显著，括号内为 t 值。

②*bai*1 表示某一国（地区）中文名称的 PC 搜索指数、移动搜索指数和媒体搜索指数总和的年度均值。*bai*2 表示某一国（地区）中文名称的 PC 搜索指数、移动搜索指数和媒体搜索指数总和的年度中位值。*bai*3 表示某一国（地区）中文名称和英文名称的 PC 搜索指数、移动搜索指数和媒体搜索指数总和的年度均值。

7.2.5　进一步分析

7.2.5.1　“一带一路”倡议的政策效应评估

中国政府倡导的“一带一路”合作是中国为推动经济全球化而提出的区域经

济合作新模式。“一带一路”倡议有助于突破人民币在职能范围、地域流通等方面的局限性，为人民币国际化提供新的平台和机遇，有利于形成人民币国际化推进与“一带一路”合作加深的良性循环，进而吸引更多的境外机构在国际贸易和金融交易中使用人民币进行计价和结算，这些真实的交易的需求增加将提升各国（地区）央行储备人民币资产的必要性。基于此，本章将样本国（地区）分为两组，其中“一带一路”沿线国家（地区）作为处理组，非“一带一路”沿线国家（地区）作为控制组，将中国政府于2013年提出的“一带一路”合作倡议作为一项准自然实验，采用双重差分方法（DID）检验“一带一路”合作对人民币价值储藏职能的影响（见表7-11），具体构建了以下模型：

$$RMB=\theta_0 post13\cdot br+\theta_1 index+\theta_2 cgdp+\theta_3 gdp+\theta_4 stock+\theta_5 ncny+\eta_t+\eta_i+\varepsilon_{ij} \quad (7-5)$$

其中，i、t 分别表示国家（地区）和年份；br 表示处理组虚拟变量，若一国（地区）属于“一带一路”沿线国家（地区）取值为1，否则为0；$post13$ 为政策实施年份的虚拟变量，即2013年“一带一路”合作倡议提出前取值为0，2013年当年以及往后年份取值为1。此外，本章在实证分析中还进一步控制了国家固定效应（η_i）和时间固定效应（η_t）这两个变量。

从表7-11第（1）列可以看出，交互项 $post13\cdot br$ 系数显著为正，表明“一带一路”倡议能显著地促进人民币价值储藏职能的发展。那么，“一带一路”倡议合作是如何影响人民币价值储藏职能的呢？本章从注意力配置视角分析了“一带一路”合作对人民币价值储藏职能的影响机制。从表7-11第（2）列和第（3）列可以看出，“一带一路”倡议有利于增强注意力配置对人民币价值储藏职能的促进作用。同时，考虑注意力配置的极端值对回归结果的可能干扰之后，表7-11第（4）列和第（5）列列示出在 *mindex* 变量下的回归结果，结论不变。

7.2.5.2 平行趋势假设检验

采用双重差分法进行分析的一个重要前提是如果没有“一带一路”倡议的政策冲击，不同组别之间应保持趋势一致。因此，本章为了检验“一带一路”倡议提出前是否满足平行趋势假设，设定了以下计量模型：

$$RMB=\sum_{2009}^{2018}\theta_0 Dyear\cdot br+\theta_1 index+\theta_2 cgdp+\theta_3 gdp+\theta_4 stock+\theta_5 ncny+\eta_t+\eta_i+\varepsilon_{ij} \quad (7-6)$$

根据上述计量模型的回归结果，本章绘制了 θ_0 的走势图，若满足平行趋势假定，预期“一带一路”倡议提出前 θ_0 不应显著异于0，即在“一带一路”倡议提

表 7-11 “一带一路”倡议对人民币价值储藏职能的影响及影响机制分析

变量	(1)	(2)	(3)	(4)	(5)
*post*13 ·*br*	0.111*** (5.14)				
index	0.116*** (5.46)	0.118*** (5.59)	0.110*** (5.21)		
index ·*post*13 ·*br*		0.018*** (6.41)	0.017*** (5.97)		
mindex				0.118*** (4.25)	0.108*** (3.89)
mindex ·*post*13 ·*br*				0.018*** (6.19)	0.017*** (5.76)
cgdp	-0.009 (-0.14)		-0.005 (-0.08)		0.011 (0.18)
gdp	0.095*** (4.19)		0.092*** (4.05)		0.093*** (4.09)
stock	-0.068 (-1.11)		-0.069 (-1.12)		-0.093 (-1.52)
ncny	-0.006 (-0.63)		-0.006 (-0.62)		-0.004 (-0.39)
时间效应	控制	控制	控制	控制	控制
国家效应	控制	控制	控制	控制	控制
样本数	2608	2625	2608	2625	2608
R^2	0.529	0.530	0.531	0.527	0.529

注：***、**和*分别表示在1%、5%、10%的置信水平下显著，括号内为 *t* 值。

出前，处理组和控制组趋势一致(见图 7-2)。如图 7-2 所示，横轴 *pre*_1 代表政策发生前一年，*current* 表示政策发生当年，*post*_1 表示政策发生后一年，以此类推，纵轴表示回归系数值。从图 7-2 可以看出，θ_0 在“一带一路”倡议提出前的确在 0 值附近波动，即 θ_0 回归系数不显著，满足平行趋势假定，“一带一路”倡议提出后系数显著为正，与前文回归结果一致。这说明处理组和控制组的确是可以进行比较的。“一带一路”倡议效果可能出现在倡议提出后第二年，即 2015 年，并且持续时间较长。其原因在于，中国政府虽在 2013 年 9 月和 10 月提出了“一带一路”倡议，但 2015 年“一带一路”合作才正式开始实施，即 2015 年 3 月中国国家发展改革委员会、外交部、商务部联合发布了《推动共建丝绸之路经济带和 21 世纪海上丝绸之路的愿景与行动》，促进了“一带一路”合作的正式开展。

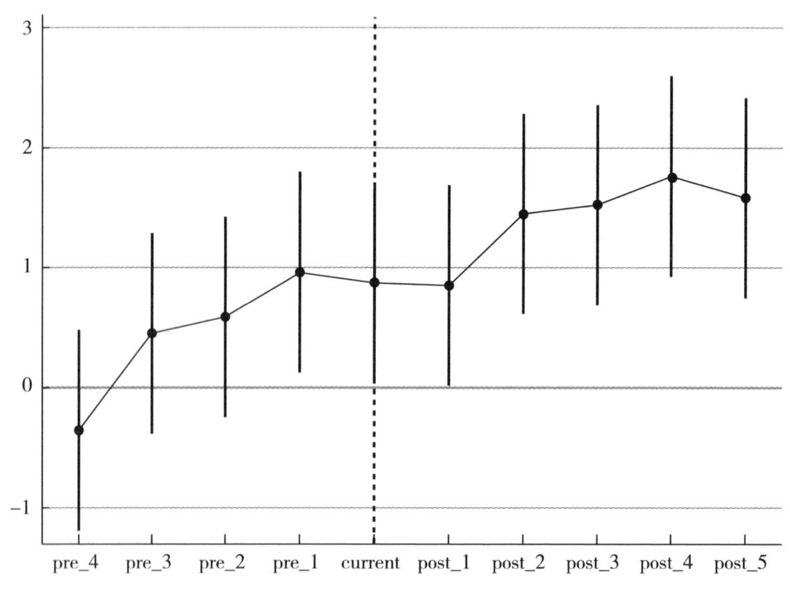

图 7-2　平行趋势检验结果

7.3　人民币三大国际货币职能相互影响机制的实证检验

人民币交易媒介职能是最先发展起来的职能，计价单位职能和价值储藏职能的发展相对滞后。人民币率先发展起来的交易媒介职能是否会对计价单位职能和价值储藏职能的发展产生作用呢？反过来，随着人民币计价单位职能和价值储藏职能的逐步发展，是否又会进一步作用于交易媒介职能呢？基于此，本章建立联立方程模型研究了人民币三大职能之间的互动机制，具体建立的模型如下：

$$currency1_t = c+\beta_0 index_t+\beta_1 cgdp_t+\beta_2 gdp_t+\beta_3 fin_t+\beta_4 msdr+\varepsilon_t \quad (7-7)$$

$$currency2_t = c+\beta_5 currency1_t+\beta_6 index_t+\beta_7 eu_t+\varepsilon_t \quad (7-8)$$

$$currency3_t = c+\alpha_0 index_t+\alpha_1 cgdp_t+\alpha_2 gdp_t+\alpha_3 stock_t+\alpha_4 ncny_t+\varepsilon_t \quad (7-9)$$

$$currency2_t = c+\alpha_5 currency3_t+\alpha_6 index_t+\alpha_7 eu_t+\varepsilon_t \quad (7-10)$$

其中，式(7-7)和式(7-8)表示人民币交易媒介职能与计价单位职能的联立方程系统，考察人民币交易媒介职能是否会对计价单位职能产生影响[①]；式(7-9)和式(7-10)表示人民币价值储藏职能与计价单位职能的联立方程系统，考察人民币价值储藏职能是否会对计价单位职能产生影响[②]。*currency*1 表示人民币交易媒介职能的衡量指标，数据来源于 BIS 数据库。*currency*2 表示人民币计价单位职能的衡量指标，数据来源于 BIS 数据库、IMF 数据库和 BIS LBS 数据库。*currency*3 表示人民币价值储藏职能的衡量指标，选择以人民币计价的国际债券金额作为衡量指标，数据来源于 BIS 数据库，原因在于：一方面，由于本章在实证研究人民币价值储藏职能的影响因素时，选取各国(地区)央行或货币当局是否愿意投资人民币资产的虚拟变量作为人民币价值储藏职能的代理变量。若采用境外央行或货币当局持有人民币储备资产金额的数据，最早只能追溯到 2015 年。另一方面，以本币计价的国际债券金额兼具着“计价单位”和“价值储藏”的双重职能。境外央行或货币当局持有的人民币储备资产主要是以债券的形式持有，以人民币计价的国际债券金额在某种程度上也反映出人民币价值储藏职能的发展情况。因此，受限于数据可得性的限制，本章使用以人民币计价的国际债券金额作为衡量人民币价值储藏职能发展情况的指标。此外，其他数据来源于第 5 章、第 6 章和第 7 章相关小节的变量与数据说明。

$$currency1_t = c+\delta_0 index_t+\delta_1 cgdp_t+\delta_2 gdp_t+\delta_3 fin_t+\delta_4 msdr_t+\varepsilon_t \quad (7-11)$$

$$currency3_t = c+\delta_5 currency1_t+\delta_6 index_t+\delta_7 cgdp_t+\delta_8 gdp_t+\delta_9 stock_t+\delta_{10} ncny_t+\varepsilon_t \quad (7-12)$$

$$currency2_t = c+\phi_0 index_t+\phi_1 cny_t+\varepsilon_t \quad (7-13)$$

$$currency3_t = c+\phi_2 currency2_t+\phi_3 index_t+\phi_4 cgdp_t+\phi_5 gdp_t+\phi_6 stock_t+\phi_7 ncny_t+\varepsilon_t \quad (7-14)$$

---

① 由于经济不确定性对人民币交易媒介职能发挥的是调节效应，并没有对人民币交易媒介职能直接产生影响，所以式(7-7)没有将经济不确定性指数单独列出。

② 由于经济不确定性对人民币价值储藏职能发挥的是调节效应，并没有对人民币价值储藏职能直接产生影响，所以式(7-9)没有将经济不确定性指数单独列出。

其中，式(7-11)和式(7-12)表示人民币交易媒介职能与价值储藏职能的联立方程系统，考察人民币交易媒介职能是否会对价值储藏职能产生影响；式(7-13)和式(7-14)表示人民币计价单位职能与价值储藏职能的联立方程系统，考察人民币计价单位职能是否会对价值储藏职能产生影响。

$$currency2_t = c+\varphi_0 index_t+\varphi_1 eu_t+\varepsilon_t \tag{7-15}$$

$$currency1_t = c+\varphi_2 currency2_t+\varphi_3 index_t+\varphi_4 cgdp_t+\varphi_5 gdp_t+\varphi_6 fin_t+\varphi_7 msdr_t+\varepsilon_t \tag{7-16}$$

$$currency3_t = c+\psi_0 index_t+\psi_1 cgdp_t+\psi_2 gdp_t+\psi_3 stock_t+\psi_4 ncny_t+\varepsilon_t \tag{7-17}$$

$$currency1_t = c+\psi_5 currency3_t+\psi_6 index_t+\psi_7 cgdp_t+\psi_8 gdp_t+\psi_9 fin_t+\psi_{10} msdr_t+\varepsilon_t \tag{7-18}$$

其中，式(7-15)和式(7-16)表示人民币计价单位职能与交易媒介职能的联立方程系统，考察人民币计价单位职能是否会对交易媒介职能产生影响；式(7-17)和式(7-18)表示人民币价值储藏职能与交易媒介职能的联立方程系统，考察人民币价值储藏职能是否会对交易媒介职能产生影响。

本书第5章、第6章和第7章对人民币交易媒介职能、计价单位职能和价值储藏职能分别进行了实证分析，本书收集了2004~2018年的数据样本[①]。由于样本量相对较少，本章对数据进行了如下处理：第一，将所有变量通过Quadratic-Match Average方法转换成月度数据。第二，对经济规模采用Census X-12的方法进行季节性调整，获得剔除了季节因素的时间序列。经过上述数据处理之后，本章对联立方程模型进行了识别，结果表明上述方程组属于过度识别。为了参照，本章分别采用OLS估计法、2SLS估计法和3SLS估计法对人民币三大国际职能的互动机制进行了检验。由于OLS估计法和2SLS估计法均属于单一方程估计法，可能会忽略每个方程之间的因果联系。3SLS估计法是将所有方程视为一个整体进行估计，属于系统估计法，相较于OLS估计法和2SLS估计方更有效率。本章实证分析以3SLS法的估计结果为主，同时列出了OLS和2SLS法的估计结果作为参照，实证结果如表7-12、表7-13和表7-14所示。

如表7-12第(1)列、第(2)列、第(3)列所示，OLS、2SLS和3SLS三种方法的估计结果较为相近，即人民币交易媒介职能对人民币计价单位职能产生显著的促进作用。卡方检验的P值非常小，表明模型设定较为恰当。如表7-12第(4)列、第(5)、第(6)列所示，2SLS和3SLS两种方法的估计结果均表明人民币价值储藏职能对人民币计价单位职能产生显著的正向促进作用。

---

① 人民币在国际外汇市场中的交易总额数据最早可追溯到1998年。

表 7-12 人民币交易媒介职能和价值储藏职能对计价单位职能的影响机制检验

变量	(1) OLS	(2) 2SLS	(3) 3SLS	(4) OLS	(5) 2SLS	(6) 3SLS
	*currency*1	*currency*1	*currency*1	*currency*3	*currency*3	*currency*3
index	0.875 *** (5.63)	0.875 *** (5.63)	0.641 *** (4.79)	0.625 ** (2.03)	0.625 ** (2.03)	0.345 (1.36)
cgdp	1.696 *** (10.45)	1.696 *** (10.45)	1.942 *** (13.89)	1.250 *** (3.82)	1.250 *** (3.82)	1.955 *** (7.23)
gdp	0.435 ** (2.15)	0.435 ** (2.15)	0.110 (0.63)	4.333 *** (11.43)	4.333 *** (11.43)	3.400 *** (10.67)
fin	0.006 *** (5.80)	0.006 *** (5.80)	0.006 *** (6.44)			
msdr	0.609 *** (5.41)	0.609 *** (5.41)	0.481 *** (4.93)			
stock				0.359 *** (8.93)	0.359 *** (8.93)	0.318 *** (9.50)
ncny				-0.065 *** (-7.94)	-0.065 *** (-7.94)	-0.061 *** (-9.01)
常数项	-59.432 *** (-17.64)	-59.432 *** (-17.64)	-55.841 *** (-19.18)	-139.409 *** (-31.25)	-139.409 *** (-31.25)	-134.890 *** (-34.87)
	*currency*2	*currency*2	*currency*2	*currency*2	*currency*2	*currency*2
*currency*1	0.396 *** (9.59)	0.552 *** (10.70)	0.557 *** (12.16)			
*currency*3				0.041 (1.58)	0.123 *** (4.13)	0.153 *** (5.57)
index	0.210 *** (2.60)	-0.085 (-0.85)	-0.074 (-0.83)	0.850 *** (11.69)	0.633 *** (7.63)	0.526 *** (6.92)
EU	0.018 (0.37)	0.020 (0.41)	-0.056 (-1.33)	-0.001 (-0.01)	-0.025 (-0.42)	0.042 (0.84)
常数项	7.325 *** (11.99)	9.200 *** (12.74)	9.755 *** (15.32)	3.587 *** (4.58)	5.659 *** (6.47)	6.001 *** (7.57)
统计量	F=2873.444	F=2873.444	卡方=1.5e+04	F=2457.216	F=2457.216	卡方=1.3e+04
统计量 *P* 值	0.000	0.000	0.000	0.000	0.000	0.000
样本数	180	180	180	180	180	180
R^2	0.988	0.988	0.988	0.986	0.986	0.985

注：***、**和*分别表示在1%、5%、10%的置信水平下显著，括号内为 *t* 值。

表 7-13 人民币交易媒介职能和计价单位职能对价值储藏职能的影响机制检验

变量	(1)	(2)	(3)	(4)	(5)	(6)
	OLS	2SLS	3SLS	OLS	2SLS	3SLS
	*currency*1	*currency*1	*currency*1	*currency*2	*currency*2	*currency*2
index	0.875***	0.875***	0.832***	0.959***	0.959***	0.963***
	(5.63)	(5.63)	(5.50)	(38.93)	(38.93)	(39.72)
cgdp	1.696***	1.696***	1.793***			
	(10.45)	(10.45)	(11.30)			
gdp	0.435**	0.435**	0.348*			
	(2.15)	(2.15)	(1.76)			
fin	0.006***	0.006***	0.007***			
	(5.80)	(5.80)	(6.36)			
msdr	0.609***	0.609***	0.655***			
	(5.41)	(5.41)	(6.04)			
EU				0.012	0.012	-0.002
				(0.20)	(0.20)	(-0.03)
常数项	-59.432***	-59.432***	-59.788***	2.553***	2.553***	2.634***
	(-17.64)	(-17.64)	(-18.19)	(5.86)	(5.86)	(6.15)
	*currency*3	*currency*3	*currency*3	*currency*3	*currency*3	*currency*3
*currency*1	-0.240**	-0.240**	-0.030			
	(-2.03)	(-2.03)	(-0.26)			
*currency*2				-1.156***	-1.533***	-2.465***
				(-9.13)	(-2.60)	(-4.33)
index	1.140***	1.140***	1.282***	0.516**	0.480*	0.503**
	(2.87)	(2.87)	(3.26)	(2.03)	(1.81)	(1.96)
cgdp	1.290***	1.290***	0.792**	3.065***	3.657***	4.923***
	(3.97)	(3.97)	(2.44)	(9.15)	(3.79)	(5.28)
gdp	4.846***	4.846***	4.560***	3.842***	3.681***	3.463***
	(10.70)	(10.70)	(10.10)	(12.12)	(9.06)	(8.84)
stock	0.368***	0.368***	0.420***	0.380***	0.387***	0.409***
	(9.17)	(9.17)	(10.74)	(11.45)	(10.87)	(11.93)
ncny	-0.079***	-0.079***	-0.081***	-0.076***	-0.079***	-0.088***
	(-7.47)	(-7.47)	(-7.79)	(-11.06)	(-8.98)	(-10.35)
常数项	-152.635***	-152.635***	-135.643***	-163.071***	-170.796***	-189.264***
	(-19.37)	(-19.37)	(-17.60)	(-36.27)	(-13.52)	(-15.51)
统计量	F=2873.444	F=2873.444	卡方=1.5e+04	F=1324.931	F=1324.931	卡方=2697.736
统计量 *P* 值	0.000	0.000	0.000	0.000	0.000	0.000
样本数	180	180	180	180	180	180
R^2	0.988	0.988	0.988	0.937	0.937	0.937

注：***、**和*分别表示在1%、5%、10%的置信水平下显著，括号内为 *t* 值。

表 7-14 人民币计价单位职能和价值储藏职能对交易媒介职能的影响机制检验

变量	(1) OLS	(2) 2SLS	(3) 3SLS	(4) OLS	(5) 2SLS	(6) 3SLS
	currency2	*currency2*	*currency2*	*currency3*	*currency3*	*currency3*
index	0.959*** (38.93)	0.959*** (38.93)	0.964*** (40.53)	0.625** (2.03)	0.625** (2.03)	1.030*** (3.43)
EU	0.012 (0.20)	0.012 (0.20)	-0.006 (-0.12)			
cgdp				1.250*** (3.82)	1.250*** (3.82)	0.939*** (2.93)
gdp				4.333*** (11.43)	4.333*** (11.43)	4.455*** (11.98)
stock				0.359*** (8.93)	0.359*** (8.93)	0.395*** (10.12)
ncny				-0.065*** (-7.94)	-0.065*** (-7.94)	-0.075*** (-9.36)
常数项	2.553*** (5.86)	2.553*** (5.86)	2.661*** (6.34)	-139.409*** (-31.25)	-139.409*** (-31.25)	-135.972*** (-31.11)
	currency1	*currency1*	*currency1*	*currency1*	*currency1*	*currency1*
currency2	0.094 (0.97)	0.694 (1.30)	2.107*** (4.22)			
currency3			(1.07)	0.041 (1.07)	0.041 (2.48)	0.093**
index	0.878*** (5.64)	0.894*** (5.18)	0.817*** (5.17)	0.882*** (5.67)	0.882*** (5.67)	0.873*** (5.76)
cgdp	1.567*** (7.46)	0.738 (0.97)	-0.988 (-1.39)	1.572*** (7.89)	1.572*** (7.89)	1.479*** (7.63)
gdp	0.478** (2.31)	0.754** (2.27)	1.099*** (3.57)	0.317 (1.38)	0.317 (1.38)	0.109 (0.48)
fin	0.006*** (5.33)	0.004** (2.02)	0.001 (0.50)	0.006*** (5.08)	0.006*** (5.08)	0.006*** (5.05)
msdr	0.603*** (5.35)	0.567*** (4.40)	0.486*** (4.11)	0.581*** (5.03)	0.581*** (5.03)	0.586*** (5.23)
常数项	-58.110*** (-15.99)	-49.638*** (-5.90)	-27.381*** (-3.49)	-52.987*** (-7.66)	-52.987*** (-7.66)	-45.117*** (-6.74)
统计量	F=1324.931	F=1324.931	卡方=2702.570	F=2457.216	F=2457.216	卡方=1.3e+04
统计量 *P* 值	0.000	0.000	0.000	0.000	0.000	0.000
样本数	180	180	180	180	180	180
R^2	0.937	0.937	0.937	0.986	0.986	0.986

注：***、**和*分别表示在1%、5%、10%的置信水平下显著，括号内为 *t* 值。

如表7-13第(1)列、第(2)列、第(3)列所示，3SLS方法的估计结果表明人民币交易媒介职能对人民币价值储藏职能没有产生显著的促进作用。如表7-13第(4)列、第(5)列、第(6)列所示，OLS、2SLS和3SLS三种估计方法的估计结果较为相近，表明人民币计价单位职能对人民币价值储藏职能的发展产生显著的负向作用。

如表7-14第(1)列、第(2)列、第(3)列所示，3SLS方法的估计结果表明人民币计价单位职能对人民币交易媒介职能产生显著的促进作用。同时，OLS和2SLS两种方法的回归结果表明人民币计价单位职能对人民币交易媒介职能的影响为正。如表7-14第(4)列、第(5)列、第(6)列所示，3SLS方法的估计结果表明人民币价值储藏职能对人民币交易媒介职能产生显著的正向促进作用。

从表7-12、表7-13和表7-14可以看出，人民币国际化初级发展阶段，交易媒介职能和价值储藏职能对计价单位职能产生显著的正向影响；计价单位职能和价值储藏职能对交易媒介职能产生显著的正向影响；但计价单位职能对价值储藏职能产生的影响显著为负。探究其可能的原因在于：目前人民币国际化呈“跛足”前进的状态，人民币计价单位职能的发展滞后不仅直接制约了价值储藏职能的发展，甚至在一定程度上通过制约交易媒介职能的发展，间接地制约人民币价值储藏职能的发展。一方面，随着中国经济实力和贸易规模的增加，人民币在国际外汇市场中的活跃程度也随之增加，境外央行或货币当局必然要储备一定的人民币资产用于平衡国际收支和干预外汇市场。另外，以人民币计价的金融资产是境外央行或货币当局投资人民币储备资产的主要形式。但人民币计价单位职能的发展滞后，人民币计价金融资产的流动性、安全性、多元化和可自由使用度等方面还亟待提高，这降低了境外央行或货币当局投资人民币资产的意愿，制约了人民币价值储藏职能的发展。另一方面，中国作为全球生产链的重要枢纽，与中国贸易和投资往来密切的境外企业为了规避风险、降低成本和提高国际竞争力，自然愿意接受人民币作为交易媒介货币。但人民币计价单位职能发展滞后，不利于形成畅通的人民币回流机制和完整的人民币国际化循环渠道，进而制约了人民币交易媒介职能的深层次发展，间接地制约了人民币价值储藏职能的发展。

通过以上分析可以发现，人民币计价单位职能在某种程度上起到了“中心枢纽”的作用：一方面，人民币计价单位职能的发展有助于促使人民币交易媒介职能形成“强者更强”的局面；另一方面，人民币交易媒介职能和计价单位职能的发展，有利于促使境外央行或货币当局基于国际收支平衡的需求和干预外汇市场的需求而投资人民币资产，进而促进人民币价值储藏职能的发展。

可见，人民币计价单位职能是促进人民币交易媒介职能和价值储藏职能进一步发展的中心枢纽，是未来人民币国际化推进过程中的重要环节。这与中国政府将"鼓励跨境贸易和投资的人民币结算+离岸人民币市场发展+双边本币互换"的旧"三位一体"策略逐渐转变为"培养人民币作为计价货币+'一带一路'合作+金融市场改革"的新"三位一体"策略相吻合。

7.4　本章小结

人民币价值储藏职能的私人用途是作为私人部门的替代货币和投资货币。受数据可得性的限制，本章从人民币价值储藏职能的官方用途角度出发，选取 174 个国家(地区)央行或货币当局在给定年份是否持有人民币储备资产的面板数据，实证考察了注意力配置、经济不确定性对人民币价值储藏职能的影响。

首先，本章的基准检验和稳健性检验结果表明，中国经济主体对外注意力配置水平越高，越有利于促进人民币价值储藏职能的发展，即使在替换核心变量、考虑内生性问题、控制影响不确定性的变量，以及控制货币互换协议签署等人民币国际化政策变量后，结论依然稳健。

其次，本章的异质性检验结果表明，注意力配置对人民币价值储藏职能的影响呈现出一定的异质性特征，具体表现为：注意力配置有利于促进对中国出口依存度较高的国家(地区)央行或货币当局投资人民币储备资产；注意力配置有利于促进外汇储备较为充足的国家(地区)投资人民币储备资产；相较于资本账户开放程度较高的国家(地区)，对资本账户开放程度较低的国家配置更多的注意力有利于促进人民币价值储藏职能的发展；相较于货币自由度较高的国家(地区)，对货币自由度较低的国家(地区)配置更多的注意力有利于促进人民币价值储藏职能的发展；对非洲国家(地区)增加注意力配置能显著地提高非洲各国(地区)央行储备人民币资产的概率。

再次，本章进一步研究发现：各国(地区)经济不确定性对人民币价值储藏职能发挥的是有中介的调节效应，"一带一路"倡议也有利于增强注意力配置对人民币价值储藏职能的促进作用。

最后，本章建立联立方程模型实证研究了人民币交易媒介职能、计价单位职能和价值储藏职能之间的互动机制，发现人民币三大国际职能之间存在协同机制，而且，人民币计价单位职能是促进人民币价值储藏职能和人民币交易媒介职能进一步发展的中心枢纽。

8

结论、建议与展望

8.1 主要结论

本书基于人民币交易媒介职能、计价单位职能和价值储藏职能这三大基础国际货币职能视角，以中国经济主体的注意力配置为切入点，同时考虑经济不确定性，在货币国际化理论中融入行为学思想，构建了注意力配置、经济不确定性和人民币国际化的理论分析框架，并运用静态面板模型、双重差分法、TVP-SV-VAR 模型、面板 Logit 模型等实证方法分别检验了注意力配置、经济不确定性对人民币交易媒介职能、计价单位职能和价值储藏职能的影响，考虑了多维度的异质性检验、稳健性检验和拓展性分析。此外，本书还建立联立方程模型实证考察了人民币交易媒介职能、计价单位职能和价值储藏职能之间的互动机制。本书的主要结论如下：

第一，本书构建的经济不确定性指数反映了经济运行情况，其结果表现出一定的经济发展差异和地理区位差异。本书采用 TVP-FAVAR 模型构建的经济不确定性指数与 Baker 等(2016)构建的经济政策不确定性指数具有较强的正相关性，较好地反映了所在国家或地区经济的实际运行情况。从全球来看，全球经济不确定性呈现上升趋势，并且 2020 年新冠疫情暴发加剧了全球经济不确定性；从经济发展差异来看，发达国家、发展中国家的经济不确定性均呈上升趋势，且 2000 年以后发达国家经济不确定性普遍高于发展中国家；从地理区位来看，亚洲地区的经济不确定性趋势变化相对平稳，非洲和欧洲地区的不确定性均呈上升趋势，且

2000 年以后非洲地区的不确定性普遍高于欧洲地区，欧洲地区的不确定性普遍高于亚洲地区。

第二，注意力配置有利于完善人民币交易媒介职能，并且经济不确定性会强化这一作用效应。中国经济主体对外注意力配置水平越高，越有利于促进人民币交易媒介职能的发展，即使在替换核心变量、考虑内生性问题、控制影响不确定性的变量，以及控制货币互换协议签署等人民币国际化政策变量后，结论依然稳健。注意力配置对人民币交易媒介职能的影响呈现出一定的异质性特征，具体表现为：中国经济主体对与中国双边政治关系越紧密的国家(地区)注意力配置越高，越有利于促进人民币发挥交易媒介职能；相较偏好美国倡导的国际秩序的国家(地区)而言，注意力配置更有利于促进中国与反对美国倡导的国际秩序的国家(地区)开展人民币跨境结算；相较资本账户开放程度低于中国的国家而言，对资本账户开放程度高于中国的国家(地区)配置更多的注意力有利于完善人民币交易媒介职能；相较货币自由度较低的国家(地区)而言，对货币自由度较高的国家(地区)配置更多的注意力会显著促进人民币交易媒介职能的发展；相较亚洲、欧洲的国家(地区)，对其他洲的国家(地区)配置更多的注意力有利于促进人民币跨境结算。进一步地，本书研究发现：各国(地区)经济不确定性增加会显著地增强注意力配置对人民币交易媒介职能的促进作用，“一带一路”倡议也有利于增强注意力配置对人民币交易媒介职能的促进作用。

第三，人民币计价单位职能偏向于发展中国家的注意力配置，对亚洲地区的注意力配置响应时间最长，并且全球经济不确定性上升会抑制注意力配置对人民币计价单位职能的积极效应。中国经济主体对外注意力配置水平越高，越有利于促进人民币计价单位职能的发展。注意力配置对人民币计价单位职能的促进作用存在一定的异质性，具体表现为：人民币计价单位职能对发展中国家注意力配置增加的响应程度明显高于发达国家；人民币计价单位职能对亚洲国家(地区)的注意力配置响应时间最长，非洲次之，欧洲最后。进一步地，在全球经济不确定性增加的情形下，注意力配置冲击对人民币计价单位职能产生显著的负向影响，但该影响持续时间较短；在全球不确定性下降的情形下，注意力配置冲击对人民币计价单位职能产生显著的正向影响，且正向影响持续时间较长；“一带一路”倡议对人民币计价单位职能的发展产生正向影响；长期来看，注意力配置、全球经济不确定性与人民币计价单位职能存在长期正向联动性。

第四，注意力配置有利于完善人民币价值储藏职能，并且经济不确定性对人民币价值储藏职能发挥着有中介的调节效应。中国经济主体对外注意力配置水平越高，越有利于促进人民币价值储藏职能的发展，即使在替换核心变量、考虑内生性问题、控制影响不确定性的变量，以及控制货币互换协议签署等人民币国际化政策变量后，结论依然稳健。注意力配置对人民币价值储藏职能的影响呈现出一定的异质性特征，具体表现为：注意力配置有利于促进对中国出口依存度较高的国家(地区)央行或货币当局投资人民币储备资产；注意力配置有利于促进外汇储备较为充足的国家(地区)投资人民币储备资产；相较资本账户开放程度较高的国家(地区)，对资本账户开放程度较低的国家配置更多的注意力更有利于促进人民币价值储藏职能的发展；相较货币自由度较高的国家(地区)，对货币自由度较低的国家(地区)配置更多的注意力更有利于促进人民币价值储藏职能的发展；对非洲国家(地区)增加注意力配置能显著地提高非洲各国(地区)央行储备人民币资产的概率。本书进一步研究发现：各国(地区)经济不确定性对人民币价值储藏职能发挥着有中介的调节效应，“一带一路”倡议也有利于增强注意力配置对人民币价值储藏职能的促进作用。本书研究还发现，人民币三大国际职能之间存在协同机制，且人民币计价单位职能是促进人民币交易媒介职能和人民币价值储藏职能进一步发展的中心枢纽。

8.2　政策建议

8.2.1　提升注意力配置水平，巩固人民币交易媒介职能

8.2.1.1　加强互联网基础设施建设

互联网能够降低跨国信息的收集成本和交流成本，减少买卖双方信息不对称问题，提高跨境贸易合作频率和跨境贸易规模，从而提升跨境人民币结算的概率。因此，中国应采取各种措施，加强互联网基础设施建设，具体措施包括：进一步完善国内网络基础设施，提高互联网普及率，加快5G网络、云计算等新型基础设施建设，有效提高信息搜索速度，扩大信息搜索广度，打破信息搜索壁垒，推广网络信息资源共建共享机制等。只有这样才能有效降低信息搜索成本，进而有效提升国内经济主体的对外注意力配置水平，降低中国对世界经济金融系

统预判的不确定性，提高中国经济主体在国际贸易和国际金融交易中的话语权和定价权，夯实人民币交易媒介职能。

特别地，中国需加强同“一带一路”沿线国家(地区)的发展战略对接，提高对“一带一路”沿线国家(地区)的注意力配置水平，增进战略互信，寻求合作的最大公约数。“一带一路”沿线国家多为发展中国家，当地较为落后的信息基础设施建设成为其跨境经贸合作的障碍。中国应积极帮助“一带一路”沿线国家(地区)推进互联网基础设施建设，通过派遣相关技术人员、组建专项基金等方式，加强对“一带一路”沿线国家(地区)互联网基础设施建设的援助力度，实现中国与“一带一路”沿线国家(地区)互联网基础设施的跨境互联互通，打通中国与“一带一路”沿线国家(地区)在信息交流方面的壁垒，为中国经济主体提升对外注意力配置破除障碍，进而促进人民币在跨境经贸交易中发挥交易媒介职能。

8.2.1.2 注重有形资源市场和无形资源市场的开放

中国政府和企业决策者应把握好经济全球化和新一轮信息技术变革的机遇，不仅要注重有形资源市场的开放，更要重视和拓宽无形资源市场的开放，提高中国市场全面对外开放水平。

第一，注重有形资源市场开放。中国经济主体通过增加对外注意力配置，在全球范围内寻求市场和资源。中国经济主体在对境外信息进行获取、甄别和思考的基础上结合自身实际发展情况更优地选择合作企业、商品或服务，更好地与国际市场需求相匹配，这为中国经济主体更快地融入全球经济发展和实现中国经济的高质量发展奠定了基础。在此过程中，为了促使中国经济主体更快地融入全球经济发展，需要积极开放有形资源市场。例如：打破国有企业在服务部门的垄断地位，放开国内要素价格，加速不同部门之间的收入分配改革，提升企业自主技术创新的能力，优化服务业，发展高新技术产品，升级改造企业装备，升级环境保护标准和技术等。注重有形资源市场开放有助于优化中国对外贸易结构，提升中国企业讨价还价的能力，使其在国际分工和全球产业链中占据有利地位，进而加快人民币交易媒介职能的发展。

第二，更要注重无形资源市场开放。首先，营造尊重知识、尊重人才的国内大环境，鼓励中国经济主体培养自身国际视野，增强其分析国际经济金融市场环境的能力和全球化思维能力，促使其快速地识别出国际市场潜在的机会和风险，提高判断和行为的准确性，提升中国企业的核心竞争力。其次，大力开展科技创新、制度创新、业态创新和模式创新等，促进人工智能、大数据、区块链等现代信息技术在跨境交易活动中的应用，通过不断完善广交会、服贸会、进博会等数字平台提升中国无形资源市场的竞争实力，进而拓展人民币发挥交易媒介职能的有效途径。最后，通过无形资源市场的开放，逐渐引导境外经济主体更深入地了解中国政府推行的相应优惠政策，以及人民币创新产品等相关信息，提高境外经济主体对人民币的接受程度。在此基础上，中国政府可以推出使用人民币结算的优惠措施，鼓励国际贸易和金融交易双方采用人民币结算，拓展人民币作为支付结算货币在国际市场上的流通范围和接受程度。

8.2.1.3 深化和拓展伙伴关系网络

积极良好的双边政治关系能通过信息传递、不确定性规避、妥善解决纠纷等途径为国际经贸往来的持续性提供保障，拓展人民币交易媒介职能的发展空间。中国应重视构建全球化伙伴关系网络，在巩固和深化现有伙伴关系网络的基础上，逐步扩大伙伴关系网络覆盖面，进而促进人民币交易媒介职能的发展。第一，不断深化与周边睦邻国家（地区）的外交关系。坚持奉行与邻为善、以邻为伴的睦邻友好政策和互惠互利的周边工作方针，深化同日韩、东盟、中亚等周边睦邻国家（地区）的团结合作；稳步推进亚洲基础设施投资银行（亚投行）以及“一带一路”合作的开展，提高中国在国际金融秩序构建中的话语权，进而推进人民币国际化进程。第二，积极推进与大国之间的外交关系。稳步推进中美新型大国关系建设，谋求不冲突、不对抗、相互尊重和合作共赢的中美新型大国关系；巩固和深化中俄新时代全面战略协作伙伴关系；积极推动中欧、中英等大国全面战略伙伴关系，增进战略互信、深化互利合作等，提高人民币在国际市场中的认可度与接受度，进而促进人民币交易媒介职能的发展。

8.2.1.4 注重与金融市场发展较为成熟的国家（地区）开展合作

中国与金融市场发展较为成熟的国家（地区），特别是资本账户开放度和货币自由度较高的国家（地区）开展经贸合作有利于完善人民币交易媒介职能。一方面，注重与资本账户开放度较高的国家（地区）开展跨境贸易和金融交易，有助于提高人民币在国际贸易和金融交易中的使用比例。在中国资本账户未完全开放的现实约束下，中国政府可以通过与资本账户开放程度较高的国家（地区）积极签署双边本币互换协议等方式，扩宽人民币流出渠道，为该国（地区）企业提供境外人民币融资便利，从而降低跨境贸易结算对美元的依赖，提高人民币在国际贸易和金融交易中的使用比例。另一方面，重视与货币政策独立性较强的国家

（地区）加强经贸合作，有助于依靠货币政策独立性较强的国家（地区）的本土金融体系力量，疏通人民币国际流动的经络，推动和完善人民币跨境贸易和投融资服务，进而合理有序地扩大人民币跨境使用范围。因此，中国要积极培养中国经济主体的国际视野和开放胸怀，优化其对外注意力资源配置，借助RCEP、中欧全面投资协定等政策机遇，加强与金融市场发展较为成熟的国家（地区）积极开展国际经济金融合作，并且借助这些国家（地区）的制度优势，进一步完善人民币交易媒介职能。

8.2.2 寻求多层次合作，完善人民币计价单位职能

8.2.2.1 重视与发展中国家、友邻国家的经贸合作，探索更高水平的金融市场开放

注意力配置对人民币计价职能的促进作用偏向于和中国较为亲近的发展中国家与亚洲地区的国家。中国要重视推进与发展中国家、友邻国家的经贸关系，深化与亚洲、非洲发展中国家的经贸联系，深入挖掘金砖国家在经济贸易领域的合作范围以及中国与其他发展中国家的经贸合作机遇，并积极与友邻国家建立区域性的多边经济合作关系。中国在经贸合作过程中应逐渐将QFII和RQFII等投资名额适当向发展中国家或友邻国家（地区）的机构投资者倾斜，进而更好地完善人民币回流机制。

在此基础上，中国应积极探索更高水平的金融市场开放，提升人民币在国际金融市场上作为计价单位货币的使用惯性，提高人民币在国际金融市场上的定价权和话语权。一方面，注重国债、地方政府债券和政策性金融债的发行，增大一级市场发行规模，完善做市商制度，丰富投资者结构，提升市场流动性，打造具有国际竞争力的主权类债券市场，推动人民币债券市场国际化，引入国际债券评级机构的先进经验和方法，更加准确、可靠地为境外机构投资中国债券市场和中资企业境外发行债券提供信用评级服务。另一方面，审慎有序地开放股票市场，推进新三板市场制度创新，规范股权交易市场，拓宽境外机构和个人投资者投资中国国内股票市场的渠道，将QFII、RQFII、QDII、RQDII、“沪港通”、“深港通”等“管道式开放”渠道逐渐转变成系统性开放，拓展人民币流出和回流的渠道，完善境内外股票市场连通机制，进而引入国际投资者提升中国股票市场的影响力和竞争力，但对国际投资者需要实行资格审查制

度，避免不良国际投资者操纵股市。

8.2.2.2 主动承担国际责任，增强人民币在国际计价货币中的影响力

近年来，全球经济形势总体处于低迷状态，尤其是2020年新冠疫情暴发以来，发达经济体为了促进本国(地区)经济发展实施了较为宽松的货币政策，部分国家(地区)实施了零利率政策，甚至有的国家长期国债出现负利率，部分发达国家出现了消极抗疫的表现，这些都削弱了国际社会对美元、英镑等传统国际货币的信心。相比之下，中国政府主动承担国际责任积极抗疫，为其他国家(地区)提供宝贵的抗疫经验和医疗物资援助，树立起负责任的大国形象，同时也为人民币谋求国际话语权带来了新的机遇。人民币计价国际金融资产作为为数不多的提供正收益的资产，愈发受到国际市场的关注与欢迎。同时，中国政府为了更好地服务国际投资者，为国际投资者提供了多元化的金融资产选择和丰富的金融产品，积极采取措施保障人民币资产供需渠道的畅通，稳定人民币金融资产的收益率，满足国际投资者保值增值的要求，促使国际投资者投资或增持人民币资产，从而形成完整的人民币国际化循环流动。这不仅对人民币计价单位职能的发展极为重要，同时对人民币交易媒介职能和价值储藏职能的发展也产生了积极的影响。

后疫情时代，中国政府更要保持定力，有效地发挥中国特色社会主义制度优势，对外勇于承担起中国作为国际社会一员应该担负的国际责任，如在节能减排、环境治理、卫生健康、国际安全以及反对恐怖主义等方面贡献中国智慧与力量，树立中国负责任的大国形象。同时，中国应利用国内市场发展优势和医疗物资援助优势等，增强人民币在国际交易中的话语权和定价权。这不仅能为人民币币值稳定提供良好的信誉保障，还能提高人民币作为计价货币对国际投资者的吸引力。

8.2.2.3 加强与“一带一路”沿线国家(地区)的经济合作

“一带一路”合作的正式开展极大地提升了中国与“一带一路”沿线国家(地区)贸易和投资活动的活跃程度，“一带一路”沿线国家(地区)之间日益密切的国际经济文化往来也为完善人民币计价单位职能提供了良好的环境。另外，以人民币计价的国际债券具有风险小、体量大、融资成本低以及市场化程度较高等优势，受到“一带一路”沿线国家(地区)的欢迎，人民币计价单位职能也随之迅速发展。

第一，中国政府在与“一带一路”沿线国家（地区）开展经贸合作的过程中应积极推进双边本币计价结算，并尝试设立人民币计价奖补措施，鼓励“一带一路”沿线跨国企业、母公司、子公司在涉外投融资活动中使用人民币进行计价。此外，中国企业在大型基础设施建设项目和对外投资活动中应尽量通过双方友好谈判推动人民币计价，在保障资金安全的同时也提升人民币作为计价货币在“一带一路”沿线国家（地区）中的认可度。同时，中国政府也要注意发挥“丝路基金”和“亚投行”等重要金融平台在推进人民币计价过程中的重要作用。

第二，中国政府应将“一带一路”合作的开展与人民币大宗商品计价权的推进有机地结合起来，鼓励“一带一路”沿线国家（地区）积极参与上海石油原油期货和大连铁矿石期货交易等。在此基础上，中国政府应逐步拓展人民币对大宗商品的定价能力，把人民币计价权从石油原油、铁矿石等大宗商品，逐渐向天然气、农业原材料（如大豆、玉米）等中国需要大量进口的大宗商品上扩展，增强中国作为世界上第二大进口国对大宗商品的定价权，这对人民币成为国际贸易和大宗商品交易的计价货币都具有极大的推动意义。后疫情时代，中国政府更应抓住时机扩大人民币在大宗商品定价中的使用，提升人民币对大宗商品交易定价的影响力，这不仅有利于实现人民币的全球流通，促进人民币计价单位职能的发展，还有助于应对国际大宗商品市场价格大幅波动的挑战，提高自然资源的可获得性和安全性。

8.2.3 提高人民币流动性，稳步推进人民币价值储藏职能的发展

8.2.3.1 提高人民币官方外汇储备资产的安全性与流动性，更好地满足境外央行或货币当局保值增值的要求

受新冠疫情影响，2020 年初，美联储推出无限量的量化宽松（QE）政策，以缓解美元流动性短缺等问题。美联储这一措施导致美元贬值和美元指数大幅下降。美元作为国际外汇储备的核心货币，美元贬值造成大部分国家（地区）官方外汇储备资产贬值，降低了各国（地区）央行或货币当局持有美元资产的信心和意愿，同时也为人民币价值储藏职能的发展提供了机遇。

第一，确保人民币官方外汇储备资产的安全性。各国（地区）央行或货币当局持有的官方外汇储备资产主要是以债券的形式持有。人民币计价债券的安全性能更好地满足境外央行或货币当局对官方外汇储备资产保值增值的要求，特别是

在全球经济不确定性空前增加的当下。一方面，中国应逐步实现高水平金融市场开放。高水平金融市场开放可以吸收大量的资金，成为一个隔在外部金融冲击与中国实体经济之间的“缓冲器”，避免大量的游资涌入对中国经济市场造成剧烈的波动，保障人民币币值稳定和人民币资产的安全。另外，高水平金融市场开放还有助于中国央行灵活地通过公开市场操作等途径及时为市场提供流动性，避免局部混乱甚至全球性货币危机的爆发，更好地充当“最后贷款人”角色。另一方面，应加强中国外汇市场建设，放开中国外汇市场准入限制，保障外汇交易的连续性，降低产品交易(特别是外汇远期合约、外汇掉期以及货币期权等外汇衍生产品)限制，提高中国外汇市场的抗风险能力以及外汇市场的广度和深度。在此基础上，中国政府应坚持汇率市场化改革以更好地发挥市场配置资源的基础性作用，引导金融机构和企业等市场经济主体通过汇率避险工具规避汇率风险，进而提高人民币在国际外汇市场中的活跃程度，促使境外央行或货币当局基于干预外汇市场的需要而储备人民币资产。此外，坚持汇率市场化改革还有助于降低人民币与美元汇率之间的关联度，更好地满足境外央行或货币当局投资人民币储备资产、构建最优投资组合来实现风险约束下收益最大化的目的。

第二，提高人民币官方外汇储备资产的流动性。中国政府可以通过积极签署双边本币互换协议、建立区域金融安全网等途径提高人民币流动性。一方面，中国政府应积极牵手经贸关系较为密切的国家(地区)推动双边货币互换协议的常态化、制度化，适时扩大双边货币互换协议规模，进一步提高人民币流动性，促进人民币价值储藏职能的发展。针对一些与中国贸易互补性较强、经贸往来较为频繁的协议国，中国政府可以不断地探索和完善双边货币互换协议规则，如在双边货币互换协议即将到期时续签，或者在签署双边货币互换协议时引入自动展期条款，或者约定双方动用互换额度超过一定频次和金额时启动自动展期机制等，谋求多种合作形式扩大双边货币互换协议规模，进而持续、稳步地促进人民币价值储藏职能的发展。另一方面，建立区域金融安全网，为新兴经济体发展提供人民币流动性支付。中国政府应在《清迈倡议多边化协议》(CMIM)基础上与“一带一路”沿线其他国家(地区)一起构建区域金融安全网，通过加强微观审慎监管、建立区域信息共享机制、完善区域信息交易平台、增加区域之间宏观经济政策的沟通与协调、提高 CMIM 的有效性、提高 AMRO(东盟与中日韩宏观经济研究办公室)的独立决策能力等途径加强区域金融风险防控，进一步完善区域金融安全网。这不仅能帮助区域内成员国更好地应对短期流动性困难，促进区域经济一体化合作，还能增强区域成员国储备人民币资产的意愿。

8.2.3.2 合理借助伙伴国的特点拓展人民币价值储藏职能

第一，针对中国出口依存度较高的伙伴国，在“双循环”新发展格局下，中国政府应从两个方面拓展人民币价值储藏职能。一方面，依靠中国强大的市场需求，优化中国与伙伴国的经贸往来，拓展人民币价值储藏职能。中国经济主体应增加对国际经济金融市场的注意力配置水平，逐步培养和提升国际视野，更优地选择伙伴国与伙伴企业，从而促使跨境交易人民币结算规模不断增加。境外机构和个人对人民币和外币的外汇交易需求也会随之增加，必将带来大额的人民币外汇交易量，人民币可以凭借交易量优势成为国际外汇市场交易中的重要货币，进而促使境外央行或货币当局使用人民币干预外汇市场，维持本国金融市场的平稳运行。另一方面，鼓励中国企业“走出去”参与跨国生产与投资，提高资源配置效率。鼓励中国企业通过技术创新和科技创新提高自身核心竞争力，提升中国在国际产业链中的地位，降低对部分发达经济体的依存度，提高中国企业在国际贸易和金融交易中的定价权和话语权。这有利于人民币“走出去”和保持中国对伙伴国适度的贸易逆差，增强境外央行或货币当局基于平衡国际收支的需求储备人民币资产。

第二，依靠中非友好的经贸关系和政治关系，中国政府应鼓励非洲各国（地区）央行或货币当局储备人民币资产。中国政府可以通过积极续签双边本币互换协议、推动人民币与非洲国家（地区）货币的直接兑换、推进人民币作为跨境交易的计价结算货币、推动人民币计价债券在非洲地区的发行、鼓励非洲各国（地区）央行或企业发行人民币计价债券、提供税收优惠、增加中国对外直接投资等途径扩大非洲各国（地区）的人民币资产存量，进而促使非洲各国（地区）央行或货币当局储备人民币资产。特别地，非洲国家一般属于发展中国家，基础设施建设较差，人民币计价国际债券具有的低成本和低风险特征有助于支持非洲国家（地区）基础设施建设，进而引导非洲各国（地区）央行或货币当局储备人民币资产。

8.2.3.3 借助“一带一路”合作完善人民币价值储藏职能

第一，中国政府应不断加强与“一带一路”沿线各国（地区）的深入合作。例如，在铁路、公路或港口等基础设施建设的基础上，中国应采取多种措施，借助“一带一路”合作来完善人民币价值储藏职能：继续与“一带一路”沿线国家（地区）开展互联网金融、人工智能、新能源汽车等高科技产业合作；积极与“一带一路”沿线国家(地区)签署双边货币互换协议，并将货币互换协议的使用从应急的流动性支持逐步拓展到满足日常经贸活动支持；鼓励沿线国家(地区)央行或货币当局、金融机构和企业投资以人民币计价的金融资产；大力推广和运行人民币跨境支付系统、“网联”平台等，丰富人民币跨境支付渠道，保障人民币“走出去”和外资“引进来”渠道的安全、便利和通畅。这些措施有助于拓宽人民币资产的流通范围和加速人民币资产的周转频率，促进境外人民币“资金洼地”的形成。在此基础上，“一带一路”沿线各国(地区)央行或货币当局会基于干预外汇市场和平衡国际收支等需求而提高其投资人民币资产的概率或加大其持有的人民币储备资产金额。

第二，后疫情时代，借助“一带一路”合作的优势，中国可以对“一带一路”沿线国家(地区)输出物资和医疗资源，不仅有助于维护双边良好的经贸关系和政治关系，还有利于推动人民币在输出物资和医疗资源部分的跨境结算功能。此外，中国政府应以周边市场为依托，以区域合作为手段，在“一带一路”这个高效率、多领域的新型国际合作框架下，积极探索并建立由中国自己主导的国际产业分工体系和循环体系，推动中国与“一带一路”沿线国家开展更深层次、更大范围、更高水平的经贸合作，同时完善互联网基础设施建设，加快相关金融政策的颁布和机制建设，为人民币承担国际价值储藏职能夯实基础。

人民币国际化是一个长期且复杂的过程，中国应以“一带一路”合作为突破口加强区域合作，改变以美元为核心的国际货币体系，参与构建一个体现广大发展中国家共同利益的、由多种货币构成的国际货币体系。因此，中国政府应做好持久战的准备，久久为功，不忘初心，坚定信心，顺势而为，贯彻落实“人类命运共同体”的构建，击破国外政客鼓吹的“中国威胁论”，在错综复杂的国际经济金融大变局中开拓人民币国际化新局面，让世界人民认识到中国的和平崛起有利于世界发展，是和平共赢的事情。

8.3　研究展望

围绕基于国际货币职能视角的注意力配置、经济不确定性与人民币国际化这一重要议题，本书虽然力求从理论层面和实证层面上拓展和丰富既有研究，但受限于数据可得性、人民币国际化尚处于初级阶段等限制，本书仍存在一些局限性有待后续研究：

第一，研究数据方面。受制于数据可得性限制和人民币国际化“跛足”发展的现状，本书主要探讨了注意力配置、经济不确定性对人民币交易媒介职能的私人用途、计价单位职能的私人用途以及人民币价值储藏职能的官方用途的作用机制。随着人民币国际化的继续推进，人民币三大国际职能发展逐渐趋于平衡且人民币国际使用的数据日益翔实，相关信息日益公开，人民币国际化的相关研究才能更加深入与全面。此外，后续研究者还可以拓展注意力配置、经济不确定性对人民币在其他领域的研究，如人民币作为官方钉住的锚货币、国际贸易计价货币、私人替代货币和投资货币等。

第二，2020 年新冠疫情突如其来并急速演变，推动全球经济金融市场发展进入后疫情时代，人民币国际化加速为后疫情时代错综复杂的国际金融市场变动带来一定的稳定性。因此，如何进一步推动人民币国际化全面、稳步地前进显得尤为重要。目前，人民币计价单位职能发展滞后在一定程度上制约了人民币交易媒介职能和价值储藏职能的进一步发展，未来中国应着重培养人民币作为大宗商品、国际贸易和金融资产的计价货币职能，进而促进人民币三大国际职能的平衡发展，这有助于全方位推动人民币国际化的稳步前进，并为全球经济和金融秩序的稳定提供公共产品。

参考文献

一、中文文献

［1］巴曙松，王珂．中美贸易战引致全球经贸不确定性预期下的人民币国际化：基于大宗商品推动路径的分析［J］．武汉大学学报，2019，72(6)：89-98.

［2］白晓燕，邓明明．不同阶段货币国际化的影响因素研究［J］．国际金融研究，2016(9)：86-96.

［3］白晓燕，邓明明．货币国际化影响因素与作用机制的实证分析［J］．数量经济技术经济研究，2013(12)：113-125.

［4］白晓燕，邓小华．国际货币贬值造成储备管理者减持吗？［J］．世界经济研究，2015(2)：15-22，127.

［5］白晓燕，于晓宁．国际金融投资视角下的货币国际化：指标构建及长短期驱动因素分析［J］．国际金融研究，2019(3)：55-64.

［6］曹玉瑾．人民币国际化的指数度量［J］．经济研究参考，2014(9)：72-85.

［7］曹玉瑾，于晓莉．主要货币国际化的历史经验［J］．经济研究参考，2014(9)：43-59.

［8］陈炳才．人民币国际化需要新路径［J］．武汉金融，2019(5)：4-7.

［9］陈琳，袁志刚，朱一帆．人民币汇率波动如何影响中国企业的对外直接投资［J］．金融研究，2020(3)：21-38.

［10］陈强．高级计量经济学及 Stata 运用［M］．北京：高等教育出版社，2013.

［11］陈晓莉，孟艳．香港人民币债券市场：发展特征、存在风险及防范对策［J］．财政研究，2014(6)：65-69.

［12］陈瑶雯，范祚军，郑丹丹．基于 SV-TVP-VAR 的中国货币政策对大宗

商品价格的影响[J]. 国际金融研究，2019(3)：87-96.

[13] 陈胤默，孙乾坤，文雯，等. 母国经济政策不确定性、融资约束与企业对外直接投资[J]. 国际贸易问题，2019(6)：133-144.

[14] 陈志军，刘锡禄，董美彤. 母子公司间一致性与子公司绩效：母公司注意力配置的中介作用[J]. 经济与管理研究，2019，40(12)：128-140.

[15] 楚国乐，吴文生. 人民币作为国际计价货币的模式借鉴：美元模式与欧元模式的比较分析[J]. 财经研究，2015(8)：79-89.

[16] 戴金平，刘东坡. 中国货币政策的动态有效性研究：基于 TVP-SV-FAVAR 模型的实证分析[J]. 世界经济研究，2016，274(12)：12-24.

[17] 戴金平，甄筱宇. 人民币国际化促进了中国企业国际化吗？[J]. 南开学报(哲学社会科学版)，2020，275(3)：46-56.

[18] 戴淑庚，余博. 资本账户开放会加剧我国的系统性金融风险吗?：基于 TVP-FAVAR 和 SV-TVP-VAR 模型的实证研究[J]. 国际贸易问题，2020(1)：159-174.

[19] 邓富华. 跨境贸易人民币结算的影响因素及贸易效应研究[D]. 成都：西南财经大学，2017.

[20] 邓富华，杨甜婕，霍伟东. 双边货币互换协议与跨境贸易人民币结算：基于资本账户约束视角的实证研究[J]. 国际贸易问题，2020(6)：160-174.

[21] 丁一兵，钟阳，何彬. 经济发展水平与国际货币的选择：基于 OTC 交易量的实证研究[J]. 亚太经济，2012(3)：19-24.

[22] 董临萍，宋渊洋. 高管团队注意力与企业国际化绩效：权力与管理自由度的调节作用[J]. 管理评论，2017，29(8)：167-178.

[23] 方军雄，伍琼，傅颀. 有限注意力、竞争性信息与分析师评级报告市场反应[J]. 金融研究，2018(7)：193-206.

[24] 傅耀，林梓博. 黄金储备影响因素的国际比较与后疫情时代中国黄金储备制度调整[J]. 金融经济学研究，2020，35(3)：104-115.

[25] 高海红. 人民币国际化的基础和政策次序[J]. 东北亚论坛，2016(1)：11-20.

[26] 高海红，余永定. 人民币国际化的含义与条件[J]. 国际经济评论，2010(1)：46-64.

[27] 高洪民. 基于两个循环框架的人民币国际化路径研究[J]. 世界经济研究，2016(6)：3-11.

[28] 顾夏铭，陈勇民，潘士远．经济政策不确定性与创新：基于我国上市公司的实证分析[J]．经济研究，2018(2)：109-123.

[29] 管涛．跨境资本流动与中国货币政策独立性[N/OL]．华尔街见闻，2019. https：//baijiahao. baidu. com/s?id=1626080027758168838&wfr=spider&for=pc.

[30] 郝岩，崔艳娟．人民币国际化：大国货币崛起之路[M]．北京：人民出版社，2017.

[31] 何帆．为什么日元没有成为亚洲的主要计价货币？[J]．国际经济评论，2010(6)：155-157.

[32] 何国华．国际金融理论最新发展[M]．北京：人民出版社，2014.

[33] 何平，钟红，王达．国际债券计价货币的选择及人民币使用的实证研究[J]．国际金融研究，2017(6)：75-84.

[34] 何永江，余江．产权的政治学：墨西哥的制度转型[M]．北京：中信出版集团股份有限公司，2019.

[35] 胡久凯，王艺明．我国财政政策的调控效果分析：基于政策不确定性视角[J]．财政研究，2020(1)：59-73.

[36] 霍颖励．金融市场开放和人民币国际化[J]．中国金融，2019，908(14)：22-24.

[37] 霍颖励．人民币走向国际化[M]．北京：中国金融出版社，2018.

[38] 贾春新，赵宇，孙萌，等．投资者有限关注与限售股解禁[J]．金融研究，2010(11)：108-122.

[39] 贾玉成，吕静韦．经济周期和经济政策不确定性推动了贸易摩擦吗？[J]．经济学家，2020(3)：75-86.

[40] 姜波克．国际金融新编(第六版)[M]．上海：复旦大学出版社，2018.

[41] 金宇超，靳庆鲁，李晓雪．资本市场注意力总量是稀缺资源吗？[J]．金融研究，2017，448(10)：162-177.

[42] 李稻葵，刘霖林．人民币国际化：计量研究及政策分析[J]．金融研究，2008(11)：1-16.

[43] 李婧，解祥优．黄金储备真能促进货币国际化吗?：以欧元国际化为例[J]．经济与管理研究，2016(7)：47-54.

[44] 李俊久．人民币国际化的推进：历史逻辑、理论逻辑与现实逻辑[J]．经济学家，2022(3)：66-76.

[45] 李青召，方毅．地缘政治风险、政策不确定性与短期国际资本流动[J].

商业研究，2019，510(10)：78-85.

[46] 李曦晨，张明，朱子阳．资本流动视角的人民币国际化套利还是基本面驱动[J]．世界经济研究，2018(2)：26-37.

[47] 刘金全，解瑶姝．“新常态”时期货币政策时变反应特征与调控模式选择[J]．金融研究，2016，435(9)：1-17.

[48] 刘珺．人民币国际化之锚与海外投资范式变迁[J]．当代金融家，2017，147(9)：115-117.

[49] 刘莉亚，金正轩，陈瑞华．资金优势账户可以利用投资者注意力获利吗?：基于“龙虎榜”上榜股票的券商营业部账户成交数据[J]．财经研究，2020，46(6)：94-109.

[50] 刘涛雄，徐晓飞．互联网搜索行为能帮助我们预测宏观经济吗？[J]．经济研究，2015，50(12)：68-83.

[51] 刘玮．国内政治与货币国际化：美元、日元和德国马克国际化的微观基础[J]．世界经济与政治，2014，409(9)：129-155.

[52] 刘艳靖．国际储备货币演变的计量分析研究：兼论人民币国际化的可行性[J]．国际金融研究，2012(4)：69-76.

[53] 刘玚，蔡松婕，王学龙．外部不确定性对中国系统性金融风险研究：基于跨境资本流动视角与渠道[J]．西南民族大学学报(人文社科版)，2019，40(11)：136-143.

[54] 龙红亮．境外投资者对中国债券市场的影响研究[D]．北京：中国社会科学院研究生院，2020.

[55] 龙少波，胡国良，王继源．国际大宗商品价格波动、投资驱动、货币供给与 PPI 低迷：基于 TVP-VAR-SV 模型的动态分析[J]．国际金融研究，2016，349(5)：3-14.

[56] 鲁晓东，刘京军．不确定性与中国出口增长[J]．经济研究，2017(9)：39-54.

[57] 罗瑾琏，管建世，钟竞，等．迷雾中的抉择：创新背景下企业管理者悖论应对策略与路径研究[J]．管理世界，2018，34(11)：150-167.

[58] 罗煜，甘静芸，何青．中国金融形势的动态特征与演变机理分析：1996-2016[J]．金融研究，2020，479(5)：21-38.

[59] 马斌．人民币国际化的影响因素研究[D]．大连：东北财经大学,2015.

[60] 马光明，赵峰．跨境交易人民币结算的“去美元中介效应”测度：理论

分析与实证研究[J]. 国际金融研究，2021(1)：45-54.

[61] 蒙震，李金金，曾圣钧. 国际货币规律探索视角下的人民币国际化研究[J]. 国际金融研究，2013(10)：66-73.

[62] 彭红枫，谭小玉. 人民币国际化研究：程度测算与影响因素分析[J]. 经济研究，2017(2)：125-139.

[63] 彭红枫，谭小玉，祝小全. 货币国际化：基于成本渠道的影响因素和作用路径研究[J]. 世界经济，2017(11)：120-143.

[64] 权小锋，吴世农. 投资者关注、盈余公告效应与管理层公告择机[J]. 金融研究，2010(11)：90-107.

[65] 饶品贵，徐子慧. 经济政策不确定性影响了企业高管变更吗？[J]. 管理世界，2017(1)：145-157.

[66] 申岚，李婧. 人民币国际化新的可能性：人民币跨境循环体系的升级与发展[J]. 社会科学文摘，2020，59(11)：46-48.

[67] 申韬，蒙飘飘. 对外直接投资、金融发展与双边金融合作：基于中国与"一带一路"沿线国家的研究[J]. 金融与经济，2020(12)：62-70.

[68] 沈悦，李善燊，马续涛. VAR 宏观计量经济模型的演变与最新发展：基于 2011 年诺贝尔经济学奖得主 Smis 研究成果的拓展脉络[J]. 数量经济技术经济研究，2012，29(10)：150-160.

[69] 施炳展，金祥义. 注意力配置、互联网搜索与国际贸易[J]. 经济研究，2019(11)：71-86.

[70] 施琍娅. 关于货币国际化问题的研究趋势[J]. 新金融，2009，241(3)：38-41.

[71] 石巧荣. 国际货币竞争格局演进中的人民币国际化前景[J]. 国际金融研究，2011(7)：34-42.

[72] 宋科，侯津柠，夏乐，等. "一带一路"倡议与人民币国际化：来自人民币真实交易数据的经验证据[J]. 管理世界，2022，38(9)：49-67.

[73] 宋科，朱斯迪，夏乐. 双边货币互换能够推动人民币国际化吗：兼论汇率市场化的影响[J]. 中国工业经济，2022(7)：25-43.

[74] 宋全云，李晓，钱龙. 经济政策不确定性与企业贷款成本[J]. 金融研究，2019，469(7)：57-75.

[75] 孙海霞，谢露露. 国际货币的选择：基于外汇储备职能的分析[J]. 国际金融研究，2010(12)：38-49.

［76］陶士贵，杨国强．人民币国际化与国际收支失衡的“怪圈”：理论与实证［J］．上海金融，2011(12)：19-22.

［77］田磊，林建浩．经济政策不确定性兼具产出效应和通胀效应吗？来自中国的经验证据［J］．南开经济研究，2016(2)：3-24.

［78］王爱俭，刘泊静，刘浩杰．经济政策不确定性、外汇市场预期与人民币国际化：基于境外主体持有人民币资产的视角［J］．世界经济研究，2022(5)：80-91，136-137.

［79］王朝阳，张雪兰，包慧娜．经济政策不确定性与企业资本结构动态调整及稳杠杆［J］．中国工业经济，2018(12)：134-151.

［80］王红建，李青原，邢斐．经济政策不确定性、现金持有水平及其市场价值［J］．金融研究，2014(9)：53-68.

［81］王少平，朱满洲，胡朔商．中国 CPI 的宏观成分与宏观冲击［J］．经济研究，2012，47(12)：29-42.

［82］王维国，王蕊．经济不确定性测度：基于 FAVAR-SV 模型［J］．经济问题探索，2018，437(12)：21-29.

［83］王忠文．试析人民币国际化与自由兑换［J］．特区经济，1993(8)：28-29.

［84］王宗胜，李腊生．注意力配置对投资决策行为影响的间接检验［J］．现代财经(天津财经大学学报)，2010，30(4)：59-66.

［85］魏友岳，刘洪铎．经济政策不确定性对出口二元边际的影响研究：理论及来自中国与其贸易伙伴的经验证据［J］．对外经济贸易大学学报，2017(1)：28-39.

［86］温忠麟，叶宝娟．中介效应分析：方法和模型发展［J］．心理科学进展，2014，22(5)：731-745.

［87］吴安兵，黄寰，张燕燕．美国财政政策对中国实体经济的动态溢出效应研究［J］．世界经济研究，2020，318(8)：117-134.

［88］吴建祖，毕玉胜．高管团队注意力配置与企业国际化战略选择：华为公司案例研究［J］．管理学报，2013，10(9)：1268-1274.

［89］吴建祖，王欣然，曾宪聚．国外注意力基础观研究现状探析与未来展望［J］．外国经济与管理，2009，31(6)：58-65.

［90］吴立雪．人民币国际化与外汇市场压力：基于 TVP-SV-VAR 模型的实证检验［J］．金融论坛，2019，24(10)：36-47.

[91] 吴舒钰，李稻葵．货币国际化的新测度：基于国际金融投资视角的分析[J]．经济学动态，2018(2)：146-158.

[92] 向松祚．全球金融市场和国家兴盛之谜[J]．金融市场研究，2012(1)：64-73.

[93] 邢雅菲．国际金融市场波动与离在岸人民币汇差的动态相关性研究[J]．财贸研究，2017(3)：50-62.

[94] 徐国祥，蔡文靖．金融发展下资本账户开放对货币国际化的影响[J]．国际金融研究，2018(5)：3-13.

[95] 徐曼，邓创．中国金融周期的叠加机理及其与经济周期的交互影响[J]．国际金融研究，2020(5)：24-33.

[96] 徐宁，丁一兵，张男．经济不确定性冲击与货币政策的时变反馈：基于《人民日报》《光明日报》大数据的研究[J]．财经科学，2020(1)：1-12.

[97] 许志伟，王文甫．经济政策不确定性对宏观经济的影响：基于实证与理论的动态分析[J]．经济学(季刊)，2019，18(1)：23-50.

[98] 严佳佳，辛文婷．"一带一路"倡议对人民币国际化的影响研究[J]．经济学家，2017(12)：83-90.

[99] 杨晨姊．基于聚类主成分分析的人民币国际化测量方法研究[J]．当代金融研究，2018(5)：57-67.

[100] 杨子晖，陈里璇，陈雨恬．经济政策不确定性与系统性金融风险的跨市场传染：基于非线性网络关联的研究[J]．经济研究，2020，55(1)：65-81.

[101] 姚大庆．国际货币的起源和演化：基于多种群不对称博弈的演化分析[J]．世界经济研究，2017，286(12)：59-67.

[102] 于博，吴菡虹．政策冲击、注意力分配与投资者情绪：基于"沪港通"与"深港通"政策的分析[J]．当代财经，2020，422(1)：136-148.

[103] 余道先，王云．人民币国际化进程的影响因素分析：基于国际收支视角[J]．世界经济研究，2015(3)：3-14.

[104] 元惠萍．国际货币地位的影响因素分析[J]．数量经济技术经济研究，2011(2)：4-19.

[105] 曾松林，刘周熠，黄赛男．经济政策不确定性、金融发展与双边跨境银行资本流动[J]．国际金融研究，2022(10)：61-71.

[106] 张兵兵，田曦．目的国经济政策不确定性如何影响中国企业的出口产品质量？[J]．世界经济研究，2018(12)：60-71.

［107］张光平．货币国际化程度度量的简单方法和人民币国际化水平的提升［J］．金融评论，2011(3)：40-48.

［108］张浩，李仲飞，邓柏峻．政策不确定、宏观冲击与房价波动：基于LSTVAR 模型的实证分析［J］．金融研究，2015，424(10)：32-47.

［109］张明，李曦晨．人民币国际化的策略转变：从旧“三位一体”到新“三位一体”［J］．国际经济评论，2019(5)：80-98.

［110］张婷婷，林丰源．离岸人民币债券市场的发展对人民币国际化的影响［J］．经济研究导刊，2019，398(12)：67-68.

［111］张晓涛，杜萌，杜广哲．中日货币国际化比较：基于经济发展与演进路径视角［J］．国际贸易，2018(9)：38-43.

［112］张雅慧，万迪昉，付雷鸣．股票收益的媒体效应：风险补偿还是过度关注弱势［J］．金融研究，2011(8)：129-143.

［113］张原．美元国际化的历史经验及其对我国的启示［J］．经济研究参考，2012(37)：82-91.

［114］郑木清．论人民币国际化的经济效应［J］．国际金融研究，1995(7)：34-35.

［115］中国人民大学国际货币研究所．人民币国际化报告(2019)：高质量发展与高水平金融开放［M］．北京：中国人民大学出版社，2019.

［116］中国人民银行．人民币国际化报告(2015)［M］．北京：中国金融出版社，2015.

［117］中国人民银行．人民币国际化报告(2016)［M］．北京：中国金融出版社，2016.

［118］中国人民银行．人民币国际化报告(2017)［M］．北京：中国金融出版社，2017.

［119］中国人民银行．人民币国际化报告(2018)［M］．北京：中国金融出版社，2018.

［120］中国人民银行．人民币国际化报告(2019)［M］．北京：中国金融出版社，2019.

［121］中国人民银行．人民币国际化报告(2020)［M］．北京：中国金融出版社，2020.

［122］钟伟，巴曙松，鲁政委．疫情下的人民币国际化之路［J］．中国外汇，2020，399(9)：22-25.

[123] 朱孟楠，曹春玉．人民币储备需求的驱动因素：基于“一带一路”倡议的实证检验[J]．国际金融研究，2019(6)：37-47.

[124] 朱孟楠，闫帅．经济政策不确定性与人民币汇率的动态溢出效应[J]．国际贸易问题，2015(10)：111-119.

[125] 朱孟楠，袁凯彬，刘紫霄．区域金融合作提升了人民币货币锚效应吗?：基于签订货币互换协议的证据[J]．国际金融研究，2020，403(11)：87-96.

二、英文文献

[1] Aizenman J. Internationalization of the RMB, Capital Market Openness and Financial Reforms in China[J]. Pacific Economic Review, 2015, 20(3): 444-460.

[2] Alexopoulos M., Cohen J. The Media is the Measure: Technical Change and Employment, 1909-1949[J]. Review of Economics and Statistics, 2016, 98(4): 792-810.

[3] Angrick S. Structural Conditions for Currency Internationalization: International Finance and the Survival Constraint[J]. Review of International Political Economy, 2018, 25(5): 699-725.

[4] Bai J., Ng S. Determining the Number of Factors in Approximate Factor Models[J]. Econometrica, 2002, 70(1): 191-221.

[5] Bailey M. A., Strezhnev A., Voeten E. Estimating Dynamic State Preferences from United Nations Voting Data[J]. Journal of Conflict Resolution, 2017, 62(2): 430-456.

[6] Baker S. R., Bloom N., Davis S. J. Measuring Economic Policy Uncertainty[J]. The Quarterly Journal of Economics, 2016, 131(4): 1593-1636.

[7] Baltakys K., Kanniainen J., Saramaki J., et al. Trading Signatures Investor Attention Allocation in Stock Markets[R]. SSRN Working Paper, 2020.

[8] Baum C. F., Caglayan M., Ozkan N. The Second Moments Matter: The Impact of Macroeconomic Uncertainty on the Allocation of Loanable Funds[J]. Economics Letters, 2009, 102(2): 87-89.

[9] Bergsten C. F. The Dollar and the Euro[J]. Foreign Affairs, 1997, 76(4): 83-95.

[10] Bernanke B. S. , Boivin J. , Eliasz P. Measuring the Effects of Monetary Policy: A Factor - Augmented Vector Autoregressive (FAVAR) Approach [J]. The Quarterly Journal of Economics, 2005, 120(1): 387-422.

[11] Biljanovska N. , Grigoli F. , Hengge M. Fear Thy Neighbor: Spillovers from Economic Policy Uncertainty[R]. IMF Working Paper, 2017.

[12] Bloom N. The Impact of Uncertainty Shocks[J]. Econometrica, 2009, 77(3): 623-685.

[13] Bobba M. , Powell A. , Corte D. On the Determinants of International Currency Choice: Will the Euro Dominate the World? [R]. IDB Working Paper, 2007.

[14] Bontempi M. E. , Golinelli R. , Squadrani M. A New Index of Uncertainty Based on Internet Searches: A Friend or Foe of Other Indicators? [R]. Quaderni Working Paper, 2016.

[15] Bouquet C. , Birkinshaw J. How Global Strategies Emerge: An Attention Perspective[J]. Global Strategy Journal, 2011, 1(3): 243-262.

[16] Bouquet C. , Morrison A. , Birkinshaw J. International Attention and Multinational Enterprise Performance[J]. Journal of International Business Studies, 2009, 40(1):108-131.

[17] Boz E. , Casas C. , Georgiadis G. , et al. Patterns in Invoicing Currency in Global Trade[R]. IMF Working Paper, 2020.

[18] Brandon J. , Youngsuk Y. Policy Uncertainty, Irreversibility, and Cross-border Flows of Capital[J]. Journal of International Economics, 2016(103): 13-26.

[19] Brøgger A. , Kronies A. Skills and Sentiment in Sustainable Investing[R]. SSRN working paper, 2023.

[20] Burger J. , Sengupta R. , Warnock F. , et al. US Investment in Global Bonds[J]. Economic Policy, 2015, 30(84): 729-766.

[21] Caggiano G. , Castelnuovo E. , Groshenny N. Uncertainty Shocks and Unemployment Dynamics in U. S. Recessions[J]. Journal of Monetary Economics, 2014, 67(7):78-92.

[22] Cazurra C. A. , Ciravegna L. , Melgarejo M. , et al. Home Country Uncertainty and the Internationalization - Performance Relationship: Building an Uncertainty Management Capability[J]. Journal of World Business, 2018, 53(2):

209–221.

[23] Chen H. Y., Peng W. S. The Potential of the Renminbi as an International Currency[R]. HKMA Working paper, 2007.

[24] Chen J., Tang G., Yao J., et al. Investor Attention and Stock Returns[J]. Journal of Financial and Quantitative Analysis, 2022, 57(2): 455–484.

[25] Cheung Y–W., McCauley R. N., Shu C. Geographic Spread of Currency Trading: The Renminbi and Other EM Currencies[R]. BIS Working Paper, 2019.

[26] Cheung Y. W. A Decade of RMB Internationalization [R]. BOFIT Policy Brief, 2020.

[27] Cheung Y. W. The Role of Offshore Financial Centers in the Process of Renminbi Internationalization [M]. Washington: Brookings Institution Press, 2015: 207–235.

[28] Chinn M., Frankel J. Why the Euro Will Rival the Dollar[J]. International Finance, 2008, 11(1): 49–73.

[29] Chinn M., Frankel J. Will the Euro Eventually Surpass the Dollar as Leading International Reserve Currency? [R]. NBER Working Paper, 2005.

[30] Cho T. S., Hambrick D. C. Attention as the Mediator Between Top Management Team Characteristics and Strategic Change: The Case of Airline Deregulation[J]. Organization Science, 2006, 17(4): 453–469.

[31] Cohen B. H. Currency Choice in International Bond Issuance [J]. BIS Quarterly Review, 2005(6): 53–66.

[32] Cohen B. J., Subacchi P. A One – And – A – Half Currency System [J]. Journal of International Affairs, 2008, 62(1): 151–163.

[33] Cohen B. J. The Benefits and Costs of an International Currency: Getting the Calculation Right[J]. Open Economic Review, 2012, 23(1): 13–31.

[34] Cohen B. J. The Future of Sterling as an International Currency[M]. London: McMillan, 1971.

[35] Cooper R. N. Key Currencies after the Euro [J]. The World Economy, 2000, 22(1):177–201.

[36] Copper R. N. Dealing with The Trade Deficit in a Floating Rate System[J]. Brookings Papers on Economic Activity, 1986(1): 195–207.

[37] Corte P. D., Krecetovs A. Macro Uncertainty and Currency Premia[R].

SSRN Working Paper, 2019.

[38] Cyert R. M., March J. G. A behavioral theory of the firm[M]. Prentice Hall/Pearson Education, 1963.

[39] Daft R. L., Weick K. E. Toward a Model of Organizations as Interpretation Systems[J]. Academy of Management Review, 1984, 9(2): 284-295.

[40] D'Aveni R. A., Macmillan I. C. Crisis and the Content of Managerial Communications: A Study of the Focus of Attention of Top Managers in Surviving and Failing Firms[J]. Administrative Science Quarterly, 1990, 35(4): 634-657.

[41] Davydov D., Khrashchevskyi I., Peltomäki J. Investor Attention Allocation and Portfolio Performance Who Benefits from What Information[R]. SSRN Working Paper, 2019.

[42] Duan T., Ding R., Hou W., Zhang J. Z. The Burden of Attention: CEO Publicity and Tax Avoidance[J]. Journal of Business Research, 2018, 87(C): 90-101.

[43] Eggers J. P., Kaplan S. Cognition and Renewal: Comparing CEO and Organizational Effect on Incumbent Adaptation to Technical Change[J]. Organization Science, 2009, 20(2): 461-477.

[44] Eichengreen B. European Monetary Integration with Benefit of Hindsight[J]. Journal of Common Market Studies, 2012, 50(1): 123-136.

[45] Eichengreen B., Mehl A. J., Chitu L. Mars or Mercury? The Geopolitics of International Currency Choice[R]. NBER Working Paper, 2017.

[46] Eichengreen B. Sterling's Past, Dollar's Future: Historical Perspectives on Reserve Currency Competition[R]. NBER Working Paper, 2005.

[47] Fernald J. G., Spiegel M. M., Swanson E. T. Monetary Policy Effectiveness in China: Evidence from a FAVAR Model[J]. Journal of International Money and Finance, 2014, 49: 83-103.

[48] Frankel J. Internationalization of the RMB and Historical Precedents[J]. Journal of Economic Integration, 2012, 27(3): 329-365.

[49] Frankel J., Wei S. J. Yen Bloc or Dollar Bloc? Exchange Rate Policies of the East Asian Economies[M]. Chicago: University of Chicago Press, 1994: 295-333.

[50] Fukuda S., Ono M. The Choice of Invoice Currency under Uncertainty:

Theory and Evidence from Korea[R]. CIRJE Discussion Papers, 2004.

[51] Gargano A., Rossi A. Does it Pay to Pay Attention? [J]. Review of Financial Studies, 2018, 31(12): 4595-4649.

[52] Genberg H. The Calculus of International Currency Use [J]. Central Banking, 2010, 20(3): 63-68.

[53] Gerald S. The Suppression of State Banknotes: A Reconsideration [J]. Economic Inquiry, 2000, 38(4): 600-615.

[54] Giovannini A. Fixed versus Flexible Exchange Rates in 1995[M]. London: Palgrave Macmillan UK, 1998: 182-193.

[55] Goddard J. A., Kita A., Wang Q. Investor Attention and FX Market Volatility [J]. Journal of International Financial Markets, Institutions and Money, 2015, 38: 79-96.

[56] Greve H. A Behavioral Theory of Firm Growth: Sequential Attention to Size and Performance Goals [J]. Academy of Management Journal, 2008, 51 (3): 476-494.

[57] Hale G., Jones P., Spiegel M. The Rise in Home Currency Issuance[R]. Federal Reserve Bank of San FranciscoWorking Papers, 2016.

[58] Han L., Liu Y., Yin L. Uncertainty and Currency Performance: A Quantile - on - Quantile Approach [J]. North American Journal of Economics and Finance, 2019, 48: 702-729.

[59] Han L., Wu Y., Yin L. Investor Attention and Currency Performance International Evidence[J]. Applied Economics, 2018, 50(23): 2525-2551.

[60] Hartmann P., Issing O. The International Role of the Euro[J]. Journal of Policy Modeling, 2002, 24(4): 315-345.

[61] Hartmann P. The Currency Denomination of World Trade after European Monetary Union [J]. Journal of the Japanese and International Economies, 1998, 12(4): 424-454.

[62] Hayek F. A. Denationalization of Money: The Argument Refined [M]. London: Institute of Economic Affairs, 1990.

[63] He Q., Korhonen I., Guo J., et al. The Geographic Distribution of International Currencies and RMB Internationalization [J]. International Review of Economics and Finance, 2016, 42: 442-458.

[64] Hildinger M. Can climate sentiment predict stock returns? An investigation of the UK stock market[D]. Hanken School of Economics, 2022.

[65] Hill P., Korczak A., Korczak P. Political Uncertainty Exposure of Individual Companies: The Case of the Brexit Referendum[J]. Journal of Banking and Finance, 2019, 100(C): 58-76.

[66] Huang S., Huang Y., Lin T. C. Attention Allocation and Return Co-Movement: Evidence from Repeated Natural Experiments[J]. Journal of Financial Economics, 2019, 132(2): 369-383.

[67] Huang Y., Wang B. Chinese Outward Direct Investment: Is There a China Model? [J]. China & World Economy, 2011, 19(4): 1-21.

[68] Husted L., Rogers J., Sun B. Uncertainty, Currency Excess Returns, and Risk Reversals[J]. Journal of International Money and Finance, 2017(7): 1-14.

[69] Hu Y., Li X., Shen D. Attention Allocation and International Stock Return Comovement: Evidence from the Bitcoin Market[J]. Research in International Business and Finance, 2020, 54(C): 1-17.

[70] Ito H., Chinn M. The Rise of the "Redback" and the People's Republic of China's Capital Account Liberalization: An Empirical Analysis of the Determinants of Invoicing Currencies[R]. ADBI Working Paper, 2014.

[71] Jirasavetakul L. F., Spilimbergo A. Economic Policy Uncertainty in Turkey[R]. IMF Working Paper, 2018.

[72] Jurado K., Ludvigson S. C., Ng S. Measuring Uncertainty[J]. The American Economic Review, 2015, 105(3): 1177-1216.

[73] Kahneman D. Attention and effort[M]. Upper Saddle River: Prentice Hall, 1973.

[74] Kaplan S. Cognition, Capabilities, and Incentives: Assessing Firm Response to the Fiber-Optic Revolution[J]. Academy of Management Journal, 2008, 51(4): 672-695.

[75] Kawai M., Pontines V. Is There Really a Renminbi Bloc in Asia? A Modified Frankel-Wei Approach[J]. Journal of International Money and Finance, 2016(62): 72-97.

[76] Kenen P. B. Currency Internationalization: An Overview[J]. Bank for International Settlements, 2011, 61: 9-18.

[77] Kenen P. B. The Role of the Dollar as an International Currency[J]. Eastern Economic Journal, 1996, 22(2): 127-136.

[78] Kim N., LucivjanskáK., Molnár P. Google Searches and Stock Market Activity: Evidence from Norway [J]. Finance Research Letters, 2019, 28 (C): 208-220.

[79] Kindleberger C. The Politics of International Money and World Language[M]. Princeton: Princeton University Press, 1967.

[80] Knight F. H. Risk, Uncertainty and Profit [M]. Boston: Houghton Millfin Company, 1921.

[81] Koop G., Korobilis D. A New Index of Financial Conditions[J]. European Economic Review, 2014(71): 101-116.

[82] Krugman P. Scale Economies, Product Differentiation, and the Pattern of Trade[J]. American Economic Review, 1980, 70(5): 950-959.

[83] Laberge D., Auclair L., Sieroff E. Preparatory Attention: Experiment and Theory[J]. Consciousness and Cognition, 2000, 9(3): 396-434.

[84] Lai E. L - C., Yu X. Invoicing Currency in International Trade: An Empirical Investigation and Some Implications for the Renminbi [J]. The World Economy, 2015, 38(1): 193-229.

[85] Leduc S., Liu Z. Uncertainty Shocks are Aggregate Demand Shocks[J]. Journal of Monetary Economics, 2016, 82(7): 20-35.

[86] Levy O. The Influence of Top Management Team Attention Patterns on Global Strategic Posture of Firms [J]. Journal of Organizational Behavior, 2005, 26 (7): 797-819.

[87] Liao S., McDowell D. No Reservations: International Order and Demand for the Renminbi as a Reserve Currency[J]. International Studies Quarterly, 2016, 60(2): 272-293.

[88] Lim E. G. The Euro's Challenge to the Dollar: Different Views from Economists and Evidence from COFER (CurrencyComposition of Foreign Exchange Reserves) and Other Data[R]. IMF Working Paper, 2006.

[89] Li Q. An Analysis of RMB Internationalization[J]. Research in Economics and Management, 2018, 3(3): 249-255.

[90] Liu H. Research on the Influence of Exchange Rate and Monetary Policy on

RMB Internationalization[J]. Advances in Social Science, Education and Humanities Research, 2018, 266: 85-91.

[91] Liu T., Wang X., Woo W. T. The Road to Currency Internationalization Global Perspectives and Chinese Experience[J]. Emerging Markets Review, 2019, 38: 73-101.

[92] Li Y., Taube M. How China's Silk Road Initiative is Changing the Global Economic Landscape[R]. SSRN Working Paper, 2019.

[93] Lu Y., Wang Y. Determinants of Currency Composition of Reserves: A Portfolio Theory Approach with an Application to RMB[R]. IMF Working Paper, 2019.

[94] Ly B. The Nexus of BRI and Internationalization of Renminbi (RMB) [J]. Cogent Business & Management, 2020, 7(1): 180-399.

[95] Makovski T., Jiang Y. V. Distributing Versus Focusing Attention in Visual Short-Term Memory[J]. Psychonomic Bulletin & Review, 2007, 14(6): 1072-1078.

[96] Manova K., Zhang Z. Export Prices Across Firms and Destinations[J]. Quarterly Journal of Economics, 2012, 127(1): 379-436.

[97] Martin J., Mejean I., Parenti M. Relationship Stickiness, International Trade, and Economic Uncertainty[R]. ECARES Working Paper, 2021.

[98] Matsuyama K., Kiyotaki N., Matsui A. Toward a Theory of International Currency[J]. Review of Economic Studies, 1993, 60(2): 283-307.

[99] McDowell D. The (Ineffective) Financial Statecraft of China's Bilateral Swap Agreements[J]. Development and Change, 2019, 50(1): 122-143.

[100] Mckinnon R. I. Private and Official International Money: The Case for the Dollar[M]. Princeton: Princeton University, 1969.

[101] McKinnon R. I. The Euro Threat is Exaggerated[J]. The International Economy, 1998, 12(3): 32-33.

[102] Melin L. Internationalization as a Strategy Process[J]. Strategic Management Journal, 1992, 13(2): 99-118.

[103] Mundell R. A. Currency Areas, Common Currencies and EMU[J]. The American Economic Review, 1997, 87(2): 214-216.

[104] Mundell R. A. What the Euro Means for the Dollar and the International Monetary System[J]. Atlantic Economic Journal, 1998, 26(3): 227-237.

[105] Nakajima J., Kasuya M., Watanabe T. Bayesian Analysis of Time-

varying Parameter Vector Autoregressive Model forthe Japanese Economy and Monetary Policy [J]. Journal of the Japanese and International Economies, 2011, 25 (3): 225-245.

[106] Nakajima J. Time-Varying Parameter VAR Model with Stochastic Volatility: An Overview of Methodology and Empirical Applications [J]. Monetary and Economic Studies, 2011, 29: 107-142.

[107] Nielsen B. B., Nielsen S. The Role of Top Management Team International Orientation in International Strategic Decision Marking: The Choice of Foreign Entry Mode[J]. Journal of World Business, 2011, 46(2): 185-193.

[108] Novy D., Taylor A. M. Trade and Uncertainty [J]. Review of Economics and Statistics, 2020, 102(4): 749-765.

[109] Ozturk E. O., Sheng X. S. Measuring Global and Country - Specific Uncertainty [J]. Journal of International Money and Finance, 2018, 88 (C): 276-295.

[110] Padungsaksawasdi C., Treepongkaruna S., Brooks R. Investor Attention and Stock Market Activities New Evidence from Panel Data[J]. International Journal of Financial Studies, 2019, 30(7): 1-19.

[111] Park Y. C., Shin K. Internationalization of Currency in East Asia: Implications for Regional Monetary and Financial Cooperation[R]. BIS Working Paper, 2011.

[112] Pastor L., Veronesi P. Political Uncertainty and Risk Premia[J]. Journal of Financial Economics, 2013, 110(3): 520-545.

[113] Powell D. Currency Internationalization: The Case of the RMB [R]. Business and Economics Honors Papers, 2020.

[114] Prasad E. S. China's Efforts to Expand the International Use of the Renminbi[R]. US-China Economic and Security Review Commission Working Paper, 2016.

[115] Preacher K. J., Hayes A. F. Asymptotic and resampling strategies for assessing and comparing indirect effects in multiple mediator models [J]. Behavior Research Methods, 2008, 40(3): 879-891.

[116] Rui H., Yip G. Foreign Acquisitions by Chinese Firms: A Strategic Intent Perspective[J]. Journal of World Business, 2008, 43(2): 213-226.

[117] Sims C. Implications of Rational Inattention [J]. Journal of Monetary Economics, 2003, 50(3): 665-690.

[118] Sims C. Rational Inattention: Beyond the Linear-Quadratic Case [J]. American Economic Review, 2006, 96(2): 158-163.

[119] Souza H. E., Barbedo C. H., Araujo G. S. Does Investor Attention Affect Trading Volume in The Brazilian Stock Market? [J]. Research in International Business and Finance, 2018, 44(C): 480-487.

[120] Stevens R., Moray N., Bruneel J., et al. Attention Allocation to Multiple Goals: The Case of For-Profit Social Enterprises [J]. Strategic Management Journal, 2015, 36(7): 1006-1016.

[121] Stokey N. L. Wait-and-See: Investment Options Under Policy Uncertainty [J]. Review of Economic Dynamics, 2016, 21(7): 246-265.

[122] Strezhnev A., Voeten E. United Nations General Assembly Voting Data [OL]. http://hdl.handle.net/1902.1/12379, 2013.

[123] Surdu I., Greve H. R., Benito G. R. Back to Basics: Behavioral Theory and Internationalization [J]. Journal of International Business Studies, 2020.

[124] Surdu I., Greve H. R., Benito G. R. Back to Basics: Behavioral Theory and Internationalization [J]. Journal of International Business Studies, 2021, 52: 1047-1068.

[125] Sylvain L., Liu Z. Uncertainty Shocks are Aggregate Demand Shocks [J]. Journal of Monetary Economics, 2016, 82(7): 20-35.

[126] Tantaopas P., Chaiyuth P., Sirimon T. Attention Effect via Internet Search Intensity in Asia-Pacific Stock Markets [J]. Pacific-Basin Finance Journal, 2016, 38: 107-124.

[127] Tavlas G. S. The International Use of the US Dollar: An Optimum Currency Area Perspective [J]. The World Economy, 1997, 20(6): 709-747.

[128] Tovar C. E., Nor T. M. Reserve Currency Blocs: A Changing International Monetary System [R]. IMF Working Paper, 2018.

[129] Uhlig H. What Are the Effects of Monetary Policy on Output? Results from an Agnostic Identification Procedure [J]. Journal of Monetary Economics, 2005, 52(2): 381-419.

[130] Vosen S., Schmidt T. Forecasting Private Consumption: Survey-based

Indicators vs Google Trends[J]. Journal of Forecasting, 2011, 30(6), 565-578.

[131] Vozlyublennaia N. Investor Attention, Index Performance, and Return Predictability[J]. Journal of Banking & Finance, 2014, 41: 17-35.

[132] Wilander F. An Empirical Analysis of the Currency Denomination in International Trade[R]. The Stockholm School of Economics Lunch Workshop Seminar Working Paper, 2006.

[133] Williams D. The Evolution of the Sterling System[M]. Oxford: Oxford University Press, 1968: 266-297.

[134] Wooldridge J. M. Econometric Analysis of Cross Section and Panel Data[M]. Cambridge: The MIT Press, 2010.

[135] Wu T., Tang R. Research on the Influencing Factors of RMB Internationalization in the Process of the Belt and Road Initiative[J]. Advances in Social Science, Education and Humanities Research, 2018, 176: 1366-1372.

[136] Xia S. Path Selection of Renminbi (RMB) Internationalization under "the Belt and Road" (B&R) Initiative[J]. American Journal of Industrial and Business Management, 2018, 8(3): 667-685.

[137] Yao T., Zhang Y., Ma C. How Does Investor Attention Affect International Crude Oil Prices? [J]. Applied Energy, 2017, 205: 336-344.

[138] Zhang D., Lei L., Ji Q., et al. Economic Policy Uncertainty in the US and China and Their Impact on the Global Markets[J]. Economic Modelling, 2019, 79: 47-56.

[139] Zhu X., Zhang Z., Zhang H., et al. Nonlinear Correlation between RMB Internationalization and Nonferrous Metal Prices[J]. Transactions of Nonferrous Metals Society of China, 2020, 30: 1991-2000.

后　记

人民币国际化序幕拉开不久，人民币从中国法定货币逐渐发展成为国际性货币，从只在中国及周边国家流通的小币种货币逐渐发展成重要的国际外汇储备货币乃至全方位发挥国际货币职能的重要国际货币。人民币崛起的实质是人民币背后发行国——中国经济实力的崛起。然而，在确定人民币国际化这个选题之初，笔者对人民币国际化的研究只限于人民币国际化问题的表象，并一度陷入迷茫。随着对文献的深入阅读，笔者发现人民币国际化问题宏伟博大，仅靠一本书来描绘其精美绝伦异常艰难。为此，笔者选择立足于人民币国际化初级发展阶段这一现实背景，从国际货币职能视角研究注意力配置、经济不确定性对人民币国际化的影响，以此作为这本书的选题。在本书完成之际，笔者深深地感受到世界经济运行和国际金融体系正在发生深刻的变革，位居其核心层的国际货币格局也正在进行微妙的调整。中国改革开放 40 多年来，经济快速发展，中国不再是这些变革的旁观者或顺应者，而是整个变革的亲历者，甚至有一些重要的变革正是由中国倡导或推动的。笔者深深地意识到，祖国的繁荣富强与我们每个人息息相关。笔者在攻读博士学位和工作期间的学习经历不仅是各种学习工具掌握、学习资源整合、专业知识积累的过程，也是对个人修养品性的打磨与锤炼。本书的完成不仅是笔者博士阶段学习的终点，更是笔者继续深入研究的起点。笔者会更加努力地做好自己的事，为更加美好的祖国未来贡献自己的力量。

本书的写作过程是痛苦和孤独的，每一章节内容从最初的想法到最后的定稿都要经过不断的斟酌和修改，笔者已不记得自己看了多少篇文献，也不记得自己这本书做过多少次的修改，但笔者却清晰地记得本书被录用时的喜悦。不经历磨难，怎能见彩虹！如今，本书定稿之际，笔者欣喜又忐忑，在本书写作的过程中，笔者深刻地认识到了自己的不足。笔者深切地知道，在未来的学术研究道路上，要以更加严谨和坚毅的态度前行！

由衷感谢笔者的博士生导师张合金教授对笔者的悉心栽培。张老师深厚的金融知识素养深深地影响着笔者，张老师以高深的造诣、敏锐的洞察力教会了笔者太多做学问的道理，也培养了笔者分析金融现象的能力。感谢邓富华副教授，感谢邓老师在笔者读博期间对笔者的谆谆教诲和无私指导。感谢申宇副教授，感谢申老师作为笔者的学术领路人，给予笔者学术上的帮助和精神上的鼓励。感谢笔者的硕士生导师陈志国教授，陈老师不仅传授给笔者做学问的技巧和方法，也教会了笔者许多为人处事的道理。

"路漫漫其修远兮，吾将上下而求索"，以此自勉，为后记。

杨甜婕

2021 年 3 月于郑州